Success
and Change

MATEUSZ**GRZESIAK**

Success
and Change

Create**Yourself**

one Exclusive
press

Redaktor prowadzący: Barbara Gancarz-Wójcicka
Fotografia na okładce: Arkadiusz Wiedeński

Wydawnictwo HELION
ul. Kościuszki 1c, 44-100 GLIWICE
tel. 32 231 22 19, 32 230 98 63
e-mail: onepress@onepress.pl
WWW: http://onepress.pl (księgarnia internetowa, katalog książek)

Drogi Czytelniku!
Jeżeli chcesz ocenić tę książkę, zajrzyj pod adres
http://onepress.pl/user/opinie/succes
Możesz tam wpisać swoje uwagi, spostrzeżenia, recenzję.

ISBN: 978-83-246-9655-0

Copyright © Helion 2015

Printed in Poland.

Dedykuję tę książkę buntownikom, którzy w imię samorealizacji i wiary w to, że świat jest czymś większym niż to, co w nim zastali, są gotowi zaryzykować wszystko i sprzeciwić się zasadom. Bo to Wy zmieniacie świat.

Stwórz życie, w którym jesteś najlepszą wersją siebie, masz to, czego pragniesz, pomagasz innym i zmieniasz świat.

Spis treści

1

Success and Change

Zapraszam Cię do przeżycia pewnej przygody. Będzie to jedna z najtrudniejszych przygód w Twoim życiu, ale też przy okazji jedna z najpiękniejszych. Przygoda ta nazywa się „kreowaniem siebie". A nie ma nic bardziej fascynującego niż możliwość odkrywania tego, że nie jesteś już tym, kim myślałeś, że jesteś. Bo przecież za tą konstatacją odkryjesz coś niewiarygodnie ujmującego — możliwość tworzenia własnego życia. *Success and Change* to pierwsze szkolenie wprowadzające w cały cykl, który obecnie oferuję. Jest ono jednocześnie najważniejsze, ponieważ zawiera w sobie wszystkie te elementy, które posłużą Ci do położenia fundamentów pod swoje nowe życie. Pierwszy element to zestaw technik. Techniki, które otrzymasz, dadzą Ci szansę osiągnięcia określonego rodzaju wyników. Technika to swego rodzaju przepis lub raczej pomost, który w Twoim życiu może połączyć Twój świat aktualny ze światem oczekiwanym. Pomost zaś musi być na tyle stabilny i trwały, byś zdołał po nim przejść. Żeby to było możliwe, technika musi spełniać dwa warunki. Po pierwsze, musi być powtarzalna, po drugie zaś — duplikowalna. Warto się tu zatrzymać nad tą powtarzalnością technik. Otóż jeśli skorzystasz z danej techniki tylko jeden raz w celu osiągnięcia spodziewanego efektu i nie da się powtórzyć jej po raz drugi, to oznacza, że ona po prostu nie działa, a jej pierwsze działanie (to jednorazowe) możesz wyjaśnić jedynie przypadkowością. Nie wiesz wtedy, czy zadziałała technika, czy też akurat pojawił się jakiś niewiarygodny zbieg okoliczności, który przypadkiem doprowadził do osiągnięcia celu. Jeśli natomiast jesteś w stanie osiągnąć cel, po raz kolejny stosując tę samą technikę, to wówczas masz do czynienia z techniką powtarzalną. A tylko taka technika działa. Innymi słowy, korzystając z technik przypadkowych, tracisz możliwość wywierania wpływu na otaczającą Cię rzeczywistość, zaś jeśli stosujesz techniki powtarzalne, zyskujesz możliwość takiego wpływu. Dlatego w biznesie mamy większe zaufanie do tych, którzy wspięli się wysoko, spadli ze szczytu, a potem się podnieśli i znowu odnieśli sukces. To oznacza, że mają umiejętność i że to ona — a nie łut szczęścia — zapewnia im wynik. Drugim warunkiem efektywności techniki jest jej duplikowalność. Łatwo to zrozumieć na przykładzie biznesu. Jeśli prowadzisz świetny biznes, ale nie jesteś w stanie go outsourcować, czyli biznes działa tylko wówczas, kiedy działasz osobiście, to znaczy, że nie dysponujesz możliwością duplikowania tego biznesu. To prosta droga dojścia do biznesowej ściany, poza którą nie ma już możliwości dalszego wzrostu. Bo skoro dysponujesz nieduplikowalną techniką, to inni ludzie nie mogą jej po Tobie powtarzać. A skoro nie mogą, to prędzej czy później utkniesz we własnoręcznie robionym biznesie, a musisz utknąć, bo doba ma tylko dwadzieścia cztery godziny, a Ty tylko jedną parę rąk. W takiej sytuacji skazujesz się na „karierę piosenkarza". Lady Gaga nie może nie zaśpiewać na swoim koncercie. Nie może postawić na scenie swojego duplikatu i sprzedawać biletów, bo nikt ich nie będzie chciał kupować. Jednak ludzie chcą kupować bilety na jej koncerty, ale pod jednym warunkiem — że zaśpiewa dla nich Lady Gaga, a nie Lady Bubu. A zatem to spojrzenie na technikę — pod względem tego, czy jest powtarzalna — daje Ci od razu pewną przewagę, bo zdobywasz świadomość, że technika, którą stworzysz, pozwoli Ci uzyskać określony efekt. Doskonała technika — najlepsza, jaką możesz stworzyć — to taka, która działa zawsze, czyli jest doskonale powtarzalna. Co Ci to daje? Dzięki temu nie musisz się koncentrować na niej, bo większość czynności będzie za Ciebie wykonywana z automatu przez własny mózg. I to jest pryzmat inteligencji: jesteś w stanie się czegoś nauczyć i przekazać komuś tę wiedzę, by robił coś za Ciebie, przynosząc Ci zyski. Tak w biznesie działa outsourcing. A teraz zastanów się, co by było, gdybyś opanował pewną doskonale powtarzalną technikę i zamiast przekazać ją komuś, by działał za Ciebie... oddał ją własnemu mózgowi. Wyobrażasz sobie taki układ?

Ty się czegoś nauczyłeś, opanowałeś pewną powtarzalną technikę, która za każdym razem pozwala osiągać cel, i... zamiast się nią zajmować, zlecasz jej wykonywanie swojemu mózgowi. I teraz masz święty spokój, nie musisz się w ogóle zastanawiać, bo Twój mózg robi całą robotę za Ciebie. Piękna wizja? To również jest fakt. Nazywamy go nawykiem. Zapewniam Cię, że po przeczytaniu tej książki upewnisz się, że ta wizja jest nie tylko możliwa do osiągnięcia, ale też że taki rodzaj funkcjonowania może się w prosty sposób stać również Twoim udziałem. Pokażę Ci to na prostym przykładzie — teraz czytasz te słowa w języku polskim i nie musisz ich sobie tłumaczyć. Po prostu znasz ich znaczenie, ponieważ Twój mózg posługuje się w tej chwili właśnie jedną z powtarzalnych technik. Ty się tego nauczyłeś, przekazałeś wiedzę do mózgu i nie musisz co chwilę sprawdzać, czy wszystko rozumiesz. Wydaje się to proste i oczywiste. Ale czemu nie działa w tak wielu przypadkach ludzi, którzy starają się uczyć na przykład języka angielskiego? Ktoś do nich coś mówi, a oni natychmiast to usłyszane zdanie tłumaczą sobie w głowie na polski. Co wtedy robią? Sprawdzają, czy technika działa. Gdyby bowiem byli pewni co do techniki, gdyby ich technika rozumienia angielskiego była powtarzalna, to przecież nie musieliby tego robić. Inna rzecz to to, że w taki sposób w ogóle się nie da porozumiewać, ponieważ kiedy tłumaczysz sobie w głowie właśnie usłyszane zdanie, Twój rozmówca już mówi kolejne, którego nie zdążyłeś usłyszeć, gdyż byłeś zajęty... tłumaczeniem poprzedniego. Tymczasem opanowanie dobrej powtarzalnej techniki pozwoli Ci skupić się na innych rzeczach, bo sama technika będzie wykonywana przez Twój system outsourcingu do mózgu niejako w tle. Spójrz zresztą na najbardziej kasowe filmy Hollywood — na przykład na cały cykl obrazów z Jamesem Bondem. To właśnie przykład doskonale powtarzalnej techniki, bo trudno sobie wyobrazić kolejny film o przygodach agenta Jej Królewskiej Mości, w którym nie byłoby pościgów, bijatyki, złego charakteru, pięknych kobiet i ratowania świata. Zobacz, jakie to proste — wystarczy pokazywać wciąż tego samego bohatera otoczonego podobnymi ludźmi i rozwiązującego podobne problemy, by zarobić na tych filmach miliony dolarów. Wystarczy dać mu do dyspozycji te same rekwizyty, te same dekoracje i znaleźć aktora, który będzie reprezentował pewien określony typ mężczyzny. Szansa na to, że sprzedasz taki film, zaczyna być naprawdę spora. I jeśli teraz weźmiesz pod uwagę wszystkie te stałe elementy, które zawsze i za każdym razem będą się pojawiały w kolejnych Bondach, to właśnie dostrzegłeś powtarzalną matrycę, która stanowi 90% tego rodzaju produkcji. Oczywiście pozostałe 10% to kreatywność, ale tak naprawdę film sprzedaje się dzięki określonej matrycy budowanej przez Jamesa Bonda (bohatera) będącego w konflikcie z wrogiem, który w każdym filmie chce zniszczyć świat. James nas przed nim ratuje, korzystając z przedmiotów, w jakie wyposaża go Q (ekspert od gadżetów), i wykonując rozkazy M (szefowej). Ma garnitur tej samej marki, zawsze taki sam zegarek, w zależności od lokowania produktu pije taki a nie inny alkohol. W gruncie rzeczy za każdym razem oglądasz ten sam film, płacąc wytwórni nowe pieniądze. To żyła złota! Wymyślili oni bowiem duplikowalny i powtarzalny system, który zawsze działa. Jesteś teraz coraz bliżej wyobrażenia sobie sytuacji, w której i Ty mógłbyś dla swojego życia stworzyć odpowiednią matrycę… która mogłaby dla Ciebie zarabiać pieniądze. Kusząca wizja, prawda?

Dlatego tak ważne jest, by stworzyć doskonale powtarzalną technikę, bo wszystko, co jest powtarzalne, po pewnym czasie staje się automatyczne. A mózg świetnie się czuje, kiedy wykonuje automatyczne czynności. Ty w tym czasie możesz poświęcić czas swojemu umysłowi, uczyć się nowych rzeczy i przy okazji świetnie się w życiu bawić. Powiesz, że przecież do uczenia się wykorzystujesz umysł. Nie. Uczenie się za pomocą umysłu jest po prostu stratą czasu.

Wróćmy na chwilę do przykładu nauki języka obcego. Spróbuj odpowiedzieć sobie na pytanie, czy to Ty nauczyłeś się języka obcego, czy też może zrobił to jedynie Twój mózg, który powtarzał pewne automatyczne czynności i zabiegi? Czyż nie tak było czasem z nauką... języka polskiego? Przecież to jeden z najtrudniejszych języków na świecie, a mimo wszystko udało Ci się jakoś go nauczyć. Z małą poprawką. To nie Tobie udało się go nauczyć. Zrobił to za Ciebie Twój mózg. Ty tylko stworzyłeś mózgowi określone środowisko do tej nauki — i to takie środowisko, w którym regularnie zachodziły określone zjawiska. A mózg się uczył, ponieważ on się dostosowuje do sytuacji. Słuchał języka polskiego, przyswajał najpierw pojedyncze słowa, potem proste zdania, następnie bardziej złożone, aż w końcu nieustannie operując w tym środowisku, który mu stworzyłeś, zaczął się tego języka uczyć i w końcu opanował go na poziomie pozwalającym na swobodną konwersację czy też czytanie między innymi właśnie tej książki. A używał do tego zawsze tej samej, powtarzalnej techniki. Ty tymczasem zupełnie zapomniałeś o takiej możliwości i kiedy chcesz się nauczyć jakiegoś obcego języka, wkuwasz na pamięć słówka, zamiast stworzyć mózgowi określone środowisko, w którym będzie mógł ponownie użyć znanych mu już i powtarzalnych technik.

Drugim poza powtarzalnymi technikami elementem, z którego składa się fundament pod Twoje nowe życie, jest osobowość. Przecież sama technika to jeszcze nie wszystko — musi być również ktoś, kto potrafi jej użyć. Jeśli na przykład dasz komuś (outsoursujesz) technikę o nazwie samochód Formuły 1, to jeszcze ten ktoś musi umieć tym jeździć. W przeciwnym razie pojawi się podstawowy problem — taka osoba najprawdopodobniej nie poradzi sobie z prowadzeniem tak zaawansowanego technologicznie, tak szybkiego i potężnego samochodu wyścigowego. A zatem korzystanie z doskonałych technik wymaga również doskonałej osobowości. To właśnie dlatego największa liczba wypadków samochodowych czy motocyklowych jest powodowana przez młodych mężczyzn pomiędzy 18 a 25 rokiem życia. Osobowość 18-latka nie jest po prostu w stanie udźwignąć techniki oferowanej przez superszybki, mocny, sportowy motocykl. Młodzi ludzie nie są przygotowani do poradzenia sobie z taką techniką, nie mają bowiem wystarczająco silnej osobowości, by stosowana przez nich technika mogła przynosić odpowiednie rezultaty. Zresztą ta rozbieżność osobowości i techniki jest widoczna w wielu innych aspektach życia. Właśnie to zjawisko jest odpowiedzialne za to, że ok. 90% szczęśliwców, którzy wygrywają olbrzymie sumy we wszelkiego typu loteriach na całym świecie, traci swoje majątki w przeciągu dwóch lat od wygranej. Większość bowiem ludzi marzy o wielkich pieniądzach, ale kiedy pojawiają się one w ich życiu, nie są w stanie sobie z tym brzemieniem poradzić. Zobacz, jak czasem kończą wielkie gwiazdy — nagle w ich życiu pojawiają się wielkie pieniądze i, mimo że mają olbrzymie umiejętności, bo potrafią świetnie śpiewać czy grać, to jednocześnie nie są w stanie poradzić sobie z nową sytuacją. Wówczas górę nad nimi biorą uzależnienia od narkotyków albo alkoholu. To właśnie przykład, kiedy supertechnika nie idzie w parze z superosobowością. To sytuacje, w których osobowość nie daje rady, bo ma do czynienia ze zbyt zaawansowaną techniką. I teraz sam się zastanów, czy jesteś gotowy na sukces. Jesteś? A dasz sobie radę z tym sukcesem? Dasz radę ten sukces utrzymać? Wyobraź sobie kobietę, która robi karierę w korporacji. Jest świetna, inteligentna, doskonale wykształcona, ma znakomite cechy przywódcze. Wspina się po szczeblach kariery i nagle słyszy od swoich koleżanek, że zawdzięcza to nie inteligencji, ale podróży przez pościel kolejnych prezesów. Czy uda Ci się z tym poradzić? Czy Twoja osobowość jest wystarczająco silna, by znieść taką sytuację? Albo wyobraź sobie, że wreszcie Ci się udało schudnąć. Co więcej, nie dość, że utrzymujesz wagę, to jeszcze zacząłeś regularnie ćwiczyć. Dbasz o swoje ciało, czujesz się w nim świetnie i chcesz się nim pochwalić. Spacerujesz plażą i napotykasz wpatrzonego w Ciebie gościa z brzuchem jak piłka lekarska, z jagodzianką w jednej dłoni i piwem w drugiej. Co o Tobie pomyśli? „Ale debil!" Dlaczego? Ponieważ jesteś dla niego emanacją tego wszystkiego, czego on nie ma. Ale nie to go w Tobie frustruje najbardziej. Najbardziej cierpi nie dlatego, że nie wygląda tak jak Ty, lecz dlatego, iż nic nie robi, żeby wyglądać tak jak Ty. A zatem jedną z największych Twoich trosk, zanim odniesiesz sukces, powinna być ta, by dokładnie zdawać sobie sprawę, czy w sytuacji sukcesu będziesz w stanie poradzić sobie z tym, że tak wielu ludzi może Cię znienawidzić lub niesprawiedliwie oceniać. Bo żeby naprawdę odnieść sukces, trzeba najpierw być na ten sukces gotowym. Przez ostatnie dziesięć lat mojej pracy odkryłem, że ludzie tak naprawdę najbardziej boją się myśli, co też się z nimi stanie, kiedy zostaną tymi, o których nawet nie śmieli pomarzyć. I co więcej, boją się tego, jak wówczas zareaguje na nich świat. Kiedyś, w czasach innych potrzeb i przed urodzeniem dziecka, kupiłem sobie duże sportowe auto. Stanąłem na jednym z warszawskich skrzyżowań na światłach. Do tego mojego pięknego auta podszedł wówczas pewien jegomość i zamaszyście splunął na maskę. Zupełnie bez powodu, z czystej zawiści i nienawiści do tych, którym w życiu powodzi się lepiej. Trzeba mieć dużą świadomość i samozaparcie, żeby w takiej sytuacji powiedzieć sobie: „E, daj spokój, przecież on jest na innym poziomie rozwoju", zamiast wyjść z samochodu i odpłacić mu pięknym za nadobne. A, niestety, to drugie rozwiązanie nie jest godne tego, co chcesz sobą reprezentować.

Warto też zastanowić się nad drugą możliwością w relacji osobowość – technika. Co się bowiem dzieje, kiedy osobowość jest wielka, ale technika zbyt mała, czyli w sytuacji, kiedy próbujesz wsadzić Ayrtona Sennę do malucha? Właśnie to przeżywa spora liczba naszych rodaków, którzy cierpią na cienie „polskości" — zestaw ograniczających przekonań tworzących mentalność narzekactwa, zawiści, braku zaufania i krytycyzmu, poczucia gorszości, lęku przed popełnianiem błędów. Mają świetne, fantastyczne pomysły, ale zostali przez lata walki z najprzeróżniejszymi wrogami zaprogramowani do wybitnych zdolności adaptacyjnych. Noszą pod czaszką umiejętności biznesowe, których nie powstydziłaby się żadna nacja na świecie. Kiedy wyjeżdżają z kraju, robią wielkie kariery, a tutaj, nad Wisłą, zostaje im jedynie rola franczyzobiorców. Są jak geniusze w kurnikach — mają wielkie osobowości skazane przez kulturowy nadruk na korzystanie z nieprzystających do ich potencjału technik. To między innymi to zjawisko jest odpowiedzialne za tak wielki internetowy sukces piosenki Donatana i Cleo *My Słowianie*, wyklikanej na dzień dzisiejszy niemal 50 mln razy. Bo w tej piosence Polacy głośno usłyszeli, że można być dumnym z bycia przedstawicielem Słowian, a niekoniecznie ze stania na zmywaku w Yorkshire. I ta piosenka spotkała się z takim zainteresowaniem nie poprzez epatowanie seksem, ale właśnie dlatego, że zbuntowała się przeciwko zjawisku zwanym negatywizmem. Negatywizm to zjawisko odpowiedzialne również za nastawienie Polaków do sukcesu innych. Wystarczy przeczytać kilka internetowych dyskusji, by znaleźć ilość hejtu przekraczającą ludzką wyobraźnię. Dlatego tak trudno odnieść sukces, pozostając w ramie pod nazwą „Jestem Polakiem". Nawet jeśli masz nieprawdopodobnie genialny pomysł na biznes, to żeby go naprawdę zrobić, musisz wykroczyć poza tę ramę. Nawet jeśli bowiem nauczysz się radzić sobie z negatywizmem Twoich sąsiadów, rodziny czy społeczności internetowej, to perspektywa biznesu z tejże ramy będzie zawsze perspektywą pod tytułem: „To się nie może udać". A to dlatego, że nawet przy rewelacyjnym potencjale w tej ramie jesteś atakowany poczuciem każącym Ci myśleć „Jestem gorszy", a stąd już krótka droga nie tylko do tego, by Twój biznes nie przetrwał, ale do tego, by w ogóle nie podejmować prób jego realizacji. Kultura, która Cię otacza, a raczej ta, którą pozwalasz się otaczać, sprawia, że stajesz się podmiotem określonych przekonań.

I ten zestaw przekonań, który nosisz gdzieś w swym wnętrzu, może być niewystarczający do zarażenia świata Twoim genialnym pomysłem. Teraz rozważ, czy do osiągnięcia odpowiedniego, wymarzonego sukcesu w skali światowej myślenie „Jestem Polakiem" nie jest zbyt ciasne. Może powinieneś je zmienić na myślenie „Jestem Europejczykiem", a może na „Jestem obywatelem świata", by naprawdę osiągnąć pełnię swoich możliwości? By uwolnić swój rzeczywisty potencjał. Przykładowo w języku polskim słowo „ubogi" oznacza i biedę, i bliskość do Boga. A to oznacza, że wdrukowano Ci myślenie, iż posiadanie pieniędzy oddala Cię od Boga, a zatem osiągnięcie sukcesu, na przykład finansowego, nie powinno zaprzątać Twoich myśli.

Zbyt wąska, ograniczająca osobowość zawsze będzie miała problem z poradzeniem sobie z zaawansowaną, powtarzalną techniką. Podobnie jak Sienna wtrącony do malucha byłby na granicy obłędu, tak wielu ludzi wtrąconych w ramy zbyt wielkiej techniki przestanie sobie z nią radzić. Bo jeśli Twoja osobowość jest karmiona obawą, czy aby na pewno dobrze użyjesz jakiegoś angielskiego czasu i w swoim jednym angielskim zdaniu nie popełnisz najmniejszego błędu, to zawsze będziesz miał problemy w rozmowie z Anglikiem. I nic Ci wówczas nie da dwadzieścia lat nauki angielskiego ani jakakolwiek perfekcja językowa (czyli tak naprawdę doskonała technika), bo i tak za każdym razem będziesz się zastanawiał, czy powinieneś się odezwać. Hodujesz bowiem osobowość, która nie jest w stanie poradzić sobie z techniką. A mały Niemiec wejdzie tymczasem do nowojorskiego sklepu i, mimo że nie zna nawet 20% „Twojego" angielskiego, dogada się błyskawicznie i jeszcze wszyscy dookoła najpewniej go polubią. Bo jego osobowość jest wystarczająca do „obsłużenia" jego techniki. I on się nie zastanawia, czy do tego, co powiedział, użyć czasu Present Simple, czy Past Simple. Ci, którzy go słuchają, też specjalnie się tym nie przejmują, bo najprawdopodobniej w ogóle tego nie wiedzą. A Ty stoisz w drzwiach tego sklepu, zastanawiając się, na czym polega Twój błąd, a raczej co ten mały ma w sobie takiego, czego Tobie brakuje. Podpowiem Ci: on nie ma wdrukowanego społecznego schematu: „Ludzie o mnie pomyślą, że jestem głupi!". I nawet kiedy ma dużo gorszą technikę od Ciebie, ma lepszą osobowość — i dlatego tak świetnie sobie radzi.

A zatem żeby dokonać prawdziwej, przełomowej zmiany w swoim życiu, potrzebujesz jednocześnie i osobowości, i techniki — potrzebujesz samochodu wyścigowego i superkierowcy! Musisz jednak wiedzieć jeszcze jedno: o ile ludzie są z reguły świadomi istnienia technik, to niestety większość z nich kompletnie nie zdaje sobie sprawy z tego, że może istnieć coś takiego jak osobowość. Nie zdają sobie sprawy z tego, że może istnieć coś takiego jak konstrukt „ja", który jest w pełni modelowalny i w pełni tworzony. Jednym z jego objawów są właśnie ramy „Jestem Polakiem", „Jestem mężczyzną" bądź „Jestem słaby". Ale żeby ten konstrukt dostrzec, musisz wyjść na zewnątrz, bo dopiero wtedy możesz go w pełni zaobserwować. Nie możesz przecież zobaczyć, z jak wielkim budynkiem masz do czynienia, jeśli przebywasz w jego wnętrzu. Trzeba wyjść na zewnątrz, żeby dokładnie go sobie pooglądać i stwierdzić, jaki jest w rzeczywistości. Dlatego kiedy powtarzamy „Jestem Polakiem", „Jestem mężczyzną", „Jestem kobietą", to nie widzimy niczego więcej poza schematem i dlatego jesteśmy z tym schematem tak mocno zidentyfikowani.

CZYM JEST PSYCHOLOGIA SUKCESU?

Zacznijmy od bardzo ważnego rozróżnienia świata miękkiej komunikacji i twardych umiejętności. Weźmy na warsztat jakieś słowo, np. drzewo. Drzewo to czynnik twardy — konkretna, istniejąca rzecz, którą można zdefiniować, opisać, nazwać. Ale kiedy mówisz to słowo, gdy je wypowiadasz, to używasz jakiejś barwy głosu i mówisz określonym tempem — ta barwa może być miękka, a tempo szybkie, wolne itd. W efekcie będziesz stymulował mózg człowieka Cię słuchającego na różne sposoby, bo Twój sposób wypowiadania wpłynie na to, jakie konkretnie drzewo sobie on wyobrazi. Barwa głosu i tempo mówienia nie istnieją bez treści, a ta nie istnieje bez nich. Figura i tło przenikają się wzajemnie i nie można ich od siebie oddzielić. Gdy rozmawia mąż z żoną, może jej zaproponować rozmowę w sposób bardzo poważny i ją przestraszyć albo w sposób luźny i ją zaciekawić. Jego głos, emocje, które mu towarzyszą, postura ciała i gesty — cała forma przekazania tej informacji wpływa na jej charakter, odbiór, motywację. I to jest właśnie relacja między czynnikiem miękkim i twardym.

Można to zaobserwować wszędzie — również w szkolnictwie. Przez lata uczono nas, że do życia potrzeba konkretnych umiejętności i tytułów — gdy ja kończyłem pierwsze studia, było nas 7% magistrów w społeczeństwie, a obietnica dostatniego życia i dobrego zawodu była bliska prawdzie. Jednak dziś, wraz z przejściem szkolnictwa w szeroko pojęty biznes, gdy produkcja magistrów osiągnęła tempo wcześniej niespotykane, nastąpił naturalny proces saturacji rynkowej prowadzący do obniżenia jakości i statusu tytułów. Zaczęto poszukiwać umiejętności miękkich — sprzedaży, kontroli emocji, budowania relacji, zarządzania i przywództwa, które okazały się kluczowe w nowym świecie ekonomii, polityki i socjologii. Jeśli dziś lekarz nie potrafi się sprzedać za pomocą dobrej strony internetowej, to przegra z innym, mniej kompetentnym, ale mającym „lepsze gadane". Świat, w którym umiejętności twarde inżyniera czy kierowcy rajdowego były wystarczające, został uzupełniony przez świat umiejętności miękkich, których, szczególnie w Polsce, brakowało. Emocje, relacje, finanse, coaching, nauka, jak się uczyć, public relations, marketing i sprzedaż, personal branding, nutriologia czy duchowość są dziś nie ciekawym dodatkiem, ale koniecznością dla każdego adepta sztuki zwanej życiem. Jednocześnie, ponieważ póki co znajdują się poza oficjalnym kanonem edukacji, są niereglamentowane i nierozumiane przez znaczną większość nieświadomego społeczeństwa. Jednym z celów tej książki jest szerzenie tej wiedzy, tak by każdy miał do niej jak najszerszy dostęp. A to dlatego, że jest kluczowa, zważywszy, że sama inteligencja emocjonalna jest poszukiwana przez amerykańskich pracodawców trzykrotnie częściej niż intelekt, sprzedaż stała się na dzień pisania tej książki piątą najważniejszą umiejętnością na świecie, a odpowiedzialność i samodzielność pierwszą. To miękki świat, bez którego dziś nie sposób się obejść. Świat, w którym bloger konkuruje z wykształconym dziennikarzem, użytkownik YouTube walczy o tego samego widza z producentem telewizyjnym, coach spokojnie wyprzedza terapeutę, a sprzedawca zarabia kilkanaście razy więcej niż pedagog.

To wszystko razem zebrane nazywa się ogólnie psychologią sukcesu — dyscypliną, która daje różnorakie narzędzia z zakresu komunikacji, służące do realizowania zaplanowanych w życiu celów. Jest ona daleka od teoretycznych dywagacji, nie interesują jej laboratoryjne wywody, bazuje bowiem na sprawdzonych modelach ludzi, którzy osiągnęli mierzalne wyniki. Psychologia sukcesu mówi, że skoro ktoś zarobił miliony, to ma na to jakąś strategię — trzeba się tylko dowiedzieć jaką. Skoro ktoś się świetnie dogaduje ze swymi dziećmi, to wie, jak to robić, i musi mieć na to model. Skoro ktoś schudł bez środków farmakologicznych i operacji i od lat utrzymuje świetny wynik, to nauczymy się od niego, jak to robić. To świat czystej praktyki, konkretnych rezultatów i nade wszystko autentycznego życia.

Jak każda dyscyplina, tak i psychologia sukcesu bazuje na określonych fundamentach. Ten tzw. mindset, czyli podejście, to kamień węgielny całej dziedziny. Wielokrotnie sprawdzony i przebadany, dziś nie jest tajemnicą, przypadkowym zbiegiem okoliczności, talentem czy genetyką. Sukces jest modelem — można go powtarzać, można go duplikować, można go pomnażać i wiadomo, co należy robić, by go osiągnąć. Czym zatem charakteryzują się ludzie, którzy sukces osiągają, niezależnie od tego, czy są architektami, artystami, sprzedawcami, naukowcami, milionerami, czy szczęśliwymi rodzicami? Najważniejsza jest pasja. Ci, którzy ją czują, nie przepracują ani jednego dnia w życiu i traktują pracoholizm jako mit. To odnalezienie tego, co się lubi, i poświęcenie temu swego życia. To indywidualna kreacja i stworzenie sobie zawodu — w przeciwieństwie do urzeczywistniania czyjegoś pomysłu na swoje życie. Na kolejnych stronach tej książki wrócimy do tematu. Po pasji następnym determinantem sukcesu okazuje się służenie innym. Ludzie sukcesu zastanawiają się, w jaki sposób mogą pomóc innym rozwiązać ich problemy. Nie dość, że daje to wielką motywację, to dodatkowo sprzyja finansom — wszyscy chętnie płacimy tym, którzy bardziej myślą o nas niż o sobie. Altruizm wpływa też pozytywnie na produkcję endorfin — hormonów szczęścia. Trzecim aspektem jest długotrwała praca — nie ma się co oszukiwać, sukces jest zarezerwowany dla pracusiów. Przykład: 60% światowych miliarderów pracuje ponad 60 godzin tygodniowo. To znacznie więcej niż 40 godzin tygodniowo! Jak mówił Arnold Schwarzenegger, jeśli śpisz więcej niż 6 godzin, to śpij szybciej! Następną cechą ludzi sukcesu jest skupienie na jednej rzeczy — zamiast robić ich wiele, weź pod uwagę, że nie można być dobrym we wszystkim i że znacznie łatwiej jest zostać mistrzem w jednej dziedzinie. Ja wybrałem — chcę być topowym trenerem i coachem tej planety, więc temu poświęcam najwięcej czasu. Nie trać zatem czasu na to, w czym nie możesz być absolutnie wyjątkowy. Kolejnymi cechami są powtarzanie i nawykowe działanie — by Twoje umiejętności nabrały cech mistrzowskich, musisz systematycznie je ćwiczyć. Umiejętności buduje się w sposób prosty (ale nie łatwy) — powtarza się jak najczęściej dane zachowanie aż do momentu, gdy zostanie ono zautomatyzowane.

Wówczas podnosi się poprzeczkę i wymaga od siebie więcej, tym samym utrudniając sobie proces. To intensyfikowanie jest konieczne, by cały czas stymulować przyzwyczajający się do bodźca mózg. Robiąc to systematycznie, stajesz się wytrwały i wiesz, że do sukcesu wiedzie droga nie tylko kręta, ale też daleka. Wracając do zarabiania pieniędzy, przeciętny wiek brazylijskiego miliardera to 84 lata, a na Zachodzie mówi się o osiąganiu największego potencjału w życiu między 40 a 65 rokiem życia. Powoli więc, ale konsekwentnie. Ludzie sukcesu są też kreatywni — wymyślają nowe sposoby robienia tego samego i żyją w ramie feedbacku, czyli wyciągania wniosków z własnych błędów i ulepszania procesów, które już im wychodzą. Każdego wieczora zapytaj się, co możesz zrobić lepiej następnym razem i czego się dziś ważnego nauczyłeś, a zaczniesz ćwiczyć tę cechę ludzi sukcesu. I pamiętaj też o konieczności samodoskonalenia — ci ludzie, którzy stawiają na bycie lepszym i rozwój umiejętności miękkich, są bardziej predysponowani do osiągania sukcesów.

Pomyślmy przez chwilę o samym wyrazie „sukces". Bardzo wiele możesz się nauczyć, analizując pochodzenie wyrazów. Ta dziedzina wiedzy nazywa się etymologią i, jak się za chwilę okaże, może zwrócić naszą uwagę na zadziwiające zależności pomiędzy wzorcem kulturowym a osobowością, którą dana kultura tworzy. Przyjrzyjmy się słowu: „odpowiedzialność". Możemy tam znaleźć zarówno słowo „odpowiadać", jak i „wiedza". Czy czasem nie oznacza to, że żeby komuś odpowiedzieć na zadane pytanie, należy dysponować odpowiednią wiedzą? A zatem odpowiedzialność oznacza, że chcąc kogoś uczynić za coś odpowiedzialnym, musisz go najpierw wyposażyć w odpowiednią wiedzę, by mógł tej odpowiedzialności sprostać. W innym przypadku powierzenie komuś odpowiedzialności bez dania wiedzy byłoby jednoznaczne ze sprezentowaniem mu słoika konfitur... bez konfitur. I od razu się orientujemy, że słoik konfitur bez konfitur jest jedynie pustym

szklanym naczyniem, które akurat komuś głodnemu na nic się
nie zda. A teraz przyjrzyjmy się słowu „sukces". W wielu językach
oznacza ono „następowanie", „stawanie się". Sukcesja to przecież obejmowanie tronu. Dotyczyła kogoś, kto pojawiał się jako
następca króla. A zatem sukces w rozumieniu „następstwa" nazwalibyśmy skutkiem czegoś — skutkiem określonego rodzaju
działalności. Dzisiaj sukces nazywałby się samorealizacją, kom-
petencją i autonomią. Pierwszym elementem tego schematu jest
przekonanie, że prędzej czy później każdy z nas dojdzie do sytuacji, w której po prostu zechce być sobą. I to jest zjawisko odpowiedzialne za sytuację, w której „dobrze ustawiony" czterdziesto-
letni pracownik korporacji nagle orientuje się, że ten bezpieczny
przyczółek, jakim są jego biurko, samochód, stała dobra pensja
i możliwość ślizgania się po swoich obowiązkach, przestaje mu
wystarczać. Zaczyna chcieć czegoś więcej, jeszcze nawet nie wiedząc, co to „więcej" oznacza, wiedząc jednak, że dotychczasowe
życie przestaje mu odpowiadać. Problem tkwi w tym, że kiedy
osiągnie swoją samorealizację, przestanie być „zatrudnialny" i,
chcąc nie chcąc, będzie musiał opuścić swój bezpieczny przyczółek. Dzieje się tak dlatego, że osoby, które osiągnęły poziom
samorealizacyjny w życiu, zaczynają tworzyć rzeczywistość i nie
są w stanie dłużej wytrwać w kieracie tej rzeczywistości, która
ich dotąd otaczała. Rzeczywistość istniejąca staje się dla nich za
ciasna, a jedynym rozwiązaniem w takiej sytuacji jest stworzenie
nowej. Dlatego tacy ludzie albo tworzą wizje, albo dołączają do
ludzi, którzy to robią. Nie można ich już po prostu zatrudniać.
Stają się kreatorami. Tworzą schematy, do których zapraszają
innych ludzi. Samorealizacja to pierwszy element wielkiej przygody, w której zaczynasz zapraszać innych ludzi do swojego
świata. W tym momencie zaczyna się pojawiać dążenie do myślenia takimi kategoriami jak „Mogę coś znaczyć", „Mogę zmienić
świat". Problemem jest tylko to, że nie da się „czegoś znaczyć",

jeśli wcześniej nie „zostało się sobą"! A żeby zostać sobą, musisz sobie najpierw odpowiedzieć na kilka ważnych pytań: „Co ja tutaj, w tym życiu, robię?", „Jakie jest moje miejsce w życiu?", „Po co się urodziłem?", „Jaką mam rolę do odegrania?", „Po co zatrudnił mnie Pan Bóg?". I oczywiście w zależności od wyznawanej religii możesz sobie w to pytanie wpisać dowolnego Boga z najprzeróżniejszych możliwych stron świata i wyznań.

Drugim elementem samorealizacji jest kompetencja, a to przecież nic innego jak możliwość bycia w czymś dobrym. Ludzie mają prostą potrzebę, by być w czymś dobrzy. Jeśli stworzymy odpowiednie warunki do tego, by ludzie mogli podnosić swoje kompetencje, to ich „ja" będzie rosło. A to z kolei jest podstawowym warunkiem do rozwinięcia takiej osobowości, by mogła sobie radzić z najlepszymi, najbardziej zaawansowanymi technikami. Dzisiejsze czasy dobitnie pokazują, że tak naprawdę liczą się jedynie kompetencje i umiejętności. Możesz mieć kilka fakultetów, dyplomy świetnych uczelni, a wciąż pozostawać bezrobotny. Jest tak dlatego, że sam fakt posiadania dyplomu nie czyni z Ciebie osoby kompetentnej. Wykształcenie straciło taką renomę i autorytet, jakie posiadało kiedyś. W dzisiejszych czasach albo masz umiejętności i potrafisz się sprzedać (i wtedy jesteś się w stanie przebić), albo będziesz pracował poniżej swoich możliwości z niespełnionymi oczekiwaniami. Co więcej, obecnie kompetencje twarde tracą na znaczeniu w porównaniu z kompetencjami miękkimi. Ostatnie badania w Stanach Zjednoczonych wykazały, że w przypadku porównania CV dwóch lekarzy częściej zatrudnienie znajdują ci, którzy są bardziej kompetentni relacyjnie niż merytorycznie. A przecież trudno sobie wyobrazić, by istniał bardziej konkretny zawód od zawodu lekarza. Lekarz musi posiadać potężną wiedzę teoretyczną. Jak się jednak okazuje, nie opłaca się zatrudniać lekarza, który nie potrafi się komunikować z pacjentami..., bo ludzie do niego nie przyjdą. Dużo lepsze efekty w „pozyskiwaniu" pacjentów

ma ten, kto ma „lepszą gadkę", jest lepiej ubrany i lepiej wygląda.
On oczywiście nadal jest kompetentny w zakresie umiejętności
lekarskich, ale jeśli jest lepszy komunikacyjnie od konkurenta —
to z nim bezapelacyjnie wygra, nawet jeśli konkurent ma jakąś
przewagę w umiejętnościach twardych.

Kompetencja to, jak wspominałem, bycie w czymś dobrym.
Jeśli jednak chcesz być w czymś dobry, musisz zdawać sobie
sprawę, że nie możesz być jednocześnie dobry we wszystkim.
Prędzej czy później będziesz musiał skupić się na jednej rzeczy,
by stać się w jej wykonywaniu mistrzem świata. Co więcej, w momencie, w którym uznasz, że czas najwyższy zdobywać kompetencje w jednej, określonej dziedzinie, i na tym się skupisz, przestaniesz trwonić czas na zajmowanie się rzeczami, które są Ci do
niczego niepotrzebne, które ani nie podnoszą Twoich kompetencji,
ani też nie przynoszą Ci dochodów. Próba zdobywania kompetencji we wszystkim kończy się bowiem „zajmowaniem się wszystkim".
To z kolei powoduje, że nie będziesz potrafił delegować zadań,
będziesz wiecznie zabiegany i w końcu się zajedziesz.

Trzecim elementem tego psychologicznego modelu jest autonomia, czyli potrzeba bycia niezależnym. To możliwość robienia czegoś samodzielnie, między innymi po to, by można się było
realizować. To możliwość autonomicznego rozwoju, bo dopiero
wówczas jesteś w stanie skorzystać z całego swego potencjału.
To zdawanie sobie sprawy z tego, kim jesteś, z tego, czy w tym,
co robisz, jesteś wystarczająco dobry i czy możesz działać tak, by
jakiekolwiek czynniki zewnętrzne Cię nie ograniczały. Bo wszystko, co Cię ogranicza, w pewnym momencie będzie musiało zostać
odrzucone. Wszystko! Łącznie z Twoim własnym lękiem. I oczywiście możemy się zastanawiać, ile na to potrzebujesz czasu, ale
tak naprawdę to, ile to będzie trwało, nie jest teraz istotne. Ważne
jest to, by zacząć realizować marzenia, a nie da się tego zrobić,
dopóki czegoś się boisz, dopóki coś Cię ogranicza. Jeszcze nikomu

nie udało się wyjść w swoich marzeniach ponad to, czego się bał. A jak już wiesz, bać się możesz nie tyle samego sukcesu, ile swoich wyobrażeń o tym, co się stanie, kiedy już go osiągniesz. I tego się boi większość ludzi: czy czasem nie uderzy im do głowy woda sodowa, kiedy osiągną sukces, czy nie zaprzepaszczą swojego dotychczasowego życia, swoich relacji. A niestety, jest się czego bać, bo większości z nas w takiej sytuacji „odbija". Ilu znasz mężczyzn, którzy po wspięciu się po szczeblach zawodowej kariery, po osiągnięciu zawodowego sukcesu, nagle niszczyli swoje małżeństwa, wiążąc się z wielokrotnie od nich młodszymi modelkami, po czym zazwyczaj ten właśnie moment okazywał się równią pochyłą? Potem już było tylko i wyłącznie gorzej — kończyli bez rodzin, bez pieniędzy i często bez karier. Uważam, że większość ludzi nie poradzi sobie z pieniędzmi, z sukcesem, tak jak większość kobiet nie poradzi sobie z urodą... Ile kobiet boi się swojej atrakcyjności, by nie być odrzuconymi społecznie? Nie dbają więc o siebie tak, jakby naprawdę chciały — tak silny jest ten lęk, ta obawa przed odniesieniem sukcesu. Sprzedaje się więc bajkę, że lepiej być kimś zwykłym, bo wtedy się nie ryzykuje. I wiesz, ilu ludzi na świecie dotyczy ten schemat? Otóż prawie wszystkich! Można sobie oczywiście z tym poradzić, ale tutaj wracamy do punktu wyjścia, bo do tego potrzebna jest... silna osobowość.

Jeśli zaczniesz się zastanawiać, czym jest sukces, to pojawią się pewne pojęcia, pewne sygnały, za pomocą których zaczniesz go identyfikować. Pierwszym, który być może przyszedł Ci teraz na myśl, są pieniądze. Jednak pieniędzy nigdy nie zarabiamy dla nich samych. Zarabiamy je po to, by one coś reprezentowały. Mogą reprezentować koncept „Ja mogę!" lub „Jestem najlepszy!" bądź też mogą nam dawać poczucie bezpieczeństwa. Sukces może być również rozumiany jako właściwe relacje. To na przykład posiadanie wokół siebie odpowiednich ludzi. Otaczanie się ludźmi, którzy są mądrzejsi od nas, bo tylko przy takich rośniemy, tylko przy takich możemy się rozwijać. To ludzie, dzięki którym jesteś w stanie osiągać coś więcej, co oczywiście może wywoływać pewną frustrację, ponieważ kiedy taka relacja zostanie wyeksploatowana, to ją porzucisz, by tworzyć nową. Najwłaściwsza relacja pojawia się jednak wówczas, kiedy druga strona — ta, która gwarantuje Twój rozwój — rośnie razem z Tobą. Wtedy nigdy się nie wyeksploatuje, bo po prostu nie jesteś w stanie jej dogonić. A zatem stały wzrost gwarantują Ci tylko relacje z kimś, kto nie dość, że jest większy od Ciebie, to jeszcze stale się rozwija. W moim życiu kimś takim jest moja własna żona. Wciąż przy niej rosnę, bo ona… nie kupuje moich bajek. Bo cóż to byłby za problem związać się z kobietą wpatrującą się w nas jak w obrazek i czekającą na każdą myśl, którą ją obdarujemy. Może i przyjemne, ale na pewno stagnacyjne. Przy takiej kobiecie błyszczysz, ale się nie rozwijasz. Nie rośniesz! Teraz zrozumiałeś, że osiąganie sukcesu to również stałe dokonywanie pewnego wyboru życiowego pomiędzy tym, co łatwe, a tym, co pozwala się rozwijać. A zazwyczaj to, co łatwe, nie pozwala nam wzrastać. Kiedy jednak ruszysz drogą tych trudnych, ale właściwych wyborów, zobaczysz, że im trudniejsze cele sobie postawisz, im większe problemy będziesz w stanie rozwiązywać, tym szybciej zaczniesz się rozwijać, a co za tym idzie — osiągać sukces. Za każdym razem, po każdej pokonanej przeszkodzie, Twoje ego powie Ci, że czas osiąść na laurach, bo przecież już tyle zrobiłeś. Wtedy musisz pokonać kolejną przeszkodę, którą będzie to samozadowolenie, a żeby to zrobić, trzeba znaleźć następny duży problem i stawić mu czoła. Bo wzrastanie i rozwój to pewien rodzaj samobójstwa. To proces, w którym nieustannie pokonujesz swoje ego.

Sukces to też przywództwo — leadership. To zdanie sobie sprawy, że jest się przewodnikiem. To moment, w którym znika lęk, a jego miejsce zajmuje odwaga. To pozbycie się wątpliwości i ustąpienie miejsca pewności. To pojawienie się rozwagi w miejsce frustracji. Lider to przecież ktoś, kto przewodzi... energię, kto transformuje, kto przenosi dalej pewne działania, sytuacje, możliwości. Ale też ktoś, kto już nie potrzebuje poklasku, bo wie, że jest jakaś robota do zrobienia. Ktoś, kto nie zatrzymuje się, by przyjąć owacje na stojąco, bo szkoda mu na to czasu.

Miarą sukcesu może być również atrakcyjność — ta pochodząca od łacińskiego *attrahere*, czyli „przyciągać". Atrakcyjność w sukcesie wcale nie musi być bowiem związana z byciem ładnym, bo przecież kanony urody cały czas się zmieniają. Tutaj chodzi o przyciąganie, o to, że podobne przyciąga podobne. To sytuacja, w której zaczynasz żyć zgodnie z prawem obfitości lub innym uniwersalnym ludzkim prawem, zaczynasz tworzyć takiego siebie, który automatycznie szuka podobnych do siebie. W sposób podświadomy stajesz się bardziej otwarty na sygnały od takich właśnie osób i sam takie sygnały wysyłasz. To właśnie na skutek tego mechanizmu, kiedy zaczynasz zarabiać większe pieniądze, zanim się zorientujesz, otaczasz się ludźmi o podobnym poziomie dochodów. Co więcej, przyciągasz ludzi nie tylko mających podobne problemy, ale też takich, którzy podobne problemy potrafią rozwiązywać. Przemyśl prostą zasadę — jeśli chcesz zarabiać więcej, to znajdź ludzi, którzy zarabiają oczekiwane przez Ciebie pieniądze, dowiedz się, jakie mają problemy, i naucz się je rozwiązywać lepiej od nich samych. Wtedy ci ludzie zaczną Cię potrzebować, a jeśli do tego dojdzie, natychmiast wskoczysz na ich finansowy poziom i zaczniesz zarabiać tyle co oni lub nawet więcej. W ten sposób wykorzystujesz prawo przyciągania, czyli wspomnianą wyżej atrakcyjność warunkującą osiąganie sukcesu. Będziesz szukał coraz to nowych rozwiązań, coraz wyżej ulokowanych problemów i dzięki temu sam będziesz się szybko wspinał po ścieżce samorozwoju i cieszył się z osiąganych coraz to większych sukcesów. Cała sztuczka polega na tym, by przemyśleć, jak i przy kim chcesz rosnąć, a zatem jakich ludzi do siebie chcesz przyciągnąć. Jeśli na przykład chcesz do siebie przyciągnąć klientów, którzy będą skłonni dużo zapłacić za to, co oferujesz, to musisz stworzyć taką osobowość, która pomoże im rozwiązać ich problemy. Jeśli chcesz przyciągnąć do siebie klienta milionera, to musisz stworzyć osobowość, która będzie myślała jak Twój klient, zachowywała się jak Twój klient i porozumiewała się językiem Twojego klienta. Innymi słowy, nie da się pozyskać klientów milionerów, mając jakże wśród mieszkających w Polsce częste przekonanie, że każdy milioner to złodziej. A przecież większość ludzi w Polsce jest przekonana, że nie można zarobić miliona złotych ciężką pracą. Myślą, że aby tego dokonać, trzeba mieć układy, znajomości albo trzeba się nieźle nakombinować. A to nieprawda.

A może w sukcesie chodzi o sens życia? O odpowiedź na pytanie „Po co się urodziłem?" i życie zgodnie z tą odpowiedzią? A może o zdrowie? O takie zadbanie o swój organizm, by możliwie najdłużej zachował sprawność i nie wymagał ingerencji medycznych? Możliwe też, że za sukces uznasz dobre samopoczucie. Być może wystarczy po prostu się dobrze poczuć, podnieść poziom tych hormonów w swoim organizmie, które są za to odpowiedzialne, i sukces gotowy? A może za sukcesem stoi poczucie misji, czyli przekonanie, że to, co robisz, najzwyczajniej w świecie ma sens? Że coś daje, coś przynosi, coś zmienia? A może za sukcesem stoją uczucia wyższe? Pokora, spokój, umiejętność pociągania za sobą innych?

W rzeczywistości sukces to wzajemne przenikanie się wszystkich wymienionych wyżej składowych. Oczywiście na różnych poziomach postrzegania każda z nich zaoferuje Ci coś innego, inny rodzaj życiowej satysfakcji. Kiedy jednak przyjrzysz się tym, którzy odnieśli w życiu prawdziwy sukces, to łatwo dojdziesz do wniosku, że miarą sukcesu może być jedynie sytuacja, w której wszystkie wyżej wymienione elementy występują równocześnie. A ja Ci gwarantuję, że osiągnięcie takiego stanu w Twoim życiu jest nie tylko możliwe, ale też pozostaje w Twoim zasięgu. Jest tak bliskie, jak jeszcze nigdy dotąd nie było!

DLACZEGO SUKCES?

Zastanawiałeś się, po co dąży się do sukcesu? Co stoi za tym pragnieniem? Po co ludzie próbują się z nim mierzyć? Gdybyśmy spróbowali uszeregować odpowiedzi na to pytanie zgodnie z hierarchią ważności, to na samym szczycie musiałaby się znaleźć pełnia. Pełnia, czyli osiągnięcie stanu szczęścia i spełnienia złożonego ze wszystkich możliwych do zdobycia celów. A tuż pod pełnią umieściłbym potrzeby samorealizacji i bycia efektywnym. To z kolei umiejętność dostosowywania się do środowiska, w jakim się żyje. Im bardziej bowiem jesteś zaadaptowany do życia w środowisku, w którym przebywasz, im lepiej znasz to środowisko, tym bardziej jesteś mobilny. Bo przecież najlepsza ryba to taka, która najlepiej zna swój akwen. A jeśli jesteś mobilny, to lepiej sobie radzisz, to przewidujesz, co się może wydarzyć, i reagujesz na to. W końcu możesz dokonywać zmian w swoim życiu, bo nie jesteś przytwierdzony do małego wycinka rzeczywistości. Zaczynasz wzrastać ponad to.

Za dążeniem do sukcesu stoi również jakość życia. Czyż w pięciogwiazdkowym hotelu nie śpi się wygodniej niż w dwugwiazdkowym? Oczywiście na pewnym etapie życia wydaje Ci się, że namiot to szczyt marzeń. Potem jednak wzrastasz, a kiedy osiągasz pewien poziom, „namiotowe" wygody przestają być dla Ciebie wystarczające. Potrzebujesz czegoś więcej, potrzebujesz lepszej jakości życia. Zatem dążysz do osiągnięcia lepszego statusu, lepszej jakości, bo ta obecna już Cię nie zadowala, nie jest tym, czym chciałbyś się zachwycać. I gdzieś po drodze zaczynasz odkrywać, że dążysz do sukcesu również dlatego, że szkoła, która miała Cię wyedukować, nauczyła Cię regułek i tabliczki mnożenia, ale nie nauczyła Cię życia. Przekazała rzeszę dogmatów i dała tytuły, które w dzisiejszych czasach znaczą coraz mniej i przestają być potrzebne. Ty tymczasem, mimo szkolnej edukacji, zorientowałeś się już, że jest coś więcej. Jest jakiś rodzaj życia, jakiś rodzaj możliwości, które Ci ono stwarza, a o których w szkole nie usłyszałeś ani razu. Jeśli masz ponad trzydzieści lat, to jeszcze się załapałeś na pokolenie, któremu wmawiano, że ciężką pracą i wykształceniem można coś w życiu osiągnąć. Jednak świat wokół Ciebie mówi coś zupełnie innego, coś, o czym w szkołach nie chcą ani słyszeć, ani mówić. A mianowicie to, że wykształcenie i ciężka praca w żaden sposób już nie gwarantują życiowego sukcesu. Bo dzisiaj sukces może mieć krótkie spodenki, świetny pomysł na sieciowy biznes i miliony dolarów w kieszeniach. Ci ludzie są inteligentni i wymyślają nowe technologie, portale społecznościowe i coś, o czym jeszcze nie wiemy, ale niebawem o tym usłyszymy. I nie pracowali specjalnie ciężko ani nie mają wielu fakultetów. Mieli za to pomysł i wystarczające umiejętności komunikacyjne, jak na przykład zarażanie entuzjazmem, by wprowadzić stworzone idee w życie. Dzisiaj ludzie, którzy zrobili wielkie fortuny, zaczynają w zupełnie inny sposób patrzeć na wykształcenie. Już nie zastanawiają się, czy należy je mieć, zastanawiają się, jakie wykształcenie jest naprawdę użyteczne. Bo co z tego, że jesteś doskonale wykształcony — jeśli nie będziesz umiał sprzedawać (a mówię tu głównie o sprzedaży samego siebie), to za jakiś czas będziesz przegrywał z lepiej komunikującymi się ludźmi. A stado młodzieniaszków w krótkich spodenkach przeleci po Tobie w drodze do swojego sukcesu i nawet Cię nie zauważy. I czy Ci się to podoba, czy też nie, sprzedawca to zawód przyszłości. Jeśli więc nie opanujesz tej umiejętności, to sukces zamiast się do Ciebie przybliżać, zacznie Ci uciekać szybciej, niż potrafisz za nim biec. Tymczasem w szkole się tego przecież nie nauczyłeś. Nie wykształciłeś tam umiejętności zarabiania pieniędzy, a dzisiaj to podstawowa umiejętność warunkująca przeżycie. Szkoła nie nauczyła Cię też, jak radzić sobie z emocjami czy jak budować relacje. Dzisiaj ocenia się, że aż 33% małżeństw rozpada się w przeciągu pierwszych pięciu lat. A przecież ci ludzie, którzy zawierają związki, nie są w większości w ogóle do tego przygotowani, bo nikt nigdy na żadnym etapie edukacji ich tego nie nauczył. Zamiast tego w szkole nauczyli się budowy pantofelka i dowiedzieli się, jak się nazywa stolica Burkina Faso. Wszystkich nas uczono całej masy kompletnie nieprzydatnych rzeczy. A może masz w zwyczaju wstawać co rano i do porannej kawy rozwiązywać zadania z algebry? Zamiast algebry potrzebujesz jednak konkretnych umiejętności, których niestety nie zyskałeś dzięki szkolnej edukacji. Dzisiejszy system edukacyjny w ogóle nie uczy umiejętności miękkich, a to one będą decydowały o tym, jak sobie poradzisz w życiu. To ich opanowanie umożliwia Ci podróż w przyszłość, bo to to one są przyszłością. To umiejętność komunikowania się z ludźmi i, co za tym idzie — sprzedaży jest niezbędna do osiągnięcia sukcesu. Bo jeśli to potrafisz, to zawsze będziesz w stanie osiągnąć sukces! Dzisiaj uważa się, że aż 85% sukcesu to komunikacja i sposób, w jaki ludzie się ze sobą dogadują.

Warto się zastanowić, dlaczego ludzie nie osiągają sukcesu. Możliwe, że dużo łatwiej by nam było odpowiedzieć na to pytanie, gdybyśmy spojrzeli na określone środowiska czy też kręgi, w których funkcjonujemy. Najmniejszym kręgiem lub też najmniejszą jednostką środowiskową... jesteśmy my sami. Nazwijmy ten twór Janem Kowalskim, normalnym człowiekiem z krwi i kości. A zatem najmniejsza jednostka w tej perspektywie to „ja" Jana Kowalskiego. Coś, co nazwalibyśmy dokładnie jego „ego indywidualnym".

Kolejny poziom, kolejny krąg środowiskowy, to rodzina Jana Kowalskiego. To taki system emocjonalno-społeczno-intelektualny, w zakresie którego funkcjonuje mniejszy system, czyli nasz Jan

Kowalski. Kolejny poziom związany ze środowiskiem naszego funkcjonowania to kraj. Dalszych poziomów łatwo się domyślić. Będą to odpowiednio region (taki jak na przykład Europa) i w końcu świat. Takie postrzeganie środowiska naszego funkcjonowania można by zobrazować przykładem rosyjskich matrioszek, z których jedna skrywa drugą — i tak na wielu poziomach. Jeśli więc mamy do czynienia z większą matrioszką, na przykład w sukience w kratkę, to spodziewamy się, że po jej otwarciu ujrzymy jej mniejszą wersję... również w sukience w kratkę. A jeśli ten rodzaj myślenia odniesiemy do naszego przykładu Jana Kowalskiego, to możemy założyć, że obserwując cechy rodziny tego gościa, możemy wnioskować o cechach... jego samego. I kluczowe w rozumieniu tego systemu jest uświadomienie sobie, że dany systemowy element jest z jednej strony odseparowany od reszty, a z drugiej stanowi część większego systemu, który cały czas na niego wpływa, i to na wszelkich możliwych polach. Wiedziałeś na przykład, że aż 70% decyzji zakupowych jest podejmowanych pod wpływem tego, co kupują inni? To oznacza, że Jan Kowalski tylko w przypadku trzech zakupów na dziesięć podjął samodzielną decyzję, na co wydać pieniądze. Pozostałe decyzje to wpływ tego, na co zdecydowali się inni. Innymi słowy, 70% wyborów, których Kowalski dokona, jest dyktowanych owczym pędem. W dzisiejszych czasach zwrot „normy społeczne" powinien mieć szczególne znaczenie dla sprzedawców. Ponieważ sprzedaż tak naprawdę polega na stworzeniu impulsu, który viralowo staje się trendem. A jeśli stanie się trendem, to ludzie będą kupować do czasu, aż pojawi się kolejny impuls tworzący nowy trend, który osadzi przedmiot sprzedaży na kolejnym stworzonym sprytnie „topie". Dzisiaj wspomniane „tworzenie", rozumiane jako umiejętność generowania trendów, jest po prostu kluczowe. Skoro zaś aż 70% naszych decyzji zależy od decyzji innych, to warto rozważyć próbę osiągnięcia sukcesu przez pryzmat problemów, które należy rozwiązywać.

Jeśli skupisz się na problemach indywidualnych, to znajdziesz tylko jedną osobę, która takim rozwiązaniem będzie zainteresowana. Jeśli bowiem skupisz się na rozwiązaniu problemów Jana Kowalskiego, to będzie tym zainteresowany jedynie... Jan Kowalski. I tak się dziwnie składa, że ilekroć skupisz się na rozwiązaniu problemów indywidualnych, to jedynym Janem Kowalskim, który będzie zainteresowany Twoim rozwiązaniem, będziesz Ty sam. Szukanie źródła sukcesu w kategoriach indywidualnych zawsze prowadzi do tego, że najlepiej rozwiązujemy te problemy, które nas bezpośrednio dotyczą. Wówczas zaś tworzymy sobie tylko jednego klienta — nas samych! I wyjątkową rzadkością będzie to, że oprócz Ciebie samego ktoś inny zainteresuje się proponowanym przez Ciebie rozwiązaniem. A nawet jeśli to nastąpi, to liczba Twoich klientów zwiększy się do... dwóch. Może nawet i trzech? Tyle że w taki sposób nie da się osiągnąć sukcesu. Jeśli jednak skupisz się na rozwiązaniu problemów określonego środowiska większego niż Jan Kowalski (a drugie środowisko w kolejności to rodzina Kowalskiego), to w oczywisty sposób pojawi się więcej osób zainteresowanych tym, co proponujesz. I teraz łatwo sobie wyobrazić, jak wielki sukces możesz osiągnąć, kiedy zaczniesz szukać (i znajdziesz) rozwiązania problemów, które daleko bardziej wykraczają poza matrioszkę będącą odzwierciedleniem naszej rodziny czy kraju. Problem tkwi tylko i wyłącznie w tym, czy jesteś w stanie wychylić się poza ten schemat. Czy jesteś w stanie rozwiązywać problemy ludzi z szerszego środowiska i czy czasem w tym rozwiązywaniu ich problemów nic Cię nie ogranicza. Jak widzisz bowiem na powyższym przykładzie, sukces jest uzależniony właśnie od tego. Powiem precyzyjniej — skala Twojego sukcesu zależy od tego, jak wielkie problemy będziesz w stanie rozwiązać i czy jesteś w stanie wyjść poza matrioszkę, w której obecnie siedzisz. Przyjrzyjmy się teraz jednej z naszych matrioszek — tej dobrze nam znanej, praśnej i swojskiej, która nazywa się „Jestem Polakiem". Pewnie nie jest Ci obce pojęcie „mesjanizmu". Oczywiście ta rama wynika z pewnych wzorców kulturowych i historycznych, o których źródłach można by napisać opasłe tomy. My jednak skoncentrujemy się na efekcie tego zjawiska. A jaki jest ten efekt? Ano taki, że w mesjanizmie czeka się na zbawcę. Na kogoś, kto przyjdzie i nas zbawi. Na kogoś, kto kiedyś wynagrodzi nam wszelkie niegodziwości, niesprawiedliwości i cierpienia. W sumie jest to piękna i podniosła idea, tyle że rodzi jeden podstawowy problem. Otóż błąd tkwi w oczekiwaniu na zbawienie, bo samo słowo „oczekiwanie" zakłada postawę pasywną. To schemat, w którym oczekujemy, że ktoś przyjdzie i coś zrobi za nas. Że wprawdzie teraz jesteśmy mali i niewiele znaczący, ale kiedyś — dzięki jakiejś zewnętrznej ingerencji — ta sytuacja ulegnie zmianie. Wyjdziemy wreszcie na swoje… przy cudzej pomocy. Zwróć uwagę, że kiedy rodzisz się w pewnej ramie, to zostaje Ci przyklejona łatka, z którą będziesz się borykał przez całe życie. Łatka, która będzie za Ciebie decydowała, czy na przykład będziesz aktywny, czy też pasywny. Czy sukces może się stać i Twoim udziałem, czy też masz być „ubogi", czyli biedny, bo taki jest wzorzec danej ramy. I nie ma znaczenia, jaką ramę dla Ciebie stworzono lub też w jakiej ramie funkcjonujesz obecnie. Każda rama stanowi jakieś ograniczenie. Pytanie tylko, czy to ograniczenie, które wynika z wdrukowanej Ci matrioszki, umożliwia Ci osiągnięcie indywidualnego sukcesu? A jeśli tak, to czy ten „umożliwiony" Ci sukces stanowi szczyt Twoich możliwości?

A co by się stało, gdybyś nagle uznał, że któraś z tych ram jest dla Ciebie za ciasna? Że chcesz wyjść poza ograniczenia? Wszelkie? Że nagle nabrałeś ochoty na zmierzenie się z zupełnie innymi problemami — takimi, którymi będą zainteresowani nie tylko Twoi krewni czy też rodacy, ale także społeczność Europy lub świata? Już zaczynasz rozumieć, że wraz z przeskoczeniem z jednego środowiska do drugiego możliwy jest wzrost świadomości. I że pokonywanie kolejnych ram ma bezpośredni wpływ na wielkość sukcesu, który jesteś w stanie odnieść. To zaś z kolei powoduje, że im szerzej sięgasz, tym większą bronią zaczynasz władać, a im większą, potężniejszą bronią dysponujesz, tym większe i potężniejsze smoki jesteś w stanie poskramiać. Jest tylko jeden haczyk! To Twoje ego chce Ci wmówić, że najważniejszy problem, który jest do rozwiązania, to problem Jana Kowalskiego, czyli Twój. Że jedyny problem, którego rozwiązaniem powinieneś być zainteresowany, jest problemem tylko i wyłącznie indywidualnym, czyli bezpośrednio Ciebie dotyczącym. Tymczasem takie odseparowane problemy po prostu nie istnieją. Nie ma indywidualnych problemów. Tak naprawdę ludzie przechodzą przez dokładnie te same problemy, tyle że jawią im się one w innej postaci. Ty jednak — zanim przystąpisz do próby osiągania sukcesu — powinieneś sobie (wbrew własnemu ego) odpowiedzieć na pytanie, jakie problemy chcesz rozwiązywać. Zwróć uwagę, że ludzie, którzy tak naprawdę odnieśli w życiu wielki sukces, nigdy nie zastanawiali się, czego potrzebuje Kowalski bądź jego rodzina. To ludzie, którzy potrafili myśleć w kategoriach globalnych. Zastanawiali się, czego potrzebuje świat, i próbowali tam właśnie szukać rozwiązań. I właśnie dlatego zdobyli tak potężne fortuny. Jednak już ci, którzy widzą świat z perspektywy regionu, nawet jeśli osiągają sukces, to jednak jest on mniej spektakularny. Jest tak, ponieważ nawet tak wielka rama jak „My, Amerykanie", „My, Latynosi" czy „My, Słowianie" mimo wszystko stanowi już pewne ograniczenie.

Co więcej, ten ramowy system postrzegania świata powoduje, że ludzie z innej ramy kompletnie nie rozumieją podobnej ramy gdzieś indziej. To dlatego obcokrajowcy nie rozumieją dowcipów w filmie *Seksmisja* i to dlatego z poziomu rozwiązywania problemów Jana Kowalskiego nigdy nie będziesz w stanie zobaczyć, w jaki sposób funkcjonuje cała reszta świata. Prawdziwe zrozumienie ograniczeń wynikających z zamknięcia w matrioszce pod nazwą „Jan Kowalski" jest możliwe tylko wówczas, kiedy uda Ci się te wszystkie poziomy przekroczyć. Nie da się przecież zajrzeć do najmniejszej matrioszki, jeśli nie otworzy się wszystkich pozostałych. Innymi słowy — jeśli zdajesz sobie sprawę, jak wielki wpływ mają na Ciebie kolejno świat, region, kraj i rodzina, to jednocześnie musisz zdawać sobie sprawę z tego, jak już mało pozostało na to, co jest tylko Twoje, co tworzy niepowtarzalną indywidualność Jana Kowalskiego. Bo żeby do tego dotrzeć, musisz najpierw pozbyć się tych wszystkich ram, które Cię ograniczają. Prawdziwy dostęp do tego, co tak naprawdę oznacza bycie „ja", uzyskujesz dopiero po pozbyciu się wszelkich tworów geograficzno-kulturowo-rodzinnych. Dopóki tego nie zrobisz, nie jesteś w stanie się dowiedzieć, co dla Ciebie oznacza „bycie sobą". I żadnym pocieszeniem nie może być fakt, że większość ludzi przez całe swoje życie nie wyjdzie ponad poziom swojej rodziny czy ponad poziom „Jestem Polakiem". Dzieje się tak dlatego, że funkcjonują w środowisku, w którym są stymulowani na przykład „polakowaniem". A jak działa taka stymulacja? Zwróć uwagę, że w naszych mediach nie pojawia się po prostu piękna dziewczyna. U nas pojawia się konstrukt „polska Angelina Jolie". Przystojny facet nie jest po prostu przystojny. On staje się natychmiast „polskim Bradem Pittem" czy „polskim Jamesem Bondem", a może nawet „polskim Billem Gatesem". Słyszałeś kiedyś o amerykańskim Kościuszce? O brytyjskim Kabarecie Starszych Panów? „Polakowanie" stymuluje w Tobie ramę „Jestem Polakiem", w której ktoś w czymś dobry nie jest dobry obiektywnie, jest zawsze „prawie" tak dobry jak zachodni oryginał. Tyle że to „prawie" tak naprawdę oznacza, że do oryginału mu daleko, czyli od oryginału jest najzwyczajniej w świecie gorszy. Co więcej, „polakowanie" to także stymulacja nostalgią. Czy jesteś w stanie przypomnieć sobie jakiekolwiek mistrzostwa w piłce nożnej, w których trakcie media nie przypomniałyby sukcesu polskiej reprezentacji na Wembley w 1974 r.? A czy wiesz, kiedy do tego Wembley się odwołują? Otóż zawsze wtedy, gdy przegrywamy. Konstrukt jest prosty: „Owszem, przegraliśmy, ale przecież na Wembley..." itd., itp. Ta sama mantra jest powtarzana od lat, przez co uzyskała status świątecznej emisji filmu *Kevin sam w domu*. Nie ma *Kevina*, nie ma świąt. Nie ma Tomaszewskiego opowiadającego o zwycięstwie na Wembley — nie ma mistrzostw! W ten sposób konstruuje się określoną matrycę, która pojawia się tak często i jest tak dominująca, że za jej pomocą zaczynamy postrzegać świat. Problem tkwi w tym, że większość ludzi nie dostrzega matrycy. Oglądają wiadomości telewizyjne i nie widzą tego, że w każdych z nich jest cierpiące dziecko, cierpiący starzec, relacja z ludzkiej krzywdy i jakiś protest. Bo gdyby ludzie dostrzegali matrycę, nie musieliby oglądać wiadomości, bo słusznie by się zorientowali, że za każdym razem są dokładnie takie same. Tymczasem kiedy nie dostrzegasz matrycy, wydaje Ci się, że za każdym razem oglądasz nowe wiadomości. I dokładnie tak samo działają poziomy matrioszek — siedzisz w jednej z nich na tyle głęboko, na tyle mocno kulturowo zakotwiczony, że nie dostrzegasz tego... iż siedzisz w matrioszce. Niestety nie da się z niej wyjść, reagując takim samym schematem, jaki obowiązuje w danej ramie. Jeśli masz do czynienia z hejtowaniem, w którym nie liczą się merytoryczne argumenty, tylko to, kto komu bardziej w internecie przywalił, to nie jesteś w stanie pokonać swojego przeciwnika tym samym — jeśli odpowiesz hejtem na hejt, to niczego poza podgrzaniem atmosfery nie wskórasz. Musisz wyjść poza te ramy, żeby sobie z tym poradzić! Innymi słowy, odporność na hejt możesz zyskać jedynie wtedy, kiedy uda Ci się wyjść z ramy, w której hejt stanowi podstawowy poziom komunikacyjny. Do tego jednak potrzebna jest zmiana osobowości. Wyjście z danej ramy jest możliwe tylko i wyłącznie wówczas, kiedy zmienisz osobowość na taką, która nie jest przez daną ramę tworzona. Jeśli chcesz zacząć sobie radzić z ograniczeniami wynikającymi z ramy „Jestem Polakiem", to musisz wyjść poza tę ramę. Musisz zatem stworzyć osobowość, która zacznie postrzegać siebie w kategoriach „Jestem czymś większym niż Polak", „Jestem poza ograniczającą mnie ramą"! Wyobraź sobie, że nagle Ci się to udaje — wychodzisz z tej polskiej, narodowej ramy i dla przykładu stajesz się... Brazylijczykiem. Nagle zaczynasz postrzegać swoje ciało w zupełnie inny sposób. Zaczyna się ono stawać przedmiotem Twojego uwielbienia i dumy... Albo jeszcze inaczej. Wychodzisz z ramy „Polak" i wchodzisz w ramę „Niemiec". Nagle wszystko staje się wielokrotnie bardziej uporządkowane i zorganizowane... I tak dalej, i tym podobne — można by wymieniać kolejne nacje, które przynoszą dalsze, zupełnie inne niż dotychczas możliwości postrzegania samego siebie. Problem jednak w tym, że każda nacja, podobnie jak każda narodowa rama, jest również ograniczeniem. Żeby to zrozumieć, musisz zacząć się wykazywać zupełnie innym rodzajem mentalności. Musisz zrezygnować z „Ja jestem Polakiem" i dodać do tego taki ogląd siebie i świata, żeby być jednocześnie Europejczykiem albo mieszkańcem Ziemi. Dopiero taka perspektywa stworzy Ci możliwość kanalizowania o wiele potężniejszej inteligencji niż ta, która jest związana z jakimkolwiek małym, lokalnym podwórkiem. To jedyna droga do wzrostu Twojego potencjału — im więcej się w takiej perspektywie nauczysz, tym większy się staniesz. To pozwoli Ci na przykład tak egzystować w globalnej wiosce, w której trendy zmieniają się błyskawicznie, by równie błyskawicznie na te zmiany reagować i podejmować takie działania, które zaprowadzą Cię do sukcesu. Szybkość reakcji i możliwość błyskawicznego podejmowania decyzji stały się w dzisiejszych czasach kluczowe. Nie ma już miejsca na to, by nowy pomysł najpierw pół roku badać, a potem pół roku prosić zarząd firmy, by zechciał łaskawie podjąć decyzję o jego wdrożeniu. Taki cykl zajmuje cały rok, a po roku mamy już za oknami zupełnie inną rzeczywistość, więc najprawdopodobniej pomysł, który był świetny rok temu, dzisiaj jest po prostu wart funta kłaków. Skończyły się czasy, kiedy zmiana pokoleniowa następowała co dwadzieścia pięć lat. Teraz taka zmiana ma miejsce góra co pięć lat. To zaś oznacza, że co kilka lat masz do czynienia z ludźmi (czy Twoimi potencjalnymi klientami), którzy już inaczej myślą. A myślą inaczej, bo powstają nowe technologie, które zmieniają sposób myślenia. Wystarczyło przecież, że powstał Twitter wymuszający komunikaty ograniczone do 140 znaków, by w wielu krajach świata zmieniły się systemy komunikowania. Coraz więcej ludzi zaczyna korzystać ze skrótów, akronimów i nowych zbitek wyrazowych. Po jakimś czasie ta nowomowa weszła do języka i stała się symplifikacją wszystkiego, co tylko można uprościć. Co więcej, zmiana ta spowodowała, że wracamy do epoki hieroglificznej, w której obrazek jest ważniejszy niż tekst. Stąd tak wielka popularność fotek w stylu selfies i stąd najnowsze trendy marketingowe, zgodnie z którymi bez dobrego zdjęcia nie da się już niczego i nikogo sprzedać. Zatem dzisiejsze postrzeganie światowego rynku czy też samego naszego funkcjonowania w świecie każe nam spojrzeć na siebie w inny, zupełnie nowy sposób. Nie wystarczy już być mężczyzną lub kobietą. Nie wystarczy być Polakiem. To dziś za mało, by osiągnąć globalny sukces. Zdolność do osiągania wielkich sukcesów mają jedynie obywatele świata — ci, którzy potrafili skutecznie wyjść poza swoje „ja". Ci, którzy zdali sobie sprawę z tego, jak silny związek ma nasza osobowość z warunkami, w jakich funkcjonujemy.

DLACZEGO NIE OSIĄGAMY SUKCESU?

Pierwszym powodem jest… środowisko, w którym funkcjonujemy. A dokładniej sposób, w jaki działa nasz mózg. Jego podstawową funkcją jest dostosowanie się do panujących warunków. Nie dość tego — stara się działać ekonomicznie, czyli maksymalizuje efekty, jednocześnie minimalizując koszty. A skoro tak się dzieje, to rodzaj i rozmiar środowiska będą kluczowe dla Twojego rozwoju. Wyobraź sobie, że jesteś właścicielem akwarium i postanowiłeś wyhodować w nim sporą rybę. Jest jednak pewne ograniczenie. A mianowicie Twoja ryba nie urośnie maksymalnie, nie rozwinie całego swojego wzrostowego potencjału, bo jej wzrost ogranicza rozmiar akwarium. Jeśli chcesz wyhodować dużą rybę, musisz jej zapewnić odpowiednich rozmiarów akwen. W innym przypadku mózg rybki nie dopuści do wzrostu tkanki ponad poziom możliwości środowiskowych, w których akurat dana ryba się znajduje. A jeśli teraz w tym przykładzie zamienisz słowo „ryba" na „mój umysł", zorientujesz się, że chcąc się rozwinąć i urosnąć, musisz najpierw zapewnić sobie takie środowisko, które będzie umożliwiać zakładany wzrost, a nie go ograniczać. I to nie jest kwestia motywacji, bo samo środowisko wystarczająco zmotywuje Cię do wzrostu. Jeśli zapewnisz swojemu rozwojowi pewne determinanty, które za ten rozwój są odpowiedzialne, to rozwój zacznie następować samoistnie i nie będzie potrzeby jego sztucznej bądź wymuszonej motywacji. Możesz przecież posadzić roślinkę w jakiejś małej doniczce i codziennie ją chwalić lub ganić. Nie urośnie jednak odpowiednio, dopóki nie zapewnisz jej odpowiednich rozmiarów donicy (czytaj: środowiska). Dokładnie ta sama zasada obowiązuje w przypadku Twojego rozwoju — jeśli na przykład chcesz się nauczyć jakiegoś obcego języka, to najpierw stwórz środowisko, dzięki któremu ta nauka stanie się szybka, łatwa i w ogóle możliwa. W przeciwnym razie podzielisz los tysięcy desperatów, którzy od lat próbują się nauczyć angielskiego, chodząc dwa razy w tygodniu na półtoragodzinne lekcje. Tymczasem żadną tajemnicą nie jest to, że większość śladu pamięciowego, czyli tego, co zapamiętujemy na przykład z nauki, znika po 24 godzinach. A zatem jeśli ktoś chadza na lekcje angielskiego dwa razy w tygodniu, to na każdą z tych lekcji przychodzi, zapomniawszy znaczną część tego, czego się nauczył na lekcji poprzedniej (jeśli nie powtarzał materiału). Jednocześnie gdyby ci sami ludzie znali podstawową zasadę, że żeby się czegoś nauczyć, należy najpierw stworzyć takie środowisko, w którym nauka będzie się odbywać automatycznie — nie musieliby się tak męczyć, a efekty, które by mogli w ten sposób osiągnąć, byłyby zachwycające. W tym zaś celu (na przykładzie z nauką angielskiego) zamiast się katować przysłowiowym wkuwaniem na blachę słówek, lepiej stworzyć takie środowisko, w którym kontakt z językiem angielskim jest permanentny. Bo wówczas mózg, chcąc nie chcąc, prędzej czy później zacznie się do tych warunków przystosowywać i... naprawdę uczyć angielskiego.

Wyobraź sobie, że jedziesz do Chin i przesiadujesz w barze, gdzie mówią wyłącznie po chińsku. Nie masz wyjścia i zaczynasz się automatycznie uczyć tego języka. Dzieje się tak, ponieważ to właśnie środowisko, które sobie zapewniłeś, wymusza na Tobie naukę. To m.in. dlatego tak szybko uczymy się nowego języka, kiedy zamieszkujemy w kraju, w którym musimy się nim posługiwać intensywnie i na każdym kroku. Przekładając zaś ten mechanizm na pytanie, jak odnieść życiowy sukces i jak się rozwinąć, żeby znaleźć odpowiedź, powinieneś najpierw przeformułować pytanie na następujące „Jakie środowisko jest mi potrzebne do wzrostu?". No dobrze — odpowiesz — to co na przykład konkretnie mam zrobić? Odpowiem Ci, od czego powinieneś zacząć. Zacznij się otaczać ludźmi mądrzejszymi od siebie, bo tylko przy nich urośniesz. Niestety, większość ludzi tego nie robi. Wolą się otaczać ludźmi głupszymi od siebie, ponieważ potrzebują akceptacji czy poklasku. Ty zaś, jeśli chcesz osiągnąć większy wzrost, większy rozmiar, zacznij się otaczać ludźmi, którzy funkcjonują „w większych rozmiarach", bo tylko wówczas masz szanse, by im dorównać. Jeśli bowiem otoczysz się ludźmi na Twoim obecnym poziomie lub „mniejszymi" od siebie, nie stworzysz odpowiednich warunków środowiskowych, które będą automatycznie stymulowały Twój mózg do wzrostu. Zostaniesz z akceptacją i być może uwielbieniem innych, ale wyżej już nie pójdziesz.

Kolejną przyczyną nieumiejętności osiągnięcia sukcesu jest to, że ludzie często posługują się zdezaktualizowanymi strategiami. A przecież strategia, nawet najlepsza z możliwych, też się zużywa, podobnie jak schodzony but, i trzeba ją aktualizować. Wypracowane przez nas strategie są skuteczne tylko przez jakiś czas. Innymi słowy, są związane z czasem i przestrzenią. Jeśli zmieniają się warunki, miejsce, w którym przebywasz, i czas, to musisz również zmienić swoje przekonanie. Jeśli tego nie zrobisz, okaże się, że dana strategia już nie działa. Pokażę Ci to na prostym schemacie. Wyobraź sobie kilkulatka, który słuchając przynudzającej nauczycielki, nie może się skoncentrować i zaczyna się zajmować rozmową z kolegą z ławki. Nauczycielka poirytowana jego zachowaniem wyciąga malucha na środek klasy z magicznym zaklęciem „Chodź, Kowalski, na środek, zobaczymy, co masz do powiedzenia". Kiedy zaś maluch stoi już przed innymi dziećmi, zadaje mu takie pytanie, by nie był na nie w stanie odpowiedzieć i by wyszedł przed klasą na debila. Cel został osiągnięty: cała klasa już wie, że na lekcjach się nie rozmawia. Spójrz jednak, co stało się w tym małym. Otóż nauczył się, że ilekroć występuje przed innymi, wychodzi na głupka. To z kolei wywołuje fobię przed występami publicznymi, bo odtąd już będzie im towarzyszył lęk o to, jak zostanie oceniony przez innych. Kiedy zaś minie trzydzieści lat, ten malec, już jako dorosły człowiek, prowadzi firmę i jednocześnie odczuwa paraliżujący lęk przed wystąpieniami publicznymi. Tyle że ten lęk pochodzi sprzed trzydziestu lat. To tak samo, jak gdybyśmy chcieli do dzisiejszych komputerów zastosować oprogramowanie sprzed trzydziestu lat. A tak się właśnie dzieje, kiedy… ludzie próbują egzystować, wykorzystując stare strategie. To, co gwarantowało przetrwanie przed roześmianą klasową gromadką, dzisiaj paraliżuje ze strachu zarządzającego firmą. W jego przypadku jednak staje się to szczególnie uciążliwe, bo przecież prowadzenie dużej firmy wiąże się z potrzebą ciągłych występów publicznych. Często też jest tak, że strategie nabyte i wyuczone w dzieciństwie przenosimy do dorosłego życia, przez co zaczyna na tym cierpieć nasza komunikacja. Jeśli w dzieciństwie nauczyłeś się, że rodzice kupią Ci oczekiwaną zabawkę, gdy będziesz odpowiednio długo domagał się tego głośnym krzykiem, to nie aktualizując tej strategii, najprawdopodobniej będziesz wymagał na swoich podwładnych posłuszeństwa... również za pomocą podniesionego głosu. Nie zaktualizowałeś bowiem strategii, a zatem nie wiesz, że można wpływać na ludzi innymi metodami. Żeby jednak to zmienić, musisz sobie uświadomić trzy rzeczy. Po pierwsze, czy w ogóle i jakimi strategiami się posługujesz. Po drugie, które z nich są już nieaktualne i w Twoim dzisiejszym środowisku są już nieskuteczne. A po trzecie, czy strategie, którymi się posługujesz, na pewno... są Twoje! To bowiem, co działa w określonych warunkach na określoną osobę, w innych warunkach i w przypadku innej osoby może być już kompletnie nieskuteczne. Co więcej, cudza strategia z powodzeniem stosowana przez kogoś wcale nie musi tak doskonale działać w Twoim przypadku. Ty tymczasem, chcąc egzystować w świecie, w którym na przykład obecnie wiedza zawarta w całym internecie podwaja się zaledwie w sześć miesięcy, musisz permanentnie aktualizować swoje strategie. Musisz to robić non stop, ponieważ świat tak przyśpieszył, że to, co działa dzisiaj, już za miesiąc może nie działać. Wiele badań pokazuje, że największą umiejętnością przyszłości jest elastyczność, czyli sztuka permanentnego zmieniania się.

Podobnie ma się rzecz z lękiem przed odrzuceniem, który również jest jedną ze strategii wdrukowanych nam w dzieciństwie. Dzisiaj jesteś dorosłym, w pełni samodzielnym człowiekiem, który tak samo potrafi samodzielnie skorzystać z toalety, jak i samodzielnie zarabiać pieniądze. A zatem dzisiaj lęk przed odrzuceniem nie jest Ci już do niczego potrzebny. To stara, zdezaktualizowana strategia. Nie dość, że dzisiaj nie jest Ci do niczego potrzebna, to jeszcze przeszkadza Ci w życiu. I niestety tych starych strategii wykorzystujemy w życiu całe mnóstwo. Wyobraź sobie kobietę, która przez całe swoje życie spotyka alkoholików. Nie jest w stanie uwierzyć, że to ona sama ich sobie wybiera. Zamiast tego woli utrzymywać, że... wszyscy faceci to alkoholicy. Podchodzisz do niej i mówisz, że przecież ty nie jesteś alkoholikiem, a ona na to: „No tak, ale ty już jesteś zajęty, a wszyscy najfajniejsi faceci są albo zajęci, albo są gejami!". I masz tu oczywisty przykład, w jaki sposób kolejne zdezaktualizowane strategie rządzą jej pojmowaniem świata. A czym są strategie? To po prostu pewne programy myślowe, którymi się posługujemy i które na jakimś etapie życia sobie zaprogramowaliśmy. Może być ich cała masa — od poczucia niższej wartości („Jestem za głupi, żeby osiągnąć sukces") po brak wiary w to, że można go osiągnąć („Nie potrafię zarabiać pieniędzy!"). Tymczasem należy sobie uświadomić, że to tylko oprogramowanie, które się zużywa, podobnie jak zużywają się buty. Po jakimś czasie staje się nieaktualne i należy je wyrzucić, pozbyć się go, bo nie tylko przestaje Ci być potrzebne, ale również odpowiada za to, że tak ciężko Ci osiągnąć sukces. Jedną z bardzo powszechnych strategii (lub, jak wolisz, programów) jest konstrukcja myślowa: „Co inni o mnie pomyślą?". To oczywiście ważna strategia, ale dla... osobowości celebryty. Jeśli nim jesteś, to rzeczywiście to, co inni sądzą na Twój temat, będzie ważne, bo opinie innych Cię kreują, a raczej budują Twój celebrycki potencjał. Jeśli zarabiasz na tym pieniądze, to musisz wciąż używać tego oprogramowania. Natomiast jeśli Twoja aktywność zawodowa, a raczej biznesowy pomysł na rozwój i zarabianie pieniędzy, nie jest uzależniona od bycia celebrytą, to ta strategia nie jest Ci absolutnie do niczego potrzebna. Jeśli bowiem starasz się być ekspertem w jakiejś dziedzinie, to dla Ciebie dużo bardziej istotne jest to, co umiesz i jak to przekazujesz — wiedza i umiejętności, które posiadasz.

Kolejnym powodem, dla którego tak wielu ludzi nie osiąga sukcesu, jest to, że nie mają pojęcia, iż mogą stworzyć od nowa swoje własne „ja". Nie wpadli na to, że mogą stworzyć od nowa samych siebie — wyobrazić sobie, jakimi chcą być na przykład za trzy lata, i zacząć podejmować takie działania, które pozwolą na osiągnięcie zamierzonego celu. Wyobraź sobie, że jesteś w stanie oddzielić siebie z teraźniejszości od tego z przyszłości. Niech ten Twój wyobrażeniowy „ja" z przyszłości ma, powiedzmy, dużo mniej tkanki tłuszczowej niż teraz. Jeśli jesteś go w stanie zobaczyć, to możesz teraz zaplanować takie działania, które doprowadzą Cię do tego punktu w przyszłości, w którym staniesz się swoim wyobrażonym wcześniej „ja". Przecież wiesz, co trzeba zrobić, żeby zrealizować swój plan... Wystarczy zdrowo się odżywiać, jeść tylko tyle, ile naprawdę potrzebujesz, i regularnie ćwiczyć. Oczywiście większość ludzi taka perspektywa przerazi, ale nie oznacza to, że stworzenie swojego przyszłego „ja" nie jest możliwe. To ten sam mechanizm, w którym zadam Ci pytanie: „Jaki masz pomysł na siebie?". Żeby udzielić uczciwej odpowiedzi, musisz wyobrazić sobie siebie stworzonego w przyszłości. Takiego, jakim chcesz zostać, w miejscu, do którego dążysz, i z sukcesem, który zamierzasz odnieść. To właśnie mechanizm tworzenia, o którym tak wielu ludzi zapomina. A zatem jeśli już pozbędziesz się tego, co Cię obecnie ogranicza i w co wyposażyła Cię kultura, i sprecyzujesz, jaki masz pomysł na siebie i kim chcesz być — innymi słowy, jakiego siebie chcesz stworzyć — to wystarczy wówczas zastosować odpowiednie narzędzia, które sprawią, że osiągnięcie Twojego celu stanie się możliwe. A te narzędzia to na przykład książka, którą teraz czytasz.

Jednak tworzenie, o którym tu mówię, to nie tylko kwestia two-rzenia samego siebie, to również kwestia umiejętności budowania relacji. Jeśli zapytać wielu ludzi, po co są ze sobą, to najprawdo-podobniej odpowiedzą: „Bo się kochamy". Ale kiedy ich spytasz, co chcą razem osiągnąć, to z odpowiedzią może być już kłopot. I tu się okazuje, że wielu ludzi po prostu nie ma na siebie pomy-słu. Zachowują się często jak piłka na wodzie, która porusza się tam, gdzie popchnie ją fala czy wiatr. Nie wpadną na to, żeby zadać sobie pytanie, jacy będziemy razem za dziesięć lat — jak planują swój związek jako para czy jako rodzina w przyszłości. Zamiast tego żyją z dnia na dzień, a to z kolei powoduje, że roz-wiązują tylko te problemy, które się akurat pojawiają. Nie planują, nie przewidują, że mogą się borykać z innymi problemami w przy-szłości, i nie są przygotowani na to, by je rozwiązywać.

Czwartym powodem, który jest odpowiedzialny za blokowanie sukcesu, są negatywne programy. A zatem takie oprogramowanie, którym się stale posługujemy, nieświadomi tego, że to właśnie ono nas ogranicza. Przyjrzyjmy się programowi: „Wyjdę na głupka". Kiedy się w ten sposób programujesz, to nagle się okazuje, że nie zaczynasz żyć w oparciu o to, czego Ty chcesz, ale o to, co o Tobie pomyślą inni. Oczywiście negatywnych programów jest cała masa: „To jest głupie", „Nie poradzę sobie", „To nie dla mnie", „Nie urodziłem się pod szczęśliwą gwiazdą", „Jestem przeciętny", „Jest dobrze tak, jak jest", „Innym też się nie udało", „Jak będę taki, jakiego mnie oczekują inni, to będę akceptowany". Zauważ, jak ścisły związek ma tego typu oprogramowanie z obawą przed utratą akceptacji innych. Ludzie boją się sukcesu, bo wtedy będą odstawali od innych, a co za tym idzie — utracą ich akceptację. Co więcej, zgodnie z teorią Schopenhauera — w której prawda przechodzi przez trzy stadia: najpierw jest wyśmiewana, potem atakowana i dopiero później zyskuje powszechną akceptację — możesz ze stuprocentową pewnością założyć, że odniesienie sukcesu będzie również oznaczało, że znajdą się tacy, którym będzie to przeszkadzało. Bo przecież mistrza się bije! Każdy kreator, twórca nowej rzeczy, musi przejść przez okres, w którym wielka rzesza ludzi będzie się mu starała udowodnić, że… żadnym kreatorem nie jest. To jedna ze składowych sukcesu i proponuję Ci, byś od razu się z tym pogodził, bo później będzie Ci łatwiej. A im wyżej będziesz wchodził, tym bardziej bezwzględna reakcja Cię czeka. Dzieje się tak dlatego, że wspinając się po szczeblach sukcesu, pokazujesz innym — tym, którzy jeszcze tacy nie są — że mogą tacy być. Staniesz się źródłem frustracji dla każdego, kto nie jest tak inteligentny, jak być może. A nie jest taki, bo woli się zajmować czymś innym lub też sam nie wie, jak osiągnąć to, co osiągnąłeś Ty. To z tego powodu, jeśli jesteś atrakcyjną kobietą, stajesz się automatycznie źródłem frustracji dla wielu kobiet, które tak atrakcyjne nie są. A jeśli jesteś wysportowanym, przystojnym facetem, to staniesz się źródłem frustracji dla wielu innych facetów, którzy wolą wypić wieczorem piwo, niż iść pobiegać. To zaś z kolei oznacza, że Ty się wprawdzie pozbyłeś negatywnych programów, bo odniosłeś sukces, ale oni nie.

CZYNNIKI SUKCESU

Omawiałem wcześniej czynniki potrzebne do osiągnięcia sukcesu — odpowiednią osobowość i właściwą, powtarzalną technikę (zaktualizowaną strategię). Teraz przyjrzymy się zjawisku, bez którego sukces nie jest możliwy — a mianowicie zmianie. Skoro dotąd nie odniosłeś takiego sukcesu, jaki byś chciał, to pomiędzy tymi dwoma stanami (aktualnym i docelowym) musi zajść jakaś zmiana. Zmiana zaś następuje na trzech poziomach: ciała, umysłu i rzeczywistości. Jeżeli zmienisz tylko przekonania, czyli umysł, to niezmienione ciało będzie reagowało z wyuczonego wcześniej automatu. To na przykład sytuacja, w której ktoś chce rzucić palenie. Zmienił przekonania, wie, że palenie szkodzi, ale co z tego, skoro ciało wciąż domaga się papierosa! Jeśli zaś dokonasz zmiany w ciele, a nie dokonasz jej w umyśle, to zmiana będzie krótkotrwała. W takim przypadku Twój program będzie dążył do samorealizacji. Innymi słowy — jeśli nie zmienisz programu w umyśle, to umysł będzie się koncentrował na jego realizacji, odrzucając wszystko inne. Zatem jeśli zaczniesz dokonywać zmiany w ciele, a jednocześnie nie dokonasz zmiany w oprogramowaniu mózgu, to prędzej czy później zmiana zostanie zarzucona, ponieważ w jej trakcie umysł i tak podąży za starym programem. Tak czy inaczej, będzie dążył do samorealizacji tego, co jest w programie. Prosty przykład — jeśli chcąc zmienić nawyki żywieniowe, odbierzesz swojemu ciału jakiś składnik, dajmy na to czerwone mięso, i jeśli jednocześnie nie przeprogramujesz mózgu, to „niejedzenie" steków prędzej czy później przegra z programem w mózgu „Steki są dobre, lubię steki, potrzebuję steków". W takiej sytuacji mózg będzie coraz usilniej poszukiwał okazji do zjedzenia steku, bo każdy program musi być zrealizowany. Jeśli teraz rozejrzysz się wokół siebie w poszukiwaniu rzeczy nietypowych i drogich, a następnie spytam Cię, jakie typowe i tanie rzeczy Cię otaczają, to nie będziesz znał odpowiedzi na to pytanie. Dzieje się tak dlatego, że mózg zaprogramowany na szukanie określonych przedmiotów pomija wszystkie inne, które znajdują się w jego polu widzenia. Dąży w ten sposób do samorealizacji programu, który został mu dany.

A teraz wyobraź sobie, co mogłoby się stać, gdybyś zaprogramował swój mózg tak, by poszukiwał dla Ciebie możliwości rynkowych zarabiania dużych pieniędzy, które do tej pory nie zostały wyeksploatowane. Twój zaprogramowany mózg skupi się na ich poszukiwaniu. A jeśli nie będzie mógł ich znaleźć... to zacznie je tworzyć! Dlaczego? Bo, co podkreślę raz jeszcze, każdy program musi zostać zrealizowany! I w tym celu mózg jest gotowy do stworzenia dowolnej rzeczy, za którą postawi odpowiednią filozofię. Prostym przykładem na tworzenie rzeczywistości za pomocą percepcji jest racjonalizacja post factum. Najpierw kupujesz coś pod wpływem emocji, a potem dorabiasz historię, do czego to kupione coś jest Ci potrzebne.

Trzecim elementem zmiany jest rzeczywistość. Jeśli tutaj nie nastąpi zmiana, to zmiana ciała i umysłu również niewiele da. Niezmieniona rzeczywistość będzie blokowała zmianę. Wyobraź sobie, że właśnie rzuciłeś palenie i że uczyniłeś to zarówno na poziomie ciała, jak i umysłu. Twoje ciało nie potrzebuje palenia, a Twój umysł ma nowy program, który Twoje ciało w tej zmianie wspiera. Jednak nie zmieniłeś rzeczywistości — chodzisz do pracy, w której są sami palacze, chodzisz do swoich ulubionych knajp zadymionych tak, że nic nie widać, i oczywiście wszyscy Twoi domownicy palą jak smoki. Mimo że zmieniłeś ciało i umysł, nie zmieniłeś rzeczywistości, co powoduje, że cała zmiana może się nie udać, bo rzeczywistość wystawia Cię na każdym kroku na tysiące bodźców, które nie sprzyjają tej zmianie. A zatem istnieje realne zagrożenie, że zarówno ciało, jak i umysł dostosują się do tego, co było wcześniej. Żeby zatem dokonać zmiany, musisz zmienić wszystkie trzy składowe jednocześnie, czyli to, w jaki sposób, z automatu, reaguje Twoje ciało. Krótko mówiąc, musisz dokonać zmiany swoich nawyków, powinieneś zmienić swoje programy, czyli przekonania, jakie masz na swój temat, na temat zarabiania pieniędzy lub swoich możliwości. I musisz zmienić rzeczywistość, czyli środowisko, w którym funkcjonujesz, na takie, które generuje Ci możliwość osiągania określonych rzeczy. Oczywiście, jak się słusznie domyślasz, problem z dokonaniem takiej zmiany na wszystkich polach jednocześnie nie jest problemem motywacji. Otóż motywacja sama w sobie musi być czymś stałym, czymś permanentnym. Tymczasem rzadko taka bywa, co na przykład doskonale widać w przypadku szkoleń motywacyjnych.

W trakcie i krótko po takim szkoleniu jesteś zmotywowany do zmiany, ale ten zapał szybko gaśnie, bo nie jest stymulowany przez dłuższy czas. Dzieje się tak dlatego, że rzeczywista motywacja do zmiany musi być bardziej spokojna i ustabilizowana i nie może wynikać jedynie z krótkotrwałej silnej emocji. To, czy zmiana spowodowana na przykład szkoleniem motywacyjnym może odnieść skutek, zależy nie od samego szkolenia, ale od tego, co się będzie działo po jego zakończeniu, czyli od tego, z jaką konsekwencją będziesz w stanie realizować to, w co wyposażył Cię Twój trener. Sama zaś zmiana jest skuteczna wówczas, kiedy jest zmianą na poziomie organicznym, czyli takim, na którym zmieniasz i swoje ciało, i umysł, a nie jedynie swój wizerunek. Organiczność zmiany polega na tym, że doświadczasz czegoś na planie fizycznym, bo wtedy następuje połączenie wiedzy somatycznej (nazywamy ją również „wiedzą w mięśniu") oraz wiedzy kognitywnej, czyli poznawczej. Prostszymi słowami — chodzi o połączenie praktyki z teorią, fizyczne zrobienie czegoś tak, by się tego nauczyć. Bo dopiero wtedy ma szansę pojawić się działanie intuicyjne, czyli takie, w którym nie jest potrzebne myślenie. A jeśli myślenie przestaje być potrzebne, pojawia się prawdziwa efektywność. Sam fakt doświadczania musi zostać połączony z poznawaniem. Jeśli się tak nie dzieje, to występuje albo samo doświadczenie, albo sama refleksja — w obydwu przypadkach nie uczysz się całościowo. Nie rozwijasz się, nie idziesz do przodu. Rozwój, nauka, a w konsekwencji również sukces są możliwe, jeśli poznaniu towarzyszy przeżycie. Zaś wszystko, co jest przeżyciem, stanowi dowód. To dlatego tak trudno kogoś zmienić, oferując mu jedynie wiedzę z pominięciem możliwości przeżycia, czyli doświadczenia. I ten sam model działa w przypadku dokonywania zmiany — żeby się mogła dokonać, musi być organiczna, czyli złożona zarówno z poznania, jak i doświadczenia.

Z CZEGO SKŁADA SIĘ CZŁOWIEK?

Jeśli spróbujemy spojrzeć na nas samych jako na zestaw pewnych czynników czy też składowych, to z pewnością jedną z pierwszych rzeczy, która przychodzi na myśl, będzie... umysł. Umysł to wirtualny twór. Jest czymś, czego nie ma. Przecież nie ma żadnego dowodu na to, że myśl istnieje. Badając mózg, możemy jedynie stwierdzić jego aktywność neuronalną, czyli zobaczyć, jakie jego obszary uaktywniają się w reakcji na określone bodźce bądź też w określonych zachowaniach. Natomiast istnienie samej myśli jako takiej jest niemożliwe do stwierdzenia. I to nie tylko na poziomie medycznych badań, ale również na poziomie intelektualnego ćwiczenia. Prosty przykład — jeśli zapytam Cię, czy zdarza Ci się prowadzić wewnętrzne dialogi, to pewnie zgodnie z prawdą przytakniesz, że i owszem. Samo zaś słowo „dialog" zakłada udział w tym procesie dwóch komunikujących się ze sobą elementów. Innymi słowy, trzeba z kimś rozmawiać. Jeśli teraz zapytam, kto z kim rozmawia, odpowiesz: „No, ja!". Dobra odpowiedź. Spróbuj więc udzielić następnej: „A kim jest ten drugi rozmówca?". Tu jest już trochę gorzej, bo jak możesz rozmawiać sam ze sobą? To Was jest dwóch? Inny przykład: zapytam, czy masz jakąś opinię o sobie. Odpowiesz, że tak. Dobrze, to teraz odpowiedz, które „ja" jest prawdziwe — to, które opiniuje, czy to, które opiniowaniu się poddaje? I nawet jeśli jedno z Twoich „ja" pomyślało teraz: „Nigdy sobie nie zadawałem takich pytań", to miej świadomość, że to drugie „ja" natychmiast potwierdzi: „Ja też nie!". Skąd masz wiedzieć, które „ja" mówi prawdę? Które jest „prawdziwsze"? I teraz złapałeś się na tym, że rywalizację tych dwóch Twoich „ja" zaczęło obserwować jakieś... trzecie „ja". To ile ich tam jeszcze jest? To właśnie jeden z dowodów na wirtualność naszego umysłu — to tworzenie wirtualnych tworów, w których zagłębianiu można się zgubić szybciej, niż można by się spodziewać. Bo te kolejne twory to

kolejne wirtualne projekcje ego. Zatem umysł tworzy wyobraże-
niowe konstrukty, tworzy myśli, które prędzej czy później się zma-
terializują. Przecież nie ma dzisiaj przedmiotu wytworzonego przez
człowieka, który wcześniej nie byłby wyobrażeniową konstrukcją
naszego umysłu. Jednak do tego, żeby dany konstrukt myślowy
mógł się zmaterializować, potrzebny jest drugi składnik człowieka,
a mianowicie jego ciało. To ciało jest mostem pomiędzy światem
duchowym, czyli wirtualnym, a światem rzeczywistym. Trzymasz
teraz w ręku materialny przedmiot — książkę, która wcześniej
powstała jako moje wyobrażenie, jako myślowy konstrukt w moim
umyśle i która później przeze mnie (a dokładnie przez moje ciało)
została zmaterializowana. W ten sposób myśl stała się konkretnym przedmiotem. W ten sposób — podobnie jak w przypadku
fotografii — krótkotrwała myśl albo emocja zostały stworzone i za-
trzymane na zawsze w postaci materialnej. Dowcip z materiali-
zowaniem polega jednak na tym, że w procesie materialnym powstaje coś, co zaczyna oddziaływać na świat materialny, i zawsze
pod spodem będzie się skrywała intencja, czyli myśl, która spowodowała, że ta materia powstała. Teraz wyobraź sobie kogoś,
kto buduje — dajmy na to — płot i robi to z lęku. Kiedy już go
wybuduje, to ilekroć spojrzy na niego, tylekroć będzie mu się
przypominało, że ten jego płot reprezentuje... jego lęk. Zatem płot,
poza swoimi zadaniami funkcjonalnymi, zaczyna nosić w sobie
również intencję, z którą go postawiono. Skoro został zmateriali-
zowany z lęku, to nosi w sobie lęk. I za każdym razem, kiedy jego
właściciel na niego spojrzy, ujawni się ta właśnie intencja, a właściciel... poczuje obawy, nawet jeśli tworzył ten płot lata temu.
A im bardziej się będzie bał, tym większe płoty będzie stawiał
i tym bardziej będzie się bał. Ten prosty mechanizm przełóż teraz
na kogoś, kto zarabia pieniądze z lęku — prostą konsekwencją jest
to, że im więcej tych pieniędzy ma, tym bardziej się boi je utracić.
A teraz wyobraź sobie kogoś, kto zbudował płot, który z kolei jest

kreacją jakiegoś pozytywnego uczucia, np. estetyki. Ilekroć będzie nań patrzył, tylekroć będzie odczuwał zachwyt. Tylekroć będzie rosło poczucie jego estetyki, ponieważ taką intencję zmaterializował. A zatem wszystko, co zmaterializujesz — a robisz to przecież na okrągło — będzie jednocześnie na Ciebie wpływać, czyli niejako będzie na Ciebie projektować tę samą intencję, z którą zostało stworzone. Jeśli jesteś zdenerwowany i zmaterializujesz z tą intencją siebie spiętego, o podniesionym głosie, to ilekroć zaczniesz być spięty i mówić podniesionym głosem, tylekroć pojawi się w Tobie zdenerwowanie. Jeśli jesteś smutna i założysz z tej okazji szaroburą, smutną sukienkę, to miej świadomość, że ilekroć spojrzysz na nią, odda Ci ona Twój smutek. Uczyni Cię na powrót smutną.

Zatem myśli, konstrukty umysłu są tak naprawdę strategiami, które mają za zadanie wpłynąć na ciało, by podjęło działanie zgodnie z określoną strategią, a w finale zmaterializować strategie. A zatem to intencja decyduje o tym, w którym kierunku będzie działać ciało i w jaki sposób zostanie przez to ciało zmaterializowana. Ciało zaś odbiera bodźce. Jest materialne i złożone z organów oraz zarządzane przez instynkt. Wystarczy sobie wyobrazić, co by się stało, gdyby nagle Twoje ciało zaczęło się odżywiać jedynie przez instynkt, a nie jeść powodowane emocjami. Przyjmowałoby te składniki, których naprawdę potrzebuje, i tylko wtedy, kiedy ich naprawdę potrzebuje. Ty tymczasem rozwijałbyś się zdrowo, nie chodziłbyś głodny i nie miałbyś problemów z nadwagą czy niedowagą. Większość dorosłych jednak tak nie robi. Jedzą emocjami i nie umieją zarządzać swoją wagą.

Kolejnym elementem tworzącym konstrukt o nazwie „człowiek" są wyższe uczucia. Te, które zarządzają empatią, i te, które jesteśmy skłonni lokalizować nie w umyśle, ale w sercu. To m.in. te uczucia, które powodowały, że japońscy kamikadze szli na śmierć za Japonię. Byli w stanie dokonać zabójstwa ciała, kierując się wyższą ideą. Wartości takie jak miłość, spokój, oddanie czy wiara nie są konceptami intelektualnymi ani zachowaniami instynktowymi. Są innym poziomem człowieczeństwa, a ich realizacja jest tak samo ważna jak wszystkich pozostałych potrzeb (np. dziecko, które nie dostaje miłości, będzie częściej chorowało). Następna w tej układance jest świadomość. To element, który postrzega, ale nie ocenia. W podstawowym modelu buddyjskim to obserwator, który wychodzi ponad problem kartezjański. Słynne zdanie wypowiedziane przez Kartezjusza brzmiało: „Myślę, więc jestem". Zakłada ono implikację „Ja jestem, ponieważ wcześniej pomyślałem". Z tego musiałoby wynikać, że skoro nie myślę, to mnie nie ma. A jednak nie znikamy, kiedy przestajemy myśleć, pojawia się więc problem z próbą znalezienia odpowiedzi na pytanie, kim jest ten, który myśli, a jednak nie znika. Drugi problem z kartezjańskim zdaniem jest konsekwencją konstruktów „ja" tworzonych przez nasz umysł. Skoro bowiem ja pomyślałem, że myślę, więc jestem, to które „ja" tę myśl teraz obserwuje? I tu znowu dochodzimy do nieskończonej liczby konstruktów „ja" stworzonych przez wirtualny umysł, przez nasze ego. Dlatego też musimy przyznać rację buddystom, że świadomość działa zawsze na metapoziomie. To ona jest w stanie obserwować i jednocześnie nie oceniać tego, co widzi. Pozwala nam obserwować myśl, a kiedy to robimy, ta myśl przestaje być niebezpieczna. Zresztą sama myśl nie jest niebezpieczna. Niebezpieczna może być nasza wiara w tę myśl, bo to ona powoduje, że zaczynamy do tego angażować motorykę, za pomocą której myśl wprowadzana jest w ciało. Tak powstają emocje. Zaś z emocjami rządzącymi naszym ciałem, jak wiesz, nie ma już żartów. Myśli przyrównałbym raczej do latających w naszych głowach baloników z pomysłami. W jedne wierzymy, w inne nie — wiara to sznurek trzymający balonik. Jeśli go nie trzymasz, balonik odlatuje. Te myśli, w które wierzymy, prędzej czy później zmaterializujemy za pomocą naszego ciała.

Bo w zależności od tego, w jakie myśli wierzymy, w taką stronę skierujemy działania naszego ciała. To, w co nie dajemy wiary, nie jest zatem dla nas niebezpieczne. Takie myśli są jedynie przetwarzane przez mózg i wyrzucane. Jednak do tego, by móc dostrzegać ten proces, potrzebujemy właśnie świadomości. Na samym końcu elementów składających się na konstrukt o nazwie „człowiek" wymieniłbym duszę. To coś, co doświadcza, co zarządza mądrością życiową, co decyduje o naszej karmie. W najprostszym modelu można to ująć tak: każdy, kogo spotykasz na swojej drodze, ma jakąś rolę do odegrania w Twoim życiu. Nawet jeśli nie wiesz, po co się spotkaliście, powinieneś szanować ten moment. Bo to sytuacja, w której pojawia się szczególnego rodzaju relacja z człowiekiem, a wszystko, co się dzieje, jest potrzebne i do czegoś służy. Na pewnym poziomie nie jesteś w stanie wyjaśnić, dlaczego czytasz teraz te słowa, bo jako ludzie działamy, mimo że stale brakuje nam informacji. Nie wiemy, dlaczego spotykamy określone osoby w danym momencie, nie znamy powodów ani skutków, nie jesteśmy w stanie przewidzieć przyszłości. Model karmiczny daje rozwiązania tego problemu.

Jednym z głównych problemów ludzi, którzy chcą osiągnąć sukces, jest to, że nie potrafią w odpowiedni sposób zarządzać wszystkimi powyższymi składowymi. Nie mają świadomości, że każda rzecz, która się im przytrafia — niezależnie od tego, na jakim planie — do czegoś im służy. Bo na przykład kwestia, czy miłość istnieje obiektywnie, czy też nie, nie jest istotna. Dla mnie istotna staje się kwestia, że osiągnięcie szczęścia w życiu jest możliwe poprzez stworzenie sobie możliwości, dzięki którym będę mógł to uczucie kanalizować. A przecież miłość to uczucie wyższe — jedna ze składowych człowieka. Zastanów się jednak, o ile łatwiej Ci będzie się z niej cieszyć, kiedy stworzysz odpowiednie do tego warunki. Jeśli zatem w stworzonych przez Ciebie możliwościach kanalizacji tego wyższego uczucia będziesz permanentnie nastawiony na impulsywną, negatywnie emocjonalną reakcję partnera, to kochać będzie Ci trudniej niż w przypadku, kiedy będziesz otoczony czułością, zrozumieniem i partnerstwem rozumianym jako przyjaźń. A zatem prawidłowe zarządzanie wszystkimi modelami i planami, na których funkcjonuje Twój konstrukt „człowieka", stanowi fundamentalne podłoże nie tylko do tego, żeby móc się rozwijać i osiągać sukces, ale również do tego, żeby czynić to w harmonii ze sobą — jako szczęśliwy i spełniony człowiek.

Kiedy spróbujesz porównać sposoby funkcjonowania Twojego ciała oraz umysłu, to zauważysz pewne prawidłowości. Otóż ciało zawsze funkcjonuje tutaj, a umysł tam. Innymi słowy, ciało funkcjonuje w teraźniejszości. Jest obecne zawsze „tu i teraz". Umysł jednak nie funkcjonuje w „tutaj". Jeśli Cię poproszę, byś wyobraził sobie to, co widzisz w tej chwili, to zamiast tworzyć obraz, oddasz się obserwacji. Zobaczysz to, co jest tu i teraz. Ciało obecne w teraźniejszości obserwuje, a umysł nieobecny w teraźniejszości projektuje — wciąż sprawdza, czy zewnętrzny model świata zgadza się z modelem wewnętrznym. Ten mechanizm jest odpowiedzialny między innymi za to, że dzieci tak szybko się uczą, a dorośli mogą mieć z tym wielki problem. Dzieje się tak właśnie dlatego, że dzieci po prostu obserwują. Są obecne w „tu i teraz" i w przeciwieństwie do dorosłych nie porównują, nie wartościują, nie tworzą projekcji własnych wyobrażeń dotyczących świata. Większość dorosłych się nie uczy, bo sprawdzają, czy ich model świata działa. Są zatem zajęci pilnowaniem, aby funkcjonowała ich mapa, którą sobie stworzyli. Można by powiedzieć, że dorośli bardziej funkcjonują na poziomie realizacji, a dzieci na poziomie obserwacji. Dlatego dzieci uczą się najszybciej — jeszcze nie wytworzyły żadnego punktu odniesienia wewnętrznego. Są jak gąbka, która wchłania wszystko. Oczywiście działa to tylko do pewnego momentu, bo potem również w umyśle dziecka z biegiem lat zaczynają się pojawiać te same mechanizmy, które znamy z umysłu dorosłych. Jeśli jednak posiadasz tę wiedzę, to wiesz, że możesz dla swojego dziecka stworzyć takie możliwości, w których opanowanie kilku języków obcych nie będzie dla niego stanowiło żadnego problemu. Może masz znajomych za granicą, którzy wychowują swoje dzieci od razu w dwóch, a czasem trzech językach, by zupełnie naturalnie przygotować dziecko do funkcjonowania w wielojęzycznych rodzinach. I oczywiście, co zazwyczaj budzi zachwyt, a czasem niepokój ich znajomych, ten zabieg przynosi fantastyczne rezultaty. A to żadna magia, to jedynie wykorzystanie tego, że dziecko do pewnego wieku pozostaje w „teraz", podobnie jak nasze ciało nie zaprząta sobie umysłu projektowaniem, modelowaniem czy konstruowaniem map. W przeciwieństwie zaś do ciała, umysł nigdy nie jest w „teraz". Karmi się albo przeszłością, albo przyszłością. Albo rozpamiętuje to, co było, albo też próbuje przewidywać to, co się stanie. Każda rzecz, którą sobie wyobrażasz, dotyczy albo tego, co było, albo tego, co dopiero nastąpi. Jedyną rzeczą, której nie jesteś w stanie sobie wyobrazić, jest właśnie „teraz", ponieważ „teraz" można jedynie przeżyć. Nie da się stworzyć obrazu „teraz" — można go jedynie zaobserwować. Kolejną różnicą pomiędzy ciałem i umysłem jest poziom odczuwania. Ciało czuje za pomocą emocji oraz odczuć i nie należy łączyć jednego z drugim. Jeśli jesteś głodny, to uczucie głodu jest właśnie odczuciem, natomiast jeśli to, że jesteś głodny, wywołało Twoją frustrację, to tu już mamy do czynienia z emocją. I wystarczy, że w dowolnej firmie produkującej jogurt specjaliści od reklamy połączą oba te elementy ze sobą… by przekonywać klienta, że jest w stanie pokonać głód za pomocą małego jogurtu. Umysł jednak nie odczuwa — umysł produkuje myśli, produkuje dialogi wewnętrzne i wizualizacje. Ciało, w przeciwieństwie do umysłu, akceptuje to, co się dzieje, podczas gdy umysł dokonuje porównań tego, co na zewnątrz, z tym, co sam stworzył. To dlatego można skrzywdzić własne ciało za pomocą umysłu, ale nie da się skrzywdzić umysłu za pomocą ciała. Ciało nie tworzy projekcji i nie ocenia. Umysł — i owszem. Bo to on, w przeciwieństwie do bazującego na instynkcie ciała, jest zawsze logiczny, jest ograniczony swoimi własnymi prawami dotyczącymi myślenia, programami, które sam sobie stworzył. I to akurat dobra informacja, bo wystarczy poznać te prawa, by wykorzystywać je do własnych celów. Przeprogramowanie komputera jest możliwe tylko dla tego, kto zna dotychczasowe oprogramowanie. Umysł to rodzaj procesora zarządzającego mózgiem, czyli stacją bazową. Kiedy poznasz tę zasadę, będziesz mógł tak przeprogramowywać system, by procesor motywował komputer do wykonywania najbardziej przydatnych dla Ciebie operacji.

Różnica polega również na sposobach zapamiętywania. Ciało dysponuje mięśniami, które zapamiętują, natomiast umysł tworzy wspomnienia. Powołuje do życia historie, które nazywa przeszłością. Zatem ciało posiada jedynie doświadczenie, tymczasem umysł tworzy narrację. Ciało ma potrzeby fizjologiczne, podczas gdy umysł jedynie potrzeby ego. Zrozumienie powyższych różnic oraz mechanizmów dotyczących funkcjonowania ciała i umysłu jest kluczowe, byś mógł uczynić kolejny krok w drodze do osiągnięcia sukcesu.

DUALIZM

Zrozumienie tego zjawiska spowoduje, że zaczniesz sobie lepiej radzić z większością konfliktów życiowych. Podstawowe założenie dualizmu polega na tym, że przyjmujemy, iż każdy model ma swoją dogmę. Pierwszą z nich jest zaś prawo głoszące, że każda istniejąca energia ma w sobie zarówno ślad pozytywny, jak i negatywny, przy czym ślad pozytywny nazywamy potencjałem lub jasną energią, a ślad negatywny — cieniem. Spróbuję Ci to pokazać na przykładzie. Weźmy pewność siebie. Spójrzmy na nią jak na energię, która ma swoje plusy i minusy. Jasną stroną potencjału pewności siebie będą przekonanie o własnej wartości, odwaga, lepsza komunikacja itp. Jednak ta energia ma też swój cień, którym z kolei będą na przykład arogancja, pycha, przemądrzałość, chamstwo itd. Teraz powiedz mi, w którym momencie pewność siebie zamienia się w arogancję? A kto o tym decyduje? Ten, który jest pewny siebie, czy też ten, który z nim rozmawia? Kto na przykład decyduje o tym, co jest krzykiem? Ten, który krzyczy, czy też ten, który słucha? Co więcej, to, co dla jednego będzie pewnością siebie, dla innego będzie czystą arogancją, to, co dla jednego będzie zaledwie podniesieniem głosu, dla innego będzie nieznośnym wrzaskiem. Każdy bowiem do oceny tej energii będzie przykładał zupełnie inną, ściśle indywidualną skalę. To samo dzieje się z każdą energią, z każdym zjawiskiem, które wokół siebie generujemy. Granica mówiąca o tym, czy dana koszula nadaje się jeszcze do noszenia, dla Ciebie będzie inna niż dla Twojej żony. To samo dotyczy przedmiotów leżących na Twoim biurku. Każde z Was inaczej zadecyduje, czy ma do czynienia z twórczym chaosem, czy też z najzwyklejszym bałaganem. Jednak najistotniejszą konkluzją jest spostrzeżenie, że z powyższego schematu wynikają podstawowe problemy komunikacyjne. Przecież ludzie mówią: „On jest taki arogancki", a nie mówią: „On jest taki pewny siebie". Mówią: „Ale on jest agresywny", a nie: „Ale on jest silny". Mówią: „Ale on jest pasywny", ale już nie: „Ale on jest cierpliwy". Ten schemat komunikacyjny prowadzi do tego, że ludziom bardzo trudno komunikować się ze sobą, ponieważ zapominają, że ta sama moneta, która ma orła, ma również reszkę. Innymi słowy, jeśli użyję słów: „ostry nóż", to najprawdopodobniej skojarzą Ci się one z niebezpieczeństwem. A to z kolei prowadzi do sytuacji, w której uważasz, że każdy ostry nóż stwarza niebezpieczeństwo. Otóż nie każdy. Tylko ten, który zostanie nieprawidłowo, a więc niebezpiecznie użyty. I większość ludzi posługuje się takim schematem: „Skoro ostry oznacza niebezpieczny, to lepiej nie będę go używał". Efekt jest taki, że próbują pokroić coś, co wymaga ostrego noża, za pomocą noża tępego. A wtedy nie mogą sobie poradzić. I teraz jeśli tę „nożową" metaforę przeniesiesz na osiąganie sukcesu, to jasne się staje, dlaczego tak wielu ludzi odczuwa lęk przed sukcesem. Z jednej strony we własnej wyobraźni stawiają się na miejscu ludzi, którzy odnieśli sukces, ale z drugiej strony dostrzegają tego sukcesu tylko jedną stronę. Twierdzą, że za sukces odpowiada kreatywność, wyobraźnia, determinacja i umiejętność podejmowania ryzyka, ale zapominają, że każda z tych energii ma swój cień. Że za kreatywnością stoi cień na przykład bujania w obłokach, za wyobraźnią — cień oderwania od rzeczywistości, za determinacją — cień pięcia się do celu po trupach innych, a za umiejętnością podejmowania ryzyka — cień podejmowania błędnych decyzji. Tymczasem ludzie sukcesu doszli tam, gdzie doszli, ponieważ dysponowali nie tylko jasną, ale też ciemną stroną tej samej energii. Jeśli zaś na początku drogi w kierunku sukcesu decydujesz, że odrzucasz ciemne strony energii i będziesz się piął do góry tylko jasną stroną, to szybko się zorientujesz, że nie masz się po czym wspinać, ponieważ jasna i ciemna strona nie funkcjonują bez siebie. Jeśli odrzucasz ciemną, to razem z jej odrzuceniem znika jasna strona. Na tym polega istota dualizmu. Jeśli kupujesz nóż, to i owszem, możesz wypowiedzieć magiczne zaklęcie: „Poproszę taki ostry nóż, który mnie i nikogo innego nigdy nie skaleczy", ale nie masz najmniejszej gwarancji, że to zadziała. Cienie energii są ceną, którą musisz zapłacić za pozyskanie zasobów niosących ze sobą ich jasne strony. Chcąc osiągnąć sukces, musisz nie tylko pozyskać w tym celu potrzebne Ci do tego cechy i energię, ale również nauczyć się radzić sobie z cieniami, które także tę energię tworzą. Cały zaś dowcip korzystania z modelu dualizmu polega na tym, żebyś się nauczył zauważać zarówno jasne strony energii, jak i ciemne oraz poznał takie rozwiązania, które pozwolą Ci na zarządzanie i jednym, i drugim. Rozwiązanie problemu nie polega bowiem na eliminacji jakiegoś zasobu, ale na dodaniu takich zasobów, które będą się w stanie zrównoważyć. Spróbuję wyjaśnić to prościej. Wyobraź sobie biznesmena o dość wysokim poziomie agresji, który podejmuje pracę nad sobą, by ten poziom agresji w sobie obniżyć. Na skutek podjętych działań udaje mu się w jakiś tam sposób zwalczyć w sobie agresję. Niestety, wraz z agresją utracił też siłę, która do tej pory pozwalała mu zarabiać pieniądze. Tym zaś działaniem, które powinien podjąć w pracy nad sobą, nie jest pozbywanie się agresji, jej eliminacja, ale dodanie takiej energii, która tę jego agresję zrównoważy, by mógł korzystać w pełni ze wszystkich zasobów i by nauczył się zarządzać zarówno siłą, jak i agresją. I jasną, i ciemną stroną tej samej energii.

Jeśli przyjrzysz się dzieciom, zauważysz, że rodzą się one w absolutnej pełni — posiadają zarówno pozytywną, jak i negatywną energię. Potencjały i cienie. Dopiero później pojawiają się historie wdrukowywane im przez dorosłych, a dzieci przestając być jednocześnie „wszystkim" — zaczynają się modelować w określonym kierunku. Kiedy ojciec mówi do córki: „Jesteś moją księżniczką", to ona jednocześnie uczy się, że nie może być „nie-księżniczką". W uproszczonym schemacie dorosła już „księżniczka" staje się rewelacyjna w tym, by dbać jedynie o własne potrzeby, i kompletnie beznadziejna w tym, by utrzymać na dłużej jakikolwiek związek, z małżeństwem na czele.

Tego typu balans działa w każdym modelu. Weźmy na przykład emocję i logikę. Każda z tych energii ma zarówno swoją jasną, jak ciemną stronę. Po stronie cieni emocjonalności możemy na przykład wskazać podejmowanie pochopnych decyzji, wybuchowość, potencjał do utraty kontroli, labilność. Po jasnej stronie wymienimy możliwość budowania relacji, empatię, umiejętność przeżywania i odczuwania, ale też motywację. Bo to właśnie za nią są odpowiedzialne emocje — jeśli coś odczuwasz, to to pcha Cię do działania, a zatem motywuje Cię do podjęcia wysiłku.

Z kolei potencjałem logiki jest opanowanie, racjonalność, możliwość kontroli i organizacji świata. Potencjał tworzenia systemów. Cieniem logiki może być z kolei brak elastyczności czy niewielka kreatywność. I teraz, jeśli przyjrzymy się tym obydwu energiom i zadamy sobie pytanie, w jaki sposób możemy sobie poradzić na przykład z podejmowaniem pochopnych decyzji, wybuchowością czy labilnością, od razu nasuwa się myśl, że za pomocą opanowania i racjonalnego podejścia. Tym samym z brakiem kreatywności i elastyczności możesz sobie poradzić za pomocą empatii, umiejętności przeżywania i motywacji. A to oznacza, że aby poradzić sobie z jedną energią, należy skorzystać z tego, co daje Ci inna energia. A zatem rozwiązać problem z ogniem może nie ogień, ale woda! Bo rozwiązanie problemu nigdy nie leży w nim samym, zawsze znajduje się poza nim, tak jak rozwiązaniem na logikę są emocje, a na emocje — logika. Jeśli więc problem zamyka się w obszarze logiki, to koncentracja na tym samym obszarze nie przyniesie rozwiązania problemu. Będziesz je mógł znaleźć jedynie w czymś, co dany obszar będzie mogło odpowiednio zrównoważyć, a w przypadku logiki mogą to być na przykład emocje. Stąd prosty wniosek — jeśli chcesz zacząć rozwiązywać problemy, musisz skorzystać nie tylko z jednego zasobu, ale z zasobów, które „problematyczny" obszar będą równoważyć. Dlatego biznesmen pracujący nad obniżeniem agresji przestaje osiągać dobre wyniki w swoim biznesie, bo szuka rozwiązania problemu wewnątrz… tego problemu. Tymczasem najwłaściwszą drogą jest uzupełnienie energii agresji o taką energię, która pozwoli ją zrównoważyć. Wielu ludzi nie rozumie tej prostej zasady i nie osiąga w życiu sukcesu, bo chcą być tylko mądrzy. Nie zdają sobie jednak sprawy, że powinni być jednocześnie i mądrzy, i głupi. Właśnie po to, by każdy z tych problemów mógł pozostawać w równowadze. Niestety, nasza kultura wyposażyła nas w błędne postrzeganie rzeczywistości i naszej w niej roli. Jesteśmy na okrągło stymulowani do myślenia w określony sposób, w kręgu jednego problemu. Jednak w zależności od tego, w jakiej kulturze się znajdujesz, to ona za Ciebie dokonuje wyboru określonego rodzaju emocji. Poprzez te wybory jednostronnych emocji kultura, w której wzrastasz, tworzy określone schematy: skoro płaczesz, to jesteś miękki, skoro jesteś dziewczynką, to nie możesz się interesować samochodami, bo powinnaś skupić się na lalkach, skoro jesteś facetem, to musisz utrzymać rodzinę, a jak żona pracuje, a nie Ty, to narażasz się na społeczny ostracyzm. Od takich mechanizmów aż się roi wokół Ciebie — wszystkie one są skonstruowane jednostronnie. I przyzwyczailiśmy się do takiego ich postrzegania, co oczywiście wyrządza nam olbrzymią krzywdę, bo koncentrujemy się na jednej stronie medalu, wypierając w ogóle istnienie drugiej. Czy jednak Ci się to podoba, czy nie, życie jest skonstruowane dualistycznie i wszelkie energie, które się w nim przejawiają, posiadają zarówno znak dodatni, jak i ujemny. Żadna zaś z tych energii nie istnieje w pustce — zawsze funkcjonuje w otoczeniu innych. Jeśli zrozumiesz i zaakceptujesz tę zasadę, to dopiero wówczas zaczynasz tworzyć pełnię. Dopiero wtedy jesteś w stanie zarządzać sobą, swoimi energiami i emocjami we właściwy, pełny sposób. Bez osiągnięcia tej pełni odniesienie sukcesu staje się po prostu niemożliwe. Ponieważ jesteś całością. Zawsze i wszędzie. A jeśli jesteś całością, to w każdej chwili możesz zarządzać zarówno swoimi potencjałami, jak i cieniami. Możesz wziąć jasną stronę dowolnej energii oraz jej cień i zacząć świadomie korzystać z obu. A wtedy zaczynają się dziać rzeczy niezwykłe. Całe Twoje życie zaczyna się zmieniać i zaskakuje Cię możliwościami, które nagle zaczynają się stawać Twoim udziałem. Wyobraź sobie, że zaczynasz stosować tę zasadę w przypadku mądrości. Wiesz, że mądrość jest równoważona głupotą, i zdając sobie z tego sprawę, uznajesz, że nie można być mądrym bez bycia głupim. Zatem zaczynasz nie tylko być mądry, ale stajesz się jednocześnie i mądry,

i głupi. Innymi słowy, oprócz mądrości inkorporujesz jednocześnie głupotę. Jeśli to zrobisz, to słowa „Ty głupku" już nigdy nie
będą Cię w stanie obrazić, bo jesteś świadomy, że głupek tworzy
Cię w takim samym stopniu co mędrzec. Ktoś przychodzi i mówi
Ci: „Ale jesteś głupi!". Co mu odpowiesz? „Otóż wiem"! Bo skoro
masz świadomość, że przyswoiłeś głupotę, to nie ma możliwości,
by taka uwaga Cię dotknęła. Jest wówczas tak samo neutralna,
jakby ktoś powiedział Ci, że masz nos. No, masz nos. Wiesz o tym.
Co w tym obraźliwego? Ale spójrz na to też z innej strony. Ktoś
inny przychodzi i mówi: „Ale jesteś mądry!". Na to również odpowiesz: „Otóż wiem!". Będzie to naturalne, bo kiedy ma się w sobie
zarówno głupotę, jak i mądrość, to nie dość, że nie da się Ciebie
obrazić, ale nie da się też Ciebie zdobyć tanim komplementem!
W przeciwnym wypadku stajesz się nieodporny na manipulację,
bo jeśli ktoś nazwie Cię mądrym, a Ty uznasz to za komplement,
myśląc na przykład, że tylko osoba obdarzona równym co Twój
intelektem mogłaby to zauważyć, to stajesz się niewolnikiem wy-
ścigu pochlebstw, a co za tym idzie — idealnym kandydatem na
wywieranie wpływu. I zapewniam Cię, że w takiej sytuacji nie
trzeba nawet jakiegoś superuzdolnionego manipulatora. Pamiętaj,
że aura własnej adoracji prowadzi do pychy, a ta z kolei jest granicą naszego rozwoju. Kiedy się pojawia, dalszy rozwój przestaje
być możliwy! Co więcej, w tej rodzajowej scence — dokładnie w jej
pierwszej wersji — powstaje również inny paradygmat: jeśli ktoś
nazwie Cię głupkiem, a nie jesteś pełnią mądrości i głupoty jednocześnie, to nie dość, że Cię to obraża, to jeszcze będziesz najprawdopodobniej również oddawał się rywalizacji, starając się wy-
kazać, że ten, kto nazwał Cię głupkiem, w istocie jest od Ciebie
głupszy. I wtedy występuje znany Ci pewnie dialog: „Ty głupku!",
„Kto, ja jestem głupi? O nie, mój drogi, ty jesteś głupszy!". Efektów dalszej eskalacji tej przepychanki łatwo się domyślić.

Jedynym rozwiązaniem jest prawidłowe zbalansowanie układu. Zawsze i za każdym razem. Jeśli ktoś nazwie Cię mądrym, znajdź w sobie wystarczające przykłady swojej głupoty, dzięki czemu zrównoważysz system, a to pozwoli Ci pozostać w harmonii ze sobą. Jeśli zaś usłyszysz: „Ale jesteś głupi”, poszukaj w sobie przykładów mądrości, bo wtedy ponownie zdołasz zbalansować system. A teraz zobacz, jaką krzywdę wyrządzają sobie ludzie, którzy nie dostrzegają drugiej strony medalu lub też nie zdają sobie sprawy z tego, że jedyną drogą do osiągnięcia sukcesu jest właściwy balans systemu. Nie trzeba specjalnej wyobraźni, by pomyśleć o kimś, komu wydaje się, że jest tylko i wyłącznie atrakcyjny. Musi bardzo cierpieć, ilekroć w swoim życiu dostrzeże najmniejszy sygnał, że akurat jego atrakcyjność przeżywa trudne chwile. W takiej sytuacji byle pryszcz może doprowadzić do głębokiej depresji. Okropieństwo, prawda?

Cały więc dowcip ludzkiego dążenia do uzyskania pełni polega na tym, że ludzie przez cały czas szukają pomysłu na to, jak mogą odzyskać tę wypartą u siebie część. Bo wszystko dookoła — społeczeństwo, rodzina czy znajomi — wypiera określone energie. Tak powstają problemy tabu w rodzinie — rzeczy, o których się nigdy nie mówi, o których nie należy wspominać i które gdzieś podskórnie jak kropla drążą skałę, czyniąc życie tych ludzi zwykłym koszmarem. Wyparty negatywizm powoduje, że ludzie przestają korzystać z energii potencjału, ze wszystkich zasobów, które tworzą ich pełnię. Wyobraź sobie menedżera, który myśli tylko i wyłącznie pozytywnie. Szansa na to, że popełni błąd, zaczyna wzrastać. Najlepsze bowiem efekty można osiągnąć wówczas, gdy myśli się i pozytywnie, i negatywnie. Menedżer, który myśli tylko i wyłącznie negatywnie, też niespecjalnie daleko zajdzie. Każde ekstremum, każda energia, która nie jest równoważona, w końcu okazuje się drogą donikąd. Zarządzanie pełnią, czyli umiejętność zarządzania zarówno potencjałem, jak i cieniem dowolnej energii, pozwala Ci w zupełnie nowy sposób spojrzeć nie tylko na siebie, ale też na innych. Od tego momentu zaczynasz widzieć w każdym nowo poznanym człowieku zarówno plusy, jak i minusy. Dostrzegasz je, nawet kiedy on sam widzi tylko jedną ze swoich stron. Takie postrzeganie innych powoduje, że nikt już nigdy dla Ciebie nie będzie skończonym idiotą, ale też nigdy nie będzie idealnym mędrcem. Kończy się świat absolutnych autorytetów, które mogą za Ciebie decydować, co masz zrobić ze swoim własnym życiem. Zamiast widzieć autorytet, zaczynasz widzieć człowieka, który ma jednocześnie i plusy, i minusy, a to pozwala Ci podjąć racjonalną decyzję, czego chcesz się od niego nauczyć, a czego nie. Co więcej, jesteś też w stanie oddzielić jego osobowość (czyli to, jaki jest) od tego, co potrafi. I możesz wówczas zacząć czerpać z tego, czego możesz się od niego nauczyć.

Jeśli na przykład zetkniesz się z osobą, która wszystko kontroluje, zaczynasz patrzeć na nią w inny sposób — widzisz już, że jasną stroną energii, która za tym stoi, jest również odpowiedzialność. Bo ktoś, kto wszystko kontroluje, robi tak między innymi dlatego, że czuje się za to odpowiedzialny. Jeśli chcesz temu człowiekowi pomóc, to nie możesz mu odebrać możliwości kontroli, gdyż razem z nią odbierzesz mu również odpowiedzialność. A zatem jedynym wyjściem jest dodanie mu takiej energii, która zbalansuje ten układ. Może nią być na przykład spontaniczność. Wtedy powstanie wspaniała, nowa jednostka, nowy, fascynujący człowiek, który potrafi jednocześnie i kontrolować, i być spontaniczny. Nic nie stracił, a jedynie dodał nowe cechy do tych, które już ma, dzięki czemu osiągnął pełnię swojego prawdziwego potencjału. Nigdy zatem nie powinieneś się pozbywać żadnych energii, a jedynie je uzupełniać. Jeśli do agresji, której jasną stroną jest siła, dodasz wrażliwość, otrzymasz asertywność. Możesz mówić „tak" bez potrzeby dążenia do akceptacji i możesz powiedzieć „nie" bez potrzeby zrażania do siebie kogokolwiek. Zyskujesz nowe umiejętności komunikacyjne — stajesz się człowiekiem, który jako jednostka przestaje być tylko zły i tylko dobry. Zaczynasz widzieć możliwości i ograniczenia jednocześnie. Wtedy wreszcie pojawia się możliwość rzeczywistego uczenia się, bo dostrzegając rzeczy w swojej pełni, jesteś w stanie dokonywać wyboru, czego tak naprawdę chcesz się nauczyć.

2

Ego Management System

Kiedy pojawia się dyskomfort, ból czy inne nieprzyjemne emocje, ludzie mają tendencję do robienia dwóch rzeczy. I niestety, obie są błędne. Po pierwsze, starają się od tego uciec, a to działanie zakłada, że produkt jest silniejszy od tego, kto go stworzył. To z kolei jest podstawowym błędem logicznym, ponieważ kiedy produkujesz jakąkolwiek emocję (a przecież sam je produkujesz), to stworzyłeś produkt. Można ten mechanizm zobrazować sytuacją, w której stolarz robi krzesło. Produkt, czyli w tym wypadku krzesło, z samej definicji musi się znajdować na niższym poziomie świadomości niż jego twórca, a więc stolarz. Kreator jest zawsze ponad obiektem, który tworzy. Innymi słowy, krzesło nie może być mądrzejsze od stolarza. A zatem kiedy produkujesz emocje i później od nich uciekasz, to oznacza, że przerósł Cię Twój własny twór, a to technicznie nie jest po prostu możliwe. Poza tym emocja nie może na przykład mutować, bo nie ma własnej inteligencji. Została stworzona przez Ciebie. I to Ty jej nadajesz inteligencję. Zatem ego stworzone przez Ciebie nigdy nie może Cię przeskoczyć, nie może się stać większe od Ciebie samego. Zrozumienie tej prostej zasady pozwala w zupełnie inny sposób spojrzeć na własne emocje. A stąd już tylko krok do odzyskania nad nimi kontroli. Tymczasem ludzie wciąż popełniają ten błąd i uciekają od emocji — w alkohol, w narkotyki czy inne ślepe uliczki. Coraz częściej też uciekają od emocji w internet. Bo internet organizuje czas, a jeśli jestem czymś zajęty, to nie mam czasu zająć się sobą i nie muszę się konfrontować z tym, co czuję.

Drugim błędem popełnianym przez ludzi jest nieświadome wchodzenie w emocje bez ich obserwacji. A kiedy tak się dzieje, tracą już możliwość prawidłowej oceny sytuacji, ponieważ emocje ograniczają wizję.

Tymczasem jedyną właściwą drogą jest nauczyć się tak żyć, żeby umieć sobie poradzić ze wszystkim, co pojawi się w naszym życiu. Budda powiedział kiedyś, że jest w nim budda nienawistny, kochający, fajny, głupi, przystojny i brzydki. To wielkie słowa, które uświadamiają nam, że jeśli jesteśmy jednocześnie brzydcy i ładni, to odzyskujemy możliwość wyboru. Wtedy właśnie, na zasadzie kontrastu, można zarządzać zarówno tym, co w nas ładne, jak i tym, co w nas brzydkie. A to z kolei daje zdroworozsądkowe podejście do siebie. Wyobraź sobie taki przykład: oto budzisz się rano, patrzysz w lustro i zdajesz sobie sprawę z tego, że nie wyglądasz zbyt atrakcyjnie. Jeśli powiesz wtedy samemu sobie: „Ale jestem brzydki", to będzie to informacja zwrotna, a nie obelga. Kiedy bowiem się obrażamy? Kiedy coś jest dla nas obelgą? Wtedy, gdy ktoś uderza w nasz obraz, a nie w nas samych. Kiedy atakowane jest coś, co nie zostało inkorporowane. Bo przecież gdyby ktoś do Ciebie krzyknął: „Ty, człowieku z dwoma oczami!", to nie będzie to obelga, ponieważ zgadzasz się z tym, że masz dwoje oczu! Kiedy jakaś osoba mówi Ci to, z czym Ty się zgadzasz, to traktujesz tę wypowiedź jako fakt. Jeśli natomiast z czymś się nie zgadzasz, to traktujesz to jako obrazę lub komplement. Spróbuj się zastanowić, co by było, gdyby ktoś powiedział Ci: „Ale masz włosy" albo „Ale masz nos". Nie można się obrazić na coś takiego ani też specjalnie się tym zachwycić. Po prostu się z tym zgadzasz. Z tego wynika, że komplement lub też obraza działają na to, co nie jest inkorporowane. A teraz wyobraź sobie, że jesteś świadomy tego i zgadzasz się z tym, że jesteś jednocześnie i głupi, i mądry. Ktoś mówi Ci: „Ale jesteś głupi!". Co odpowiesz? „No, o tym to wiem, ale powiedz, co konkretnie powinienem zmienić?" Nie ma tu miejsca na obrazę, prawda? Nie dochodzi wówczas do żadnego zniszczenia emocjonalnego, bo niezależnie od tego, jak Ci się w życiu ułoży, co Cię w życiu spotka i jak będziesz oceniany, Ty zawsze pozostaniesz na jednym emocjonalnym poziomie. Staniesz się „nieobrażalny". Wszystko, co się wówczas będzie działo, będzie się odbywało tak naprawdę na zewnątrz Ciebie, bo we własnym wnętrzu osiągniesz świadomą stabilność. Nie będzie Cię można niczym dotknąć. Inkorporując ten sposób myślenia — świadomość bycia jednocześnie ładnym i brzydkim, głupim i mądrym — stajesz się obecny. Obecny w „tu i teraz", w teraźniejszości. A skoro jesteś obecny, to zdobywasz stały dostęp do zasobów. Pamiętasz, że jakość obecności odpowiada za jakość dostępów do zasobów? Dlatego też Ci z Was, którzy będą w stanie wytrzymać dłużej w trudnych sytuacjach, staną się automatycznie liderami tych, którzy nie posiadają takiej umiejętności. Ci, którzy są obecni, automatycznie stają się liderami tych, którzy nie są. I ten właśnie element może Ci również pomóc zrozumieć, co się dzieje w ludzkim umyśle. Jest on nieustannie bombardowany przez myśli, które na różne sposoby będą się starały nim władać.

Kiedy czujesz lęk, to jeśli sobie nie zaczniesz z nim radzić, stanie się wkrótce Twoim demonem. A potem będą się pojawiały coraz to nowe demony, które zjadają nawet najsilniejszych. Kluczem jest zatem sytuacja, w której jesteś w stanie zbudować zdroworozsądkowe podejście do samego siebie. Powiedzenie sobie na przykład: „Jestem zarówno brzydki, jak i ładny" stwarza możliwość odnalezienia równowagi. A równowaga to przecież czysta fizyka: jeśli materia spotyka się z antymaterią, to mamy potężną dawkę energii tworzącą foton o masie początkowej zero. A dopiero ten, kto „ma zero", znajduje się w doskonałej pozycji, żeby osiągnąć wszystko. To początkowe zero, ta pustka, którą będziesz się stale i permanentnie wypełniać, spowoduje, że nie będziesz przywiązany do niczego. Bo jeśli uznajesz, że coś jest Twoje, w tym momencie kończy się pustka, kończą się możliwości prawdziwego wzrostu i rozwoju. Przywiązujesz się bowiem do jakiegoś elementu świata zewnętrznego. Sprawdź, jak to działa, na prostym eksperymencie. Poproś jakiegoś znajomego, by dał Ci na chwilę coś swojego. Może to być cokolwiek: portfel, kluczyki do samochodu, telefon komórkowy. I bez uprzedzenia udaj, że upuszczasz to jego coś na podłoże. Albo że go uderzasz. Jak zareaguje?

Zaboli go to, prawda? A to przecież tylko przedmiot! Reakcja właściciela na to, co robisz z jego rzeczą, może Cię wiele nauczyć. Tak, przywiązując się do świata materialnego, dajemy się kontrolować. I to za pomocą jego własnego przedmiotu! Stanu posiadania! Jeśli bowiem uważasz, że coś jest Twoje, to kiedy to przejmę i zacznę na przykład głaskać…, Ty będziesz głaskany. Jeśli to na przykład torba, a ja zajrzę do środka, to Ty będziesz miał poczucie, że ktoś zagląda w Twoje wnętrze. Jeśli tym rzucę, Ty poczujesz się tak samo rzucony. Innymi słowy, przejmując kontrolę nad czymś Twoim, przejąłem kontrolę nad Twoim „ja" — tak działa mechanizm identyfikacji. Istota leży w umiejętności cieszenia się światem bez elementu pod nazwą „moje". Wtedy właśnie zaczyna się fantastyczne życie. Zaś jeśli pielęgnujesz „moje", to zaczyna się zabawa: powiedz mi, co masz, a powiem Ci, jakie „ja" tutaj zaprojektowałeś! Nie widzimy tego od razu, bo przecież nasze ego nie jest widoczne, a jedynym sposobem na jego zrealizowanie jest właśnie materia. Dlatego Twoje ego jest w Twoich przedmiotach — w samochodach, zegarkach, domach. I w każdym z tych przedmiotów może być schowany jakiś poziom ego: atrakcyjność, wyjątkowość, normalność i setka innych. Bo cały czas dokonujemy projekcji różnego rodzaju energii na zewnątrz. Widzimy swoje „ja" w różnych rzeczach, np. samochodach, jedzeniu, ciuchach. A teraz się zastanów, co by było, gdyby ciuchy lub przedmioty wykorzystać do wchodzenia w role, ale tak, by się z nimi nie identyfikować. Wówczas służyłyby nam, zamiast nami władać. Jeśli nie identyfikujesz się z czymś, to zabranie Ci tego czegoś nie może Cię skrzywdzić. Utrata majątku nie stanowi problemu, bo nie zaprojektowałeś w tym majątku swojego ego. Jeśli w takiej sytuacji ktoś powie coś niemiłego na temat Twoich butów, to nie obraził Ciebie. Na tym polega różnica pomiędzy trwaniem w ego a wykorzystywaniem go do bycia narzędziem samorealizacji społecznej. Nigdy nie bądź niewolnikiem własnego archetypu!

Wchodzimy w role, bo tego potrzebujemy, ale rola nigdy nie jest człowiekiem ją odgrywającym. Wielka szkoda, że większość ludzi tego nie rozróżnia. Cierpią, kiedy nie mogą odróżnić siebie od własnych butów, i przyjmują uwagi na temat tychże jako osobiste wycieczki. Zrozumienie tego jest jak zrozumienie podstawowych praw fizyki, bo w istocie fizyka życia nie różni się wiele od fizyki szkolnej. Tutaj też akcje wywołują reakcje. Zrozumienie tych zasad pozwala nam je kontrolować. Będąc świadomy różnorodności swoich ról, stajesz się kimś, kto jest jednocześnie za i przeciw, kto jednocześnie panuje nad dwoma ekstremami. Dzięki temu znajdujesz się w stałej, permanentnej równowadze. Zaś równowaga to coś, do czego dąży każdy układ termodynamiczny. Do równowagi dąży ludzkie ciało (spójrz, jak zachowuje się zalany w trupa człowiek próbujący nie upaść) oraz każdy ludzki związek. Każda rzecz wyparta będzie powodowała kontrakcję dążącą do wyrównania systemu. Weźmy pod uwagę układ pasywności i aktywności ze stanem zerowym gdzieś pośrodku. Jak możesz wykorzystać pasywność w biznesie? Oddając prowadzenie innym. W przeciwnym razie, będąc właścicielem firmy, zaczniesz się zajmować całą masą obowiązków, którymi nie powinieneś się przejmować — jak wypisywanie faktur czy podlewanie kwiatków. Jednak pasywność ma jednocześnie swój minus, swój cień, którym jest brak kontroli. Podobnie jest z aktywnością — jej cieniem jest kontrola, a wtedy mamy w firmie do czynienia z szaleńcem, który wszystko nadzoruje, wszystko będzie robił sam, aż padnie ze zmęczenia. Jednak w momencie kiedy uda Ci się stworzyć system równowagi pomiędzy aktywnością i pasywnością, to pozytyw wynikający z każdej z nich będzie osłabiał negatywny aspekt tej drugiej. W ten sposób system będzie dążył do wyrównania potencjałów i będzie mógł prawidłowo funkcjonować, a to w biznesie oznacza zdolność do perfekcyjnego zarządzania firmą. Co więcej, wyrównana w zakresie jednego systemu pasywność oznacza

cierpliwość, podczas gdy tak samo wyrównana aktywność oznacza sprawczość. Łatwo teraz sobie wyobrazić, jak wielki sukces
może odnieść menedżer, który ma w sobie jednocześnie obie te
cechy. A po co cierpliwość? Przecież wszystko następuje w swoim
czasie — nie możesz w winnicy zebrać winogron ani za wcześnie,
ani za późno, bo wtedy nie zrobisz dobrego wina. Spójrz, jak to
działa, na przykładzie kłótni z partnerem. Są ludzie, którzy w takich sytuacjach odczuwają natychmiastową potrzebę rozwiązania
problemu. Od razu podejmują próbę wyjaśnienia i nakręcają się
coraz bardziej. Czy wówczas dochodzi do rozwiązania problemu?
Oczywiście, że nie, bo zamiast tego mamy do czynienia z eskala-
cją kłótni. Jest jeszcze gorzej, bo reagując w taki sposób, dolewa
się oliwy do ognia. Jest też druga strona medalu — to ci, którzy
po kłótni z partnerem w ogóle nie odczuwają potrzeby rozwiązania konfliktu. Mają to po prostu gdzieś. Uznają, że to i tak samo
minie. Jednak prawdziwy problem ma wtedy ta druga osoba, w której narasta przekonanie o nierozwiązanych problemach. I takie
problemy będą cały czas w takim związku powracać, bo nikt nigdy
nie rozwiązał ich przyczyny, a jedynie uciekał od skutków albo
czekał, aż same miną. Idealnym rozwiązaniem jest świadomość
wynikająca z równowagi systemu: decydujesz się na rozwiązanie
konfliktu, ale nie natychmiast, tylko wtedy, kiedy już opadną
emocje i kiedy to rozwiązanie będzie miało największą szansę
powodzenia. To właśnie idealne połączenie zarówno cierpliwości,
jak i możliwości sprawczych. Najciekawsze jest to, że ta cecha
nie jest nam tak naprawdę obca. Rodzimy się z równowagą, tyle
że z wiekiem, wraz z edukacją i socjalizacją, coraz bardziej o niej
zapominamy. Z biegiem lat zaczynamy ją eliminować poprzez
wypieranie poszczególnych jej elementów. Dzieje się tak wówczas,
kiedy mówimy „Jestem księciem/ księżniczką" albo „Nie jestem
księciem/ księżniczką". Jeśli kobieta akceptuje tylko i wyłącznie
swoją urodę, a nie jest w stanie zaakceptować jednocześnie swojej

brzydoty, to będzie grała księżniczkę, która nigdy nie wspomni nawet o potrzebach fizjologicznych, gdyż będzie się wstydzić ich istnienia. Wtedy właśnie pojawia się schemat, w którym ludzie zaczynają pilnować jednego „ja", zamiast zdać sobie sprawę, że wszyscy są równocześnie wszystkim. A jeśli nie zdajemy sobie z tego sprawy, to nasze życie jest nieporównywalnie trudniejsze. Wystarczy zrozumieć, że każdy problem, który powstaje, zawsze będzie wypierał swoje przeciwieństwo. Jeśli mówisz o kimś, że jest dobry, to jednocześnie wypierasz to, że może być zły. I odwrotnie. Bo cokolwiek nie powiesz, to zawsze musisz wyprzeć to, czego nie powiedziałeś. I to jest pierwszy krok do idealizacji. To przez nią mężczyzna widzący ładną kobietę na ulicy nie bierze pod uwagę, że ona może na przykład mieć gorszy humor któregoś dnia. On, tworząc w sobie jej obraz jako pięknej, zaczyna tak naprawdę widzieć kogoś, kogo nie ma i nigdy nie było. A wtedy żeni się nie z prawdziwą kobietą, ale z jej obrazem, który wytworzył w swojej głowie. I po jakimś czasie w takim schemacie zawsze pojawi się rozczarowanie. Na przykład kiedy pewnego dnia ona będzie miała gorszy humor, on zacznie sobie zadawać rozpaczliwe pytanie, gdzie jest jego księżniczka. Ona zaś pyta: „A gdzie mój książę?". Bo przecież miało być tak pięknie! Mamy wówczas do czynienia z tzw. facebookowym związkiem, kiedy to ludzie są ze sobą do momentu, do którego jest dobrze. A potem dziękują sobie za współpracę i szukają kolejnych księżniczek i kolejnych książąt. I tak bez końca.

Jeśli jednak już coś inkorporowałeś, to jest to już Twoje i nikt nie zdoła Ci tego odebrać. Jednak w przeciwieństwie do takiej postawy większość ludzi najczęściej myśli tak: „Skoro mam te buty, to oznacza to, że jestem w nich atrakcyjny!". Tymczasem inkorporowana wersja powinna brzmieć: „Jestem atrakcyjny, więc ubiorę moją atrakcyjność w te buty!". Wystarczy kilka sekund, by stwierdzić, czy dana kobieta czuje się w jakichś butach atrakcyjna, czy też nie. Będzie to widoczne po sposobie jej chodzenia, po rodzaju demonstracji, którą przedstawia, po pokazie, który zupełnie nieświadomie dla samej siebie prezentuje.

Dlatego też idea odzyskiwania siebie — stawania się permanentnie pełnią — sprowadza się również do tego, że ci ludzie, którzy nie wiedzą o tym, iż również w negatywnych aspektach ich osobowości kryją się zasoby, tracą zarazem dostęp do wielkich możliwości poznawczych. Tracą możliwość prawdziwego i zrównoważonego rozwoju. A jeśli poznasz również swój cień, negatywny aspekt Twojej osobowości, to jesteś się w stanie na tyle od niego uwolnić, by przestać się go bać. W wielu badaniach okazywało się, że ludzie nie boją się tego, co może ich spotkać — na przykład w oczekiwaniu na trudne czy bolesne przeżycia. Bali się tak naprawdę antycypacji tego, co się wydarzy. Bali się więc lęku. Wyobrażenie tego, co może się wydarzyć, było dla nich bardziej przerażające niż to, co się autentycznie działo. Nic nie może być w rzeczywistości straszniejsze niż nasza własna niewytrenowana wyobraźnia. A ego może bazować tylko i wyłącznie na tym, że coś sobie wyobrazi. Zgodnie zresztą ze stwierdzeniem, że każda iluzja jest lepsza niż jej brak. Musisz mieć siłę, żeby się zmierzyć z byciem poza światem emocji, i zdobyć inteligencję emocjonalną właśnie po to, by móc z tych emocji w pewnym momencie wyjść i zacząć funkcjonować na zupełnie innym poziomie. Do tego zaś potrzebujesz innych rodzajów osobowości. To właśnie jest zadaniem Ego Management System. Zanim jednak przejdziemy do omówienia tej metody, warto się chwilę zastanowić, co tworzy najlepszą organizację i co się na nią składa. Jakie cechy czy też jakie warunki musi spełniać organizacja, byśmy uznali ją za perfekcyjną?

Przede wszystkim ważne jest, by w organizacji obowiązywała zasada, że każdy wie, co ma robić w danej sytuacji, bo istnieje jasny podział obowiązków. W takiej organizacji istnieją też dwa poziomy:

indywidualny i wspólny. Na pierwszym poziomie każdy indywidualnie zadaje sobie pytanie, co jest dobre dla niego, a konsekwencją odpowiedzi na tak postawione pytanie jest realizacja własnych celów. Na drugim poziomie odpowiadamy sobie na pytanie, co jest dobre dla nas, czyli dla wszystkich członków tego układu. Z kolei odpowiedź na to pytanie pozwala członkom organizacji realizować cele wspólne. Kolejną cechą dobrej organizacji jest wzajemne niewchodzenie sobie w kompetencje — innymi słowy, jeśli ja coś robię, to Ty nie próbujesz tego robić za mnie, i odwrotnie. A zatem nie przeszkadzamy sobie nawzajem. Musi też istnieć kontrola pozwalająca na weryfikację postępów, bo przecież należy sprawdzać, jak organizacja działa. Powinien też istnieć jakiś system komunikacji pomiędzy członkami grupy. Mamy więc modelowy system najlepszej organizacji. A teraz wyobraź sobie, co by się mogło stać, gdybyś organizację działającą według tego systemu stworzył we własnej głowie.

EGO

Zajmijmy się zatem teraz tym dziwnym tworem zwanym „ego". Ego to po prostu „ja". Moje „ja", Twoje „ja", po prostu „ja". Coś, co możemy określić słowem „osobowość". Możemy to przedstawić w dość prosty sposób: jeśli jesteś zintegrowaną jednostką, która coś na swój temat myśli, to Twoje myśli tworzą Twoje „ja" — i to jest właśnie Twoje ego. Jeśli mówisz o sobie: „Jestem mężczyzną" albo „Jestem kobietą", to jest to właśnie Twoje „ja". W określeniu „Jestem piękny, mądry, brzydki, głupi" wszędzie jest Twoje „ja". I najciekawsze jest to, że nie rodzimy się z takim sposobem myślenia. My się dopiero tego uczymy na pewnym etapie życia, w pewnym określonym momencie. To się dzieje mniej więcej w okresie pierwszej separacji. Mechanizm separacji można wyjaśnić na przykładzie małego, mniej więcej ośmiomiesięcznego dziecka.

Jeśli takiemu dziecku pokażesz jakiś przedmiot i ono skoncentruje na nim uwagę, a Ty nagle zabierzesz ten przedmiot z pola jego widzenia i na przykład schowasz za własnymi plecami, wystarczy zaobserwować, co się wówczas stanie. Jeśli w momencie ukrycia przedmiotu dziecko straci nim zainteresowanie, to oznacza, że jeszcze nie jest w stanie funkcjonować w świecie separacji, czyli oddzielić rzeczywistości od wyobrażenia. Jeśli jednak dziecko nie straci zainteresowania przedmiotem, wiedząc, że obecnie jest jedynie ukryty za Twoimi plecami, to oznacza, że potrafi już oddzielić to, co widzi, od tego, co sobie wyobraża. To pierwsza informacja wskazująca, że ludzki intelekt rodzi się dużo później niż czucie. Czucie jest już obecne w życiu dziecka w okresie prenatalnym. Intelekt zaś pojawia się później. A myśl „ja" po raz pierwszy w człowieku rodzi się około osiemnastego miesiąca życia. I równocześnie pojawiają się pierwsze zewnętrzne modele w umyśle dziecka kopiujące czynniki zewnętrzne, takie jak „tata" czy „mama". A to oznacza, że jest technicznie niemożliwe, byśmy mogli rodzić się sobą. Zatem w momencie urodzenia nie istnieje jeszcze koncept „ja", bo wówczas jeszcze nie wiemy, kim jesteśmy. Z jednej strony mamy do czynienia z konceptem „Po co przyszedłem na tę planetę", a z drugiej strony z konceptem „Jaki ja mam pomysł na siebie". A to z kolei oznacza, że urodiłeś się w świecie, który miał już na Ciebie jakiś pomysł. W taki oto sposób w pokoju dziewczynki maluje się ściany na różowo, bo jest dziewczynką. I oczywiście kupuje się jej domek i lalki, żeby przygotować ją do pełnienia późniejszej roli społecznej. Bo jak dorośnie, musi umieć na przykład przygotowywać herbatę czy kawę. W ten sposób świat przygotował sobie taki pomysł na dziewczynkę, której sensem istnienia będzie później parzenie kawy. Kiedy zaś rodzimy się jako chłopczyk, to najprawdopodobniej dostaniemy do zabawy samochodziki i żołnierzyki, a nie lalki. Bo świat ma akurat na nas taki pomysł. Tak przynajmniej było w moich czasach, a dzisiaj już świat może mieć zupełnie odwrotny pomysł, dając chłopcom do rąk lalki. Wszystko jedno — chodzi o zasadę. Problem jednak nie w tym, jaki świat ma na nas pomysł, ale w tym, że w ogóle ma pomysł. Rodzimy się tymczasem w pewnych określonych gotowcach, w których na przykład córeczka ma być księżniczką, ma się ładnie zachowywać, ma być damą. Tymczasem chłopczyk dla odmiany ma się stać silnym facetem. Dlatego jak wróci z podwórka z siniakiem, to mu się to wybaczy dużo szybciej niż dziewczynce. Kiedy dziewczynka przeklnie, to nie wypada, a kiedy chłopczykowi się to zdarzy, to jesteśmy bardziej skłonni doszukiwać się w tym przejawów przyszłej męskości. I potem, siłą rzeczy, przychodzi nam żyć w świecie, w którym facet spotykający się z wieloma kobietami jest określany jako macho, a kobieta pozostająca w wielu związkach już nie jest tak niejednoznacznie postrzegana.

Zastanawiałeś się kiedyś, po co nam „ja"? Do czego ono może służyć? Najprościej rzecz ujmując, jest po to, żeby się dostosować do środowiska i mieć strategie, które rozwiązują różnego rodzaju problemy rzeczywistego świata. I dzieje się tak od samego początku istnienia „ja". Wyobraź sobie, co dzieje się w dziecku, które właśnie nauczyło się schematu „Jeżeli jestem grzeczny, to jestem kochany". Otóż właśnie zrodziło się w nim przekonanie, w efekcie którego powstał konstrukt „ja grzeczne". I jednocześnie z powstaniem „ja grzecznego" powstał również jego cień, czyli „ja niegrzeczne". Oczywiście ten kolejny konstrukt ma również zarówno potencjał, jasną energię, jak i swoje cienie. Jednak w tej sytuacji wszystko, co jest zasobem „ja niegrzecznego", zostanie wyparte. Ten prosty mechanizm towarzyszy nam przez cały system wychowawczo-edukacyjny. Nie ma zatem możliwości, żebyśmy wzrastali w idealnej harmonii, niczego nigdy nie wypierając. No, chyba że mamy tyle szczęścia, że urodziliśmy się na idealnej, absolutnie oświeconej i czystej planecie. Ponieważ jednak nie jest to jeszcze ten etap rozwoju ludzkości, zawsze znajdą się cienie jakiejś energii, które zamieciemy pod dywan. Niezależnie od tego, jaki program zostaje nam w dzieciństwie wdrukowany — czy będzie to „ja grzeczne", czy „Jestem księżniczką" — to musimy mieć świadomość, że większość z nich zostanie z nami na resztę życia. I nie będzie miało kompletnie znaczenia, czy księżniczka ma dwa, czy trzydzieści dwa lata. Znaczenie ma jedynie to, że nawet w wieku trzydziestu dwóch lat księżniczka z tego mechanizmu wciąż nie będzie sobie zdawać sprawy. A jest tak w przypadku większości ludzi, ponieważ zamiast się uczyć podstaw egzystencji w szkole, uczą się na przykład przysposobienia obronnego czy innych przedmiotów, z których nie będą nigdy w życiu korzystać. Tymczasem na pierwszych etapach rozwoju dziecka powinniśmy dostrzegać, na ile możemy w nim obudzić świadomość potrzeb stwarzania siebie, a na ile jesteśmy w stanie pomóc mu zrozumieć, jak wielu programów stał się niewolnikiem. Ile zachowań wdrukowali mu na przykład rodzice, którzy uczynili z niego swojego klona. A kiedy jest się klonem, to nie da się wyrosnąć ponad poziom tego, który stworzył klona. Każdy klon zatrzymuje się bowiem na poziomie, na którym znajdował się twórca, w chwili gdy go tworzył. I o ile twórca może się rozwinąć ponad ten poziom, to niestety klon nigdy już tego nie będzie mógł dokonać. A przynajmniej do czasu, aż nie przestanie być klonem. Jeśli jako rodzic tworzysz swojego klona, którego celem jest zaspokajanie Twoich potrzeb środowiskowych, to wiedz, że jednocześnie stworzyłeś swojemu własnemu klonowi barierę rozwoju, której — dopóki będzie Twoim klonem — nie pokona.

Większość ludzi żyje jako klony swoich rodziców lub kogokolwiek innego, nie zdając sobie z tego sprawy. Mają oni wdrukowane przekonania i programy, których są nieświadomi. A skoro tak, to wówczas nie my nimi, ale one nami rządzą. Zmieniać można jedynie świadome przekonania, bo to, co jest nieświadome, może nas kontrolować. Stąd też tak często, w przypadku wielu energii czy też przekonań, używam słowa „cień" na zobrazowanie ich negatywnej siły. Cień jest bowiem tym, czego sobie nie uświadamiamy.

ROLE

W życiu pełnimy bardzo wiele ról lub, odwołując się do teatralnej metafory, gramy wiele ról. Kobiety grają rolę matek, mężczyźni — ojców. Rolom kochanek odpowiadają role kochanków. Rolom żon — role mężów, córek, synów itd. Żeby zrozumieć, jak działają systemy ról i jak się przenikają, posłużę się pewną metaforą. Wyobraź sobie trzy przedmioty: szklankę, młotek i igłę. Sens działania tych przedmiotów odnajdujemy wówczas, kiedy do szklanki wlejemy wodę, młotkiem wbijemy gwóźdź, a igłę zastosujemy do szycia nicią. Mamy wówczas do czynienia z funkcjonalną organizacją i sensownym zastosowaniem wszystkich trzech przedmiotów. A teraz wyobraź sobie, że nagle postanawiasz... wlać wodę do młotka. Albo próbujesz wbić gwóźdź za pomocą igły. W takim przypadku wydaje Ci się oczywiste, że podejmowany wysiłek jest pozbawiony sensu, bo w takim zestawieniu te przedmioty „nie współpracują ze sobą". Tymczasem w życiu te absurdalne próby kojarzenia ze sobą „niewspółpracujących ról" są niestety powszechnie występującą patologią. Wystarczy odpowiedzieć sobie na proste pytanie: jak to możliwe, że tak wiele żon gra w stosunku do swoich mężów... rolę matek? Każdy podstawowy system relacyjny musi być dwójkowy — tam gdzie zachodzi jakaś relacja, mamy do czynienia z dwoma elementami, pomiędzy którymi ona występuje. Zresztą tę zasadę znasz już też z omawianego wyżej systemu dualnego. Bo nawet jeśli mamy do czynienia z jedną osobą czy myślą, to tak naprawdę zawsze są tam w istocie dwie osoby bądź też dwie myśli. Przecież jeśli powiem: „Ta książka jest duża", to tak naprawdę jednocześnie mówię: „Ta książka nie jest nie-duża!". Innymi słowy, każda myśl wypowiedziana czy też sam akt nazwania czegokolwiek powoduje powstanie przeciwieństwa. Czegoś, co znajdzie się w cieniu. Zatem, co byś nie powiedział, to tak czy inaczej musisz dokonać wyboru jednej ze stron jakiejś energii, na której się w danej chwili skupisz. Umysł, w przeciwień-stwie do mózgu, jest w stanie przerobić tylko jedno znaczenie. Zaś mózg ma zdolność przerobienia jednocześnie obu. Spróbuję Ci to zobrazować w dość prosty sposób.

B

Co widzisz na powyższym rysunku? Udzielisz jednej z dwóch możliwych odpowiedzi. Albo będzie to duża litera „B", albo liczba „13". Pierwsza odpowiedź powstała dlatego, że wyobraziłeś sobie obok litery „A" oraz „C". Powstał zatem logiczny ciąg, który wska-zał, że pośrodku znajduje się litera „B". W drugim przypadku musiałeś sobie wyobrazić, że obok rysunku pojawiły się cyfry — z jednej strony „12", z drugiej zaś „14". Dzięki temu zabiegowi Twój umysł mógł dostrzec pośrodku cyfrę „13".

Po dodaniu do wcześniejszego symbolu tych dodatkowych cyfr i liter powstanie taki oto rysunek:

A

12 B 14

C

I teraz zwróć uwagę, że patrząc na powyższe zestawienie i skupiając się na środku, nie jesteś w stanie widzieć jednocześnie i „B", i „13". Kiedy bowiem zobaczysz „B", automatycznie pojawiają się pozostałe litery; kiedy zaś Twój umysł przeskoczy na widzenie „12", to natychmiast obok zobaczysz dwie pozostałe cyfry. Nie jesteśmy w stanie dostrzec tych dwóch znaczeń jednego symbolu jednocześnie, dlatego że są ze sobą sprzeczne. To obrazuje, w jak wybiórczy sposób działa umysł, który zawsze wybiera sobie jedno ze znaczeń i na jego bazie dopiero buduje całą resztę. Zaś wybranie jednego znaczenia powoduje, że wypierasz wszystkie pozostałe możliwości. I to dlatego, jeśli uważasz, że ktoś jest głupi, automatycznie nie dostrzegasz sytuacji, gdy jest mądry. Innymi słowy, nazywając kogoś głupkiem, wypierasz możliwość dostrzeżenia tego, że jest też mądry. Dlatego właśnie uważam, że umiejętność operowania dualizmem jest kluczowa w świadomej komunikacji. Bo cokolwiek powiesz, jednocześnie wypierasz tego przeciwieństwo. A to z kolei prowadzi do bardzo ograniczonej wizji świata. Do zawężonego postrzegania tego, jaką świat daje Ci możliwość. Tak naprawdę przecież nigdy nie jest tak, że świat jest czarno-biały. Dlatego też, żeby system zaczął działać perfekcyjnie, musi funkcjonować w pełni, w której poszczególne modele łączą się ze sobą. Jednym z takich perfekcyjnie działających systemów jest relacja matki i syna. To sytuacja, którą możemy zobrazować taką konstrukcją: „Ona mu matkuje, on zaś jej synuje". Zatem idąc dalej tym tropem (wiem, że tworzę teraz nowe wyrazy, ale nasz zbyt ograniczony język nie oddaje właściwego aspektu działania ról społecznych, który chcę tu omówić), mąż swojej żonie „mężuje", zaś ona jemu „żonuje". I tak dalej, i tym podobne. W ten sposób działają systemy relacji, które uzupełniają się wzajemnie. Jednak te systemy przestają perfekcyjnie działać w momencie, kiedy poszczególne elementy układu nie do końca wiedzą, jakie zachowania i komunikaty są adekwatne do danej roli. Często podczas szkolenia przeprowadzam prosty eksperyment. Proszę, by grupa podała mi pierwsze skojarzenia, jakie przyjdą im do głowy w związku z jakąś rolą. I na przykład kiedy pytam, jakie zadania ma żona, słyszę na przykład następujące odpowiedzi: „wychować dzieci", „być asertywna", „być partnerem" — i na samym końcu zazwyczaj pojawia się „kochać męża". Jeśli pytam o zadania męża, słyszę „zarabiać pieniądze", „utrzymywać dom". Kiedy zaczynam porównywać te dwa modele, grupa nagle orientuje się, że przypisała małżeństwu zachowania tak naprawdę przynależne zupełnie innym rolom. Co więcej, orientują się, jak wiele z tych cech, które przypisali poszczególnym rolom, jest efektem swoistej naleciałości społecznej. Przecież „wychowywanie dzieci" czy „zarabianie pieniądze" to twory wdrukowane nam społecznie. Przypisanie jedynie roli męża obowiązek „zarabiania kasy" jest fundamentem patriarchalnego społeczeństwa. Według jednych z ostatnich angielskich badań kobieta, która wykonuje dokładnie to samo co mężczyzna, zarabia 82 pensy, podczas gdy mężczyzna jednego funta. I to jest obecnie obowiązujący standard — kobieta pracująca na tym samym stanowisku zarabia po prostu mniej. Z drugiej strony we wszelkich możliwych testach kompetencyjnych kobiety biją mężczyzn na głowę — są lepszymi menedżerami, przywódcami, żyją dłużej i mają wyższy średni iloraz inteligencji. I jednocześnie jest bardzo mało kobiet zajmujących wysokie stanowiska zarządcze. Jeszcze inna statystyka pokazuje inną ciekawą zależność. Otóż im wyższą pozycję zajmuje dana osoba w strukturze organizacyjnej, tym mniej jest lubiana przez resztę członków tej organizacji. Zatem im większą karierę zrobisz w danej firmie, tym mniej będziesz lubiany jako szef. I mimo iż jest to prawidłowość dotycząca obu płci, to jednak w kobiety uderza bardziej niż w mężczyzn. Innymi słowy, kobieta będąca szefową jest mniej lubiana niż jej męski odpowiednik. Wszystkie wspomniane wyżej zależności są wyłącznie konsekwencją kultury, w jakiej zostaliśmy wychowani. To w tej kulturze mężczyzna ma zarabiać pieniądze. A jeśli tak, to w konsekwencji tego przekonania następuje zupełnie nieświadomy podział obowiązków w domu. Wtedy zaczyna powstawać relacja określonych zależności, w której pewne czynności są przypisywane tylko i wyłącznie kobiecie, a inne mężczyźnie. Ten poziom nierównowagi prowadzi do wielu problemów. Bo przecież jeśli mężczyzna wychował się w przekonaniu, że ma zapewnić swojej rodzinie byt i że jest to jego nieustannym obowiązkiem, to w dorosłym życiu będzie tak się starał funkcjonować, żeby ten „obowiązek" wypełnić. Jeśli spojrzymy na ten mechanizm pod względem jakościowym i ilościowym, to zobaczymy, że wynika z tego przekonanie, że żeby być dobrym mężem, trzeba zarabiać pieniądze, oraz kwestia „Ile trzeba zarabiać, żeby być wystarczająco dobrym mężem?". Większość mężczyzn została jednak tak wychowana, by funkcjonować zgodnie z przekonaniem związanym z czynnikiem jakościowym i jednocześnie nie potrafić odpowiedzieć na pytanie wynikające z czynnika ilościowego. Po prostu nikt im nigdy nie powiedział, na jakim poziomie to zarabianie ma się skończyć. A jeśli nie wiedzą, gdzie jest koniec, to pracują… non stop. I wtedy mamy do czynienia z sytuacją, w której żona mówi do męża, że już wystarczy tej pracy i pora zająć się rodziną. A on na to odpowiada: „Nie, jeszcze nie wystarczy". Dzieje się tak dlatego, że on nie zna końca. To tak, jakby wypuścić biegacza, by biegał dookoła stadionu, i nie powiedzieć mu, ile ma zrobić okrążeń. Będzie więc biegał cały czas, bo nikt mu nigdy nie powiedział, po czym ma rozpoznać, że osiągnął cel. Zatem przez całe swoje życie wykonuje wdrukowaną misję, rujnując przy okazji życie rodzinne, a w końcu i własne zdrowie. Taka męska kulturowa misja ma również cień. Jeśli mężczyzna ma być silny, to… kobieta może być słaba. Skoro on ma wspierać kobietę, to przecież musi mieć kogo wspierać. A to z kolei powoduje, że po kobiecie nie spodziewamy się siły, bo to przecież rola zarezerwowana dla mężczyzny. Kolejnym cieniem tej sytuacji jest wykazany w wielu badaniach fakt, że to mężczyźni dużo bardziej od kobiet przeżywają utratę pracy i że to właśnie pośród mężczyzn odnotowywany jest większy problem z depresją niż u kobiet. Wprawdzie kobiety cierpią na depresję częściej od mężczyzn, jednak statystyczny mężczyzna dotknięty tą przypadłością po prostu się do tego nie przyzna. A co za tym idzie, nie szuka pomocy. Bo nie wypada. Przecież ma być silny, więc jak ma się przyznać do depresji, która w społecznym wzorcu kulturowym jest zarezerwowana jedynie dla słabych jednostek? Efekt tego modelu jest katastrofalny w skutkach. Jednym z nich jest to, że kobiety z reguły na całej naszej planecie żyją znacznie dłużej niż mężczyźni.

I niestety przeważająca większość ludzi łączących się w związki nieświadomie kopiuje wzorce społeczne przypisujące określone oczekiwania co do roli męża czy żony, zamiast świadomie pomiędzy sobą ustalić, jakie są ich własne potrzeby w tym względzie. Nie potrafią się porozumieć, ponieważ zamiast się komunikować na poziomie własnych oczekiwań, komunikują się na poziomie wdrukowanego modelu społecznego. W moim przekonaniu zaś rozwiązanie tego problemu nie leży w tym, że coś z tymi ludźmi jest nie tak. Uważam jedynie, że problem tkwi w tym, iż nie uświadamiają sobie, że zachowują się tak, jakby usiłowali wbić gwóźdź za pomocą szklanki — innymi słowy, nieodpowiednim narzędziem. Świadomość tego, w jaki sposób działamy, przyjmując poszczególne role, i jakie konsekwencje wynikają z naszych działań, jest fundamentalna dla naszej egzystencji. Jeśli pełnię rolę męża, a moja żona zamiast pełnić rolę żony, pełni w stosunku do mnie rolę matki, to prędzej czy później w naszym związku pojawią się poważne problemy. Jeśli bowiem mózg nie będzie wiedział, czy wybrać duże „B", czy cyfrę „13", to może się stać tak, że obydwa programy odpali jednocześnie. Jeśli wybierasz model „Jestem matką" i zaczynasz się komunikować i zachowywać jak matka, to pamiętaj, że w ten sposób stajesz się podmiotem swojego działania. A zatem stajesz się... matką. Jeśli jesteś kobietą, która gra rolę głupszej od swojego faceta po to, by jemu urosły skrzydła i by poczuł się mądrzejszy, to ta sama zasada spowoduje, że stajesz się głupsza. A to oznacza, że nie tylko będziesz tak traktowana przez niego, ale prędzej czy później sama się za taką uznasz. To, co tworzysz, ma moc materializacji każdej intencji, którą posiadasz, dlatego musisz się poważnie zastanowić, czy na pewno chcesz tworzyć to, co tworzysz. Jeśli stosujesz technikę „Jestem głupia" jako technikę wywierania wpływu, to w końcu Twój mózg pomyśli „Jestem głupia". W ten zaś sposób zrodzi się przekonanie, że jesteś głupia. Konsekwencję stworzenia takiego przekonania już znasz, bo opisywałem ją wyżej. Przekonanie „Jestem mądra" zostanie wyparte, a to z kolei może pociągnąć za sobą cały szereg konsekwencji, z których na przykład pojawienie się mniejszych zarobków będzie najmniej dotkliwe.

Co więcej, wybierając w stosunku do swojego mężczyzny rolę matki, tworzysz w nim dziecko. Jeśli zaś Ty, mężczyzno, stajesz się ojcem dla swojej żony, tworzysz w niej córkę. Ze wszystkimi konsekwencjami tego mechanizmu. Mąż stający się dzieckiem swojej żony niczego dobrego dla ich wspólnej relacji nie wróży. Rola dziecka bowiem wiąże się z brakiem umiejętności samodzielnego podejmowania decyzji, z tym, że po pewnym czasie zaczyna nudzić swojego partnera i przestaje być dla niego atrakcyjny seksualnie. To między innymi dlatego wielu mężczyzn szuka seksualnych uniesień poza swoimi związkami. Przecież nie chcą sypiać... z własnymi matkami. I dokładnie tak samo działa to w związku, w którym zamiast relacji partnerskiej mamy do czynienia z relacją ojciec – córka. On wie lepiej, co ona ma myśleć, on jej mówi, co ona ma robić, on jej organizuje cały świat. A ona prędzej czy później nie wytrzymuje i zaczyna się rozglądać za kochankiem z prawdziwego zdarzenia. I nigdy takiego kochanka nie widzi w swoim partnerze. W takich związkach nie ma partnerstwa, zastępuje je relacja rodzica i dziecka. W tej relacji nie ma równowagi, bo dziecko z definicji jest głupsze od swojego rodzica. Najgorsze jednak jest to, jak wielu ludzi nie zdaje sobie sprawy z tego, jak często i w jak silny sposób tworzą tego typu role mające destrukcyjny wpływ na ich relacje. Nie zdają sobie sprawy, ponieważ tak się przyzwyczaili do tych komunikatów, że już nie zwracają na nie uwagi. Dla przykładu: jak często mężczyźni słyszą od swoich żon poniższe słowa: „Zjadłeś śniadanie?", „Powinieneś założyć czapkę!", „Ubierz się cieplej", „Powinieneś o siebie dbać, bo mizernie wyglądasz", „Zadzwoń do mnie, jak tylko dojedziesz na miejsce", „Przygotować ci rzeczy?" i — mój absolutny faworyt — „Ubierz kalesony!"? I to niestety rodzi określone konsekwencje. Mężczyzna staje się taki, jakim go matkująca żona tworzy. Prędzej czy później produkt stworzony przez żonę będącą matką przestaje się tej żonie-matce podobać. Bo zamiast faceta zacznie w nim widzieć, wybaczcie kolokwializm, fujarę. I nawet jeśli kobieta nie zdecyduje się ostatecznie, by takiego wykreowanego przez nią samą mężczyznę porzucić, to żyjąc z nim, decyduje się na stagnację. Przy nim bowiem nie będzie się już mogła rozwinąć. Bo przy dziecku można rosnąć tylko do pewnego momentu. W drugą stronę: jak wiele kobiet słyszy od swoich mężów: „Ja wszystko załatwię", „Powiem ci, jak rozwiązać twój problem", „Ty nie musisz wiedzieć, jak to działa"? W ten sposób mąż pełniący wobec swojej żony rolę ojca tworzy w niej córkę. Ona zaś staje się podmiotem tego działania i staje się głupsza, mniej zaradna i słabsza. I tym samym powoli przestaje być dla niego atrakcyjna.

Musisz dysponować modelami, które są adekwatne do realizowania tej potencji i tej energii, którą w danym momencie dysponujesz. Zaś dziecko nie jest w stanie zaoferować Ci możliwości wywierania takiego wpływu na dorosły świat jak dorosła i dojrzała komunikacja w odpowiednim kontekście do odpowiedniego miejsca. Jeśli jednak stosujesz określone modele w nieodpowiednich kontekstach, to zaczynają one działać przeciwko Tobie. Innymi słowy, musisz być świadomy ról, które pełnisz, i umieć nimi zarządzać, tak by Ci pomagały, a nie przeszkadzały w osiągnięciu sukcesu. Szef firmy traktujący swoich pracowników jak małe dzieci i pełniący wobec nich rolę ojca to człowiek, który będzie kontrolował każdą ich aktywność, decydował o wszystkim, nie będąc jednocześnie w stanie delegować najmniejszych zadań. Dla kogoś takiego osiągnięcie sukcesu staje się po prostu niemożliwe, bo za każdym razem w paradę będą wchodziły kolejne niekontrolowane przez niego role. Dlatego tak istotne jest zrozumienie istoty pełnionych ról i umiejętność zarządzania nimi w każdym miejscu i czasie. Tymczasem kobieta szefowa wraca z pracy do domu i zamiast wyłączyć szefową i włączyć żonę oraz kochankę, dalej pełni rolę szefowej w stosunku do swojego męża. Dalszą część tego schematu już znasz — on staje się jej pracownikiem, a sam związek zaczyna zmierzać do smutnego końca. Dzieje się tak dlatego, że kobieta ta nakłada garnitur, żeby pobiegać. Próbuje wbić gwóźdź za pomocą szklanki albo usiłuje wlać wodę do młotka. Pomieszanie ról jest jedną z najistotniejszych przeszkód w naszym codziennym funkcjonowaniu — zarówno prywatnym, jak i zawodowym.

KOMPONOWANIE OSOBOWOŚCI

Zarządzanie rolami zaczyna się od uświadomienia sobie tego, jakich ról i w jakich okolicznościach będziesz potrzebował, żeby osiągnąć w danej przestrzeni sukces. Najpierw zatem musisz określić potrzebne Ci role i przypisać im poszczególne zadania, które powinny spełniać. Ważne przy tym, by tworząc role, którymi ma zarządzać Twoja wewnętrzna organizacja, nie nazywać ich własnym imieniem. Nie możesz nazywać żadnej z tworzonych osobowości Twoim imieniem, dlatego że w Twoim imieniu mają się zawierać one wszystkie. A zatem Twoje imię będzie czymś w rodzaju konglomeratu, zespołu, zbioru wszystkich Twoich osobowości, które w ramach tego konglomeratu mają funkcjonować. Musisz też pamiętać, że każdą osobowość tworzysz w jakimś konkretnym celu. To mniej więcej tak, jakbyś zatrudniał pracownika, dajmy na to, do działu księgowości. Przyjmując go do pracy, określasz cały zestaw jego obowiązków, zadań i zachowań, które z pełnieniem określonej funkcji są związane. Masz w stosunku do niego pewne oczekiwania i liczysz, że będzie je w zadowalający dla Ciebie sposób spełniał. I dokładnie w taki sposób zatrudniasz na swój użytek określoną osobowość, która ma wykonywać zlecone jej przez Ciebie zadania. Wyobraź sobie teraz, że tworzysz osobowość, której zadaniem będzie dbanie o Twoje relacje. Zlecasz jej dbanie o swoją żonę/męża w określony sposób, dbanie o dzieci, o relacje z przyjaciółmi, znajomymi, rodziną itd., itp. Innymi słowy, tworzysz ściśle dedykowaną osobowość, której outsourcujesz (delegujesz) zarządzanie relacjami. Kolejną osobowość tworzysz, aby dbała o Twoje życie zawodowe. Jednak tym razem wyznaczasz zupełnie inne zadania dotyczące budowania relacji — wiesz przecież, że nie mogą to być relacje takie same jak w przypadku życia prywatnego, bo wówczas pracownicy wejdą Ci na głowę i możesz utracić szacunek oraz autorytet. A zatem Twoja druga, zawodowa osobowość będzie realizowała inny zakres zadań. Ty zaś tak musisz zarządzać tymi dwoma osobowościami, żeby wzajemnie sobie nie przeszkadzały, bo wtedy dopiero będziesz mógł osiągnąć najlepszy efekt. Stworzona przez Ciebie osobowość dedykowana relacjom prywatnym musi operować innym poziomem na przykład szczerości niż osobowość, którą utworzysz na potrzeby Twojej aktywności zawodowej. Wiele badań wskazuje na to, że o ile szczerość popłaca w relacjach partnerskich, to już w sytuacjach zawodowych nie jest to tak oczywiste. Przyjacielowi przecież powiesz, żeby przestał się zachowywać jak idiota. Spróbuj tak powiedzieć szefowi… Zatem różne osobowości stworzone na użytek pełnienia różnych ról będą musiały wykorzystywać te same energie, ale na zupełnie innych poziomach. Twoim zaś zadaniem jest zarządzanie tymi osobowościami, tak by w efekcie odnieść największy możliwy sukces. Kiedy tego nie uczynisz lub kiedy pomieszasz poszczególne role, zostaniesz z młotkiem w ręku niezależnie od tego, czy masz do czynienia ze szkłem, czy z gwoździem. Działając w ten ograniczony sposób, tracisz to, co najważniejsze — jeden magiczny składnik, który jest w dużej mierze odpowiedzialny właśnie za odniesienie sukcesu. Tym składnikiem jest możliwość wywierania wpływu. Zyskujesz ją bowiem tylko wówczas, kiedy dysponujesz odpowiednimi narzędziami do poradzenia sobie z każdą sytuacją, a zatem masz w garażu każdy możliwy śrubokręt, by odkręcić każdą możliwą śrubkę. I do tego celu służą Ci właśnie osobowości. To one stają się Twoimi narzędziami, za pomocą których będziesz umiał poradzić sobie w każdej sytuacji. Ważne jednak, by potrafić oddzielać jedno narzędzie od drugiego. Jeśli więc stworzyłeś osobowość zgodnie z jej konkretnym przeznaczeniem bądź też wyznaczonym celem, to kolejnym krokiem w zarządzaniu tym mechanizmem jest umiejętność przypisania danej osobowości do konkretnego środowiska. Każda z osobowości powinna działać w innym określonym środowisku i do tego środowiska zostać dedykowana.

MĄŻ

Jeśli tworzysz osobowość męża, to zakładasz jej działanie w określonych środowiskach. Jeśli grasz rolę męża w domu, na randkach z własną żoną, w wakacje, z rodziną i w łóżku, to jest to proste założenie, które mówi o tym, w jakich środowiskach, czyli gdzie, tej roli nie będziesz odgrywał. Jeśli zatem tworzysz osobowość męża, to ta stworzona osobowość musi znać odpowiedź na pytanie: „Po co jestem mężem?". Innymi słowy, dlaczego mąż staje się mężem? Po co mu małżeństwo? Moja osobowość męża zna odpowiedź na to pytanie. Celem tej osobowości jest zbudowanie związku będącego przykładem ponadkulturowości i ponadpłciowości, w pełni integrującego wszechstronność społeczeństwa. Gdybyś jednak komuś wskazał taki koncept małżeństwa i roli męża, to najprawdopodobniej nie rozumiałby, o co chodzi. Bo to, co dla mnie jest ważne, to, co ma sens dla mnie, i to, po co jedna z moich osobowości pełni rolę męża, wcale nie musi być zgodne z tym, co Ty sądzisz o tej roli. Każdy z nas bowiem musi tworzyć role wyłącznie dla siebie — zgodnie z własnym rozumieniem swojego miejsca w świecie, swoją koncepcją duchowości i spełnienia. W przeciwnym wypadku to nie funkcjonuje, bo wówczas gramy cudze role dedykowane do cudzego życia. W naszym te osobowości niekoniecznie muszą działać i bardzo często po prostu nie działają. Dla mnie — męża latynoski — ponadkulturowość ma szczególne znaczenie, bo w moim osobistym kontekście stanowi ważny element mojego związku. Dla Ciebie rola męża może być już zupełnie inna, skonstruowana tak, by przynieść Ci najlepszy efekt, by umożliwić Ci tworzenie szczęśliwego, partnerskiego związku, który pozwoli Ci na osiągnięcie pełni zarówno w życiu prywatnym, jak i zawodowym. Ważne jednak, by była to osobowość stworzona przez Ciebie i dedykowana Twojemu celowi oraz Twojemu środowisku. Co więcej, kolejnym elementem ważnym dla funkcjonowania tej wykreowanej osobowości będzie czas. Zatem musisz nie tylko zarządzać daną osobowością, ale też osadzić to zarządzanie w określonym czasie. Musisz precyzyjnie wyznaczyć czas pracy danej osobowości, by wiedzieć, kiedy która z nich jest Ci potrzebna. Kiedy będziesz potrzebował roli męża, by tworzyć idealny związek, a kiedy ta sama osobowość będzie Ci przeszkadzała — na przykład w pracy lub w relacjach z innymi. Jeśli postawisz tylko na jedną osobowość, na przykład taką, której zadaniem jest tworzenie relacji rodzinnych, będziesz w stanie funkcjonować tylko i wyłącznie do czasu, kiedy te relacje będą istniały. Jeśli jeden z elementów, na którym budujesz swoje relacje, odejdzie, bo na przykład umrze, wówczas posiadając tylko jedną osobowość, dużo trudniej to zniesiesz, o wiele trudniej będzie Ci sobie z tym poradzić. Posiadanie wielu osobowości przypomina trochę budowanie własnego biznesu lub inwestowanie. Jeśli postawisz wszystko na jeden rodzaj przychodów, to w sytuacji, w której rynek zakręci Ci ten jedyny kurek, cała Twoja firma pada. Jeśli zainwestowałeś tylko w złoto, a cena złota drastycznie spadnie, to stajesz się bankrutem. Jeśli zainwestowałeś tylko i wyłącznie w osobowość ojca, to dzień, w którym Twoje dorosłe dziecko poinformuje Cię o tym, że odchodzi z domu, stanie się dla Ciebie dniem największej życiowej katastrofy. Żeby przeżyć ten dzień, potrzebujesz wsparcia innych osobowości — szefa, męża, przyjaciela itd. Jeśli ich nie ma, to nie ma komu równoważyć Twojej straty. Wówczas cierpisz. Jeśli natomiast stworzysz osobowości, za pomocą których poukładasz sobie odpowiednie i prawidłowe relacje we wszystkich obszarach Twojej aktywności, to nawet wówczas, kiedy w jednym z tych obszarów poniesiesz porażkę, będziesz w stanie przetrwać dzięki wsparciu, które otrzymasz z innych obszarów. Co więcej, budowanie nowych osobowości, nowych „ja" dedykowanych rozwiązywaniu kolejnych problemów powinno być procesem permanentnym, ponieważ tylko wówczas zapewniasz sobie dostęp do potencjału umożliwiającego rozwój i wzrost inteligencji. Wiele dobrze skonstruowanych osobowości pozwoli Ci na operowanie dużo większą rzeczywistością. Jeśli bowiem chcesz operować z sukcesem na wielu różnych polach, potrzebujesz do tego po prostu większej inteligencji. Ta zaś wzrasta z każdym nowym perfekcyjnie stworzonym „ja".

Czas dedykowany pracy danej osobowości pełni też kluczową rolę. Prawidłowe zarządzanie czasem odnosi skutek na wszystkich polach. Wyobraź sobie, co się może stać na przykład z małżeństwem, kiedy w tym związku oboje partnerzy nie poświęcają sobie odpowiedniej ilości czasu. Po latach okazuje się, że żyją pod jednym dachem z obcą osobą, o której nie dość, że nic nie wiedzą, to jeszcze nie czują potrzeby, by cokolwiek zmieniać. Z drugiej strony zbyt duża ilość poświęconego czasu na wzajemną atencję może się skończyć porzuceniem własnych potrzeb. Gdzieś zaś pośrodku powinno być świadome i permanentne dbanie o drugą osobę z jednoczesnym rozumieniem jej potrzeb, a przy tym dbanie o siebie. W takiej relacji nasza osobowość jest również w pełni świadoma istnienia dualizmu. Tego, że wszelkie energie mają również swoją negatywną stronę. Takie rozumienie relacji oznacza świadomość tego, że czasem jest dobrze, a czasem źle. Zatem stworzona przez Ciebie osobowość męża rozumie, że kiedy coś nie działa, to dany problem nie staje się w związku przedmiotem rywalizacji, i udowadniania sobie, kto jest akurat w jego rozwiązywaniu lepszy. Problem rozwiązuje się wspólnie. Jednym z elementów scalających związek jest uświadomienie sobie, że oboje posiadacie wciąż takie sfery, które jeszcze nie są oświecone. Innymi słowy, stworzona przez Ciebie osobowość męża daje Ci i Twojej żonie możliwość rozumnego dyskutowania o popełnionych błędach, bo za tym idzie wrażliwość i prawdziwa możliwość rozwoju.

Z postrzeganiem roli ściśle związane są aktywności, których będziesz od swojej osobowości oczekiwał. Od stworzonego w sobie męża oczekujesz zatem, żeby kochał, pomagał, wspierał, słuchał, rozmawiał, uprawiał seks i nieustannie podrywał żonę i o nią dbał! I nawet jeśli dana aktywność wyda Ci się nietypowa kulturowo, to nie ma najmniejszego znaczenia, bo to Ty decydujesz, jakim chcesz być mężem, a nie kultura, w której się wychowałeś. A możesz być mężem doskonałym, takim, jakim tyko zechcesz.

Większość małżeństw przestaje się w związku podrywać, gdyż uznają, że okres podrywu mają już za sobą. Tymczasem wcale nie musi tak być w Twoim wypadku. Możesz nieustannie zabiegać o względy żony, nieustannie ją podrywać i pewnie nietrudno Ci wyobrazić sobie, jak wspaniały efekt takie działanie może przynieść Twojemu małżeństwu. Nie dość, że adorowany partner czuje się szczęśliwszy, to jeszcze wcale nie jest to takie trudne zadanie. Przecież dużo łatwiej poderwać własną żonę niż obcą kobietę, prawda? Poderwanie zaś swojej własnej żony (czy adorowanie męża) to przecież proces, którym dba się o podsycanie ognia, a nie o jego ponowne rozpalanie. Cały czas jednak powinieneś pamiętać, że te zachowania, które będą działały w małżeństwie, nie będą już działały w biznesie, bo tam musisz stworzyć zupełnie inną osobowość. Znam pewnego biznesmena, który ma taki model funkcjonowania: co jakiś czas spotkanie z pracownikami poświęca na to, by usłyszeć od nich, co robi źle. Nazywa te spotkania „wylewaniem żółci". W ich trakcie każdy pracownik może szczerze wnieść wszelkie uwagi, które ma co do sposobu zarządzania tego biznesmena, po czym ten człowiek trawi to w sobie, poświęca sporo uwagi, by to przemyśleć, i w końcu zmienia w sobie te rzeczy, aby stawać się lepszym szefem. I to tam świetnie działa. A teraz wyobraź sobie, że wyznaczyłbyś takie zadanie osobowości męża. Raz w tygodniu wylalibyście nawzajem na siebie małżeńską żółć. Nie pomogłoby, a nawet dość poważnie pogorszyło sprawę, prawda? Dzieje się tak dlatego, że w każdym z obszarów Twojej aktywności powinieneś korzystać z innej osobowości. W małżeństwie — w konstruowanej przez Ciebie osobowości męża — będą potrzebne zupełnie inne zachowania niż w pozostałych obszarach. Stworzony przez Ciebie mąż będzie wspierał emocjonalnie żonę, podpowiadał, pomagał, dawał budujący *feedback*, tworzył bezpieczne materialne środowisko rozwoju, spędzał z żoną fizycznie czas (przyjaciele, zakupy, sport itd.), opowiadał jej o swoim życiu, interesował się jej życiem. Jeśli stworzyłeś takie lub podobne zachowania, które chcesz dedykować swojej osobowości męża, to kolejnym krokiem jest... przekonać żonę, by ona również stworzyła swoją osobowość. Żeby również ustaliła sama dla siebie, jakie zachowania przewiduje dla swojego „ja" będącego żoną. Jeśli teraz skonfrontujecie te poszczególne cechy oraz zachowania Waszych ról i zgodzicie się co do tego, że tak powinien wyglądać Wasz związek, będzie to swoiste podpisanie kontraktu. Kontraktu, z pomocą którego będziecie w stanie pokonać wspólnie każdy małżeński kryzys. To on bowiem zawiera wpisy o wspólnych prawach, obowiązkach i oczekiwaniach, i to zgodnie z nimi będziecie tworzyć własne szczęście i partnerstwo, a nie w zgodzie z oczekiwaniami wynikającymi z norm społecznych czy kulturowych. Bo tamte normy są już mocno zdezaktualizowane, nie odpowiadają naszym czasom i często to właśnie z ich przyczyny mamy obecnie najwyższą w historii liczbę rozwodów. Najistotniejszą kwestią jest bowiem stworzenie własnych osobowości, tak by odpowiadały naszym potrzebom, a nie kopiowały potrzeby innych. Jeśli otrzymuję na szkoleniach pytanie od kogoś z uczestników, co zrobić, kiedy jedna strona związku ma świadomość kontraktowania potrzeb i oczekiwań, a druga uważa to za bzdury, to udzielenie odpowiedzi zawsze będzie dotyczyło moich wyborów, czyli tego, co ja w swoim życiu bym zrobił w takiej sytuacji. I problem w tym, że moje rozwiązanie problemu będzie kompletnie nieadekwatne do możliwości rozwiązania problemu osoby, która zadała to pytanie. Bo moje rozwiązania nie muszą i nie są właściwe dla Twoich potrzeb. Każdy z nas bowiem tworzy osobny wszechświat i zgodnie z własnym wszechświatem musi kreować takie osobowości, które w tym wszechświecie będą spełniały swoje role w najlepszy z możliwych sposobów. Dlatego takie ważne jest, by bardzo starannie i dogłębnie przemyśleć konstrukty poszczególnych osobowości, tak by odpowiadały one Tobie.

Temu, czego Ty w życiu potrzebujesz, i temu, co w Twoim życiu spowoduje, że zaczniesz iść do przodu. Że zaczniesz się rozwijać. Ja Ci jedynie daję system — to, w jaki sposób z niego skorzystasz, zależy już od Ciebie.

Tworząc osobowość — w tym oczywiście również osobowość męża — musisz się zastanowić, jakie elementy powinieneś wyeliminować. Są przecież takie, które w tej osobowości będą bardziej przeszkadzały. I nie chodzi tu nawet o tak elementarne jak zazdrość, ale na przykład pouczanie, zrzucanie winy lub granie ofiary. Każdy z elementów, który w konsekwencji stosowania prowadzi do zbudowania innej relacji niż małżeńska, będzie Ci przeszkadzał w osiągnięciu sukcesu. A zatem wszystko to, co buduje relację ojciec – córka, matka – syn, przełożony – podwładny, to zachowania, które prędzej czy później doprowadzą do upadku każdego związku. Żadne z nich bowiem nie opierają się na relacji partnerskiej, a to jedyna właściwa relacja, która jest odpowiedzialna za długotrwały, szczęśliwy związek.

OJCIEC

W związkach małżeńskich często funkcjonuje relacja ojciec – córka lub matka – syn. To mieszanie ról jest odpowiedzialne za wiele małżeńskich problemów. Jak wielu mężów daje swojej żonie rady? Efekt jest taki, że żona zaczyna walczyć o swoją niezależność. W tym, podobnie jak i w całej masie innych systemów komunikacyjnych, budujemy właśnie taką niezdrową relację, która prędzej czy później obróci się przeciwko nam. Jedynym zaś sposobem, aby tego uniknąć, jest precyzyjne oddzielenie osobowości ojca od osobowości męża. Lub innymi słowy: stworzenie nowej osobowości ojca, by realizowała ona ściśle określony cel. Moim celem jest wychowanie córki na mądrą, efektywną, inteligentną i dobrą osobę.

Oczywiście to mój cel, do realizacji którego stworzyłem osobowość ojca. Ty stwórz własną — taką, która w najlepszy z możliwych sposobów zrealizuje Twój cel. Jaki to cel? Otóż odpowiedź na to pytanie znasz tylko i wyłącznie Ty sam! I znowu, podobnie jak w przypadku tworzenia innych osobowości, musisz odpowiedzieć sobie na pytania: po co tworzysz ojca, po co go zatrudniasz, co on ma dla Ciebie zrobić? Jakie ma wykonać zadania, jakie cechy osobowości musisz mu nadać, by osiągnął jak najlepszy efekt? I po raz kolejny musisz również przemyśleć, jakich zadań ojciec nie powinien wykonywać. Jakie zadania, cechy czy zachowania powinny być zarezerwowane dla innych osobowości? Jeśli siedzisz przy swoim dziecku i zamiast się z nim bawić, analizujesz, co powinno zrobić, by posługiwać się dobrymi życiowymi strategiami, to właśnie pomieszałeś rolę ojca z rolą nauczyciela. A to dwie diametralnie różne role, do realizacji których potrzebujesz zupełnie innych osobowości. Ojciec powinien poświęcać dziecku czas w zupełnie inny sposób niż nauczyciel, bo ojciec je wychowuje, zaś nauczyciel uczy. Ojciec, oprócz edukacji i wychowania dziecka, znajduje również czas na zabawę i miłość. Nauczyciel stosuje techniki dydaktyczne, by efekt uczenia był jak najbardziej trwały. Oczywiście pewnie dostrzegasz tu zbieżność pomiędzy zadaniami stawianymi osobowości ojca a osobowością nauczyciela. Z jednej strony bowiem w obu tych osobowościach znajduje się element edukacyjny. I to oczywiście prawda. Problem jednak w tym, że zawsze będą obszary, w których dane osobowości będą zawierały w sobie ten sam rodzaj aktywności. Kiedyś uważano, że takie aktywności należy od siebie oddzielać grubą kreską i tworzyć nieprzekraczalne granice. W latach osiemdziesiątych ubiegłego wieku w biznesie funkcjonował pogląd, zgodnie z którym dwa światy — prywatny i zawodowy — nie powinny się w żaden sposób przenikać. W pracy należało nie odbierać telefonów z domu, a w domu nie zajmować się pracą. Niestety, ta idea okazała się nietrafiona.

Wielu ludzi żyjących w zgodzie z tym założeniem prędzej czy
później zaczęło się orientować, że nie da się oddzielić od siebie
określonych aktywności. Kiedy wracasz do domu z pracy, na pytanie żony, jak Ci minął dzień, powinieneś w tym systemie odpowiedzieć: „Nie interesuj się", a tak przecież nie da się egzystować. W pracy mogły się wydarzyć rzeczy, które miały na Ciebie
zasadniczy wpływ, a tym z kolei chciałbyś się podzielić ze swoją
rodziną. Zatem musisz założyć, że istnieje pewna część wspólna
pomiędzy różnymi stworzonymi przez Ciebie osobowościami. To
mniej więcej tak jak z częścią wspólną matematycznych zbiorów,
które zapamiętałeś z lekcji matematyki. Cały sekret tkwi jednak
nie w tym, że ta część wspólna istnieje, tylko w tym, jak wielka
ona jest i powinna być. Jeśli jest zbyt duża, to mózg nie będzie
wiedział, którą z tych osobowości odpalić w danym momencie,
a co za tym idzie — nastąpi ich pomieszanie. Wtedy żona w stosunku do męża używa komunikatów matki, mąż do żony — komunikatów ojca, ojciec do dziecka — komunikatów nauczyciela,
a nauczyciel do ucznia — komunikatów ojca. Takie zaś zachowania tworzą wieloznaczne sytuacje, z którymi zazwyczaj nie
potrafimy sobie poradzić. Powodem większości problemów staje
się wówczas brak precyzji komunikacyjnej, a dzieje się tak dlatego,
że mózg włącza dwie osobowości naraz. Tymczasem rzecz polega
na tym, by mimo części wspólnej zbiorów pozostałe cechy osobowości były na tyle od siebie różne, by mózg potrafił je od siebie
oddzielić. I wtedy osobowość ojca, mimo swojej aktywności eduka-
cyjnej, pozostaje osobowością ojca, co nie przeszkadza przełączać
jej na osobowość nauczyciela, która poprzez element edukacyjny
łączy się z poprzednią. Istotne jest jednak takie zbalansowanie
wspólnej części, by nie przeważała w żadną ze stron. W przeciwnym razie jedna osobowość zacznie dominować nad drugą i pojawiać się tam, gdzie przynosi więcej szkody niż pożytku.

PRZEDSIĘBIORCA

To kolejna osobowość, którą powinieneś stworzyć, jeśli myślisz
o odniesieniu sukcesu. Będzie Ci najbardziej potrzebna do tego,
by zacząć prowadzić biznes i odnosić sukcesy. To osobowość trud-
na do stworzenia, ponieważ zawiera w sobie cały system cech
i zachowań, które są nam kulturowo obce. Nie mieliśmy czasu, by
odpowiednio rozwinąć w sobie takie cechy jako Polacy, bo przecież w poprzednim ustroju — w gospodarce planowanej — nie
tylko nie były potrzebne, ale też uznawano je za reprezentatywne
dla wrogiego, kapitalistycznego systemu. Tutaj również — w trakcie zastanawiania się, jakie cechy powinieneś nadać swojemu
kolejnemu wcieleniu — musisz sobie odpowiedzieć na pytanie,
po co zatrudniasz w sobie przedsiębiorcę. Co on ma dla Ciebie
zrobić i za co masz mu płacić? Ja stworzyłem i zatrudniłem w sobie taką osobowość w konkretnych celach. Ma tworzyć nowe ryn-
ki i firmę dla pracowników. Ma zarabiać pieniądze. Ma działać
tylko i wyłącznie w kontekście pracy i pracowników. Nie mogę
dopuścić przedsiębiorcy do głosu w innych relacjach, bo jego zadaniem jest przeliczanie wszystkiego na zysk i wyniki. Ma ściśle
określony, asertywny tryb życia. Jeśli będziesz funkcjonował w takim stylu w relacjach na przykład rodzinnych, ucierpią na tym te
właśnie relacje. Wiem to z doświadczenia z pracy z wieloma wła-
ścicielami czy też menedżerami dużych firm. Wykształcili w sobie
perfekcyjną osobowość firmową (nazywając ją np. prezesem)
i nadali jej najbardziej pożądane w tej osobowości cechy oraz zachowania, dzięki czemu zarabiają duże sumy pieniędzy. Problem
pojawia się jednak wówczas, kiedy przenoszą tę osobowość na życie prywatne. Na kontakty z przyjaciółmi lub rodziną. Wówczas
zaczynają traktować na przykład swoje życiowe partnerki jak pracowników. I prędzej czy później taka relacja zaczyna tworzyć mechanizm, w którym albo partnerka godzi się na takie traktowanie

i wchodzi pod przysłowiowy „kapeć" (ale wtedy oni zaczynają się tą partnerką nudzić), albo też zaczyna się buntować, co powoduje zgrzyty w relacji, prowadzące do jej zakończenia. Zawsze i za każdym razem osobowość szefa czy prezesa może funkcjonować tylko i wyłącznie w określonym, zawodowym środowisku, w określonym czasie i wobec określonych osób. W przeciwnym razie tam, gdzie ma nam pomóc w życiu, zacznie je poważnie komplikować. Jeśli zatem będziesz tworzył taką osobowość, by zarabiała dla Ciebie pieniądze, to musisz jednocześnie pamiętać, że ta właśnie osobowość musi być uwiązana na najbardziej solidnej smyczy. Jeśli bowiem — a tak przecież powinno być — wśród jej aktywności będzie motywowanie, delegowanie, wymaganie, kontrolowanie, sprawdzanie itd., itp., to są to aktywności, które są w stanie zabić każdą pozazawodową relację. Dlatego też zalecam wyjątkową ostrożność w przypadku zarządzania taką osobowością. Jej zadaniem jest poszukiwanie najlepszych klientów i pracowników, a zatem każesz jej patrzeć na ludzi w taki a nie inny sposób. Na przykład widząc jakąś osobę, prezes zastanawia się, co też może ona wnieść do jego firmy, jakie ma umiejętności, zdolności i doświadczenie, żeby popychać biznes do przodu. Wyobraź sobie, co by było, gdybyś w taki sposób spojrzał na swoją żonę lub spojrzała na swego męża.

Tworząc osobowość prezesa — podobnie jak w przypadku innych osobowości — musisz też jednak przemyśleć, jakich zachowań u niego sobie nie życzysz. Jakich cech nie powinien mieć lub za jakie zadania ma się nie brać, a jakie zadania ma sobie odpuścić. Mój prezes nie powinien wchodzić w kompetencje innych pracowników, zajmować się małostkami, traktować swoich pracowników jak przyjaciół albo kumpli ani przedłużać agonii. To ostatnie to jeden z często popełnianych błędów — prezes chce kogoś zwolnić, ale żal mu tej osoby, a tym samym tak naprawdę jedynie odsuwa w czasie i tak nieuchronny moment.

Kiedy udało mi się stworzyć osobowość prezesa i zacząłem ją dla siebie zatrudniać, to dopiero wtedy mój biznes nabrał rozpędu. Przestał być domorosłą „firemką". Zaczął osiągać odpowiedni pułap, bo ja zacząłem inaczej funkcjonować, negocjować, szukać nowych rynków i rozwiązań. I na efekt nie trzeba było długo czekać.

NAUCZYCIEL

To kolejna osobowość, którą stworzyłem, by zacząć lepiej zarządzać swoim życiem, szczególnie w kontekście zawodowym. Wiedziałem, że żeby stać się takim nauczycielem, jakim chciałem, muszę wyposażyć tę osobowość w całą paletę cech i zachowań. Wiedziałem, że bycie nauczycielem to nie jedynie posiadanie wiedzy i umiejętność jej przekazywania. To potrzeba nieustannego rozwoju, zdobywania nowej wiedzy, nowych informacji i umiejętności, tak by cały czas iść do przodu, cały czas wyprzedzać tych, których chce się uczyć. Dlaczego? Bo oni się uczą, zmieniają, rozwijają. I jeśli chcę im być potrzebny, to muszę za każdym razem mieć im coś nowego do zaoferowania, coś, czego jeszcze nie wiedzą i co spowoduje, że zechcą do takiego nauczyciela nieustannie wracać. Aby to było możliwe, musiałem narzucić swojej osobowości nauczyciela reżim ciągłego uczenia się, czyli zapewnić mu takie systemy zachowań, w których codzienna porcja zdobywania nowej wiedzy jest niezbędna i fundamentalna. Zatem mój nauczyciel każdego dnia czyta nowe artykuły psychologiczne, każdego dnia poświęca czas na pracę nad ulepszeniem strategii, codziennie pisze nowy tekst, jest aktywny na portalach społecznościowych i obserwuje rozwój świadomości na świecie. Jednocześnie musiałem w osobowości nauczyciela zablokować pewne cechy i zachowania niepożądane. Dla mnie takim zachowaniem jest na przykład uczenie czegokolwiek kogoś, kto tego nie chce. Co więcej, mój nauczyciel nie powinien uczyć poza pracą, co niestety wciąż jeszcze mi się zdarza. Mam jednak świadomość, że muszę poświęcić trochę pracy, by nad tym zapanować. I to oczywiście nie jest łatwe — wyobraź sobie, że idziemy razem na imprezę. Właśnie teraz. Zasiadamy przy stole, a Ty mi zadajesz pytanie: „Mateusz, czytałem w twojej książce, że… Jak to dokładnie rozumiesz?". Będzie mi trudno Ci na to nie odpowiedzieć, ale z drugiej strony mam pełną świadomość, że na imprezę powinieneś pójść z Mateuszem — kumplem, z którym można pogadać, a nie z nauczycielem, który całą swoją imprezową aktywność poświęci na… nauczanie. A przecież ja też mogę mieć ochotę na zwykłe poimprezowanie, bez tłumaczenia naokoło psychologicznych mechanizmów. I tutaj znowu wracamy do fundamentalnej umiejętności zarządzania osobowościami i takiego operowania przełącznikiem pomiędzy nimi, żeby odnieść sukces, ale jednocześnie nie zamienić swoich relacji w ciąg porażek.

PRZYJACIEL

Ta osobowość też jest Ci potrzebna. I to bardziej, niż się spodziewasz, bo przecież to właśnie osobowość przyjaciela jest odpowiedzialna za budowanie relacji, za kontakty ze znajomymi i przyjaciółmi. Za to, byś nie zapomniał raz na jakiś czas wyjść z kumplami na przysłowiowe piwo i byś nie zapomniała, że od czasu do czasu potrzebujesz poplotkować z koleżankami przy kawie. Co więcej, osobowość przyjaciela to również — a może przede wszystkim — możliwość dania sobie czasu dla siebie. Oczywiście dla każdego z nas ten „czas dla siebie" może oznaczać zupełnie inną aktywność. Dla mnie na przykład to wypicie kawy w kawiarni… samemu ze sobą. Czasem potrzebuję samotności. Uwielbiam taką samotność, kiedy mogę usiąść przy kawie i spokojnie przyjrzeć się światu. Tę przyjemność zapewnia mi osobowość przyjaciela, bo to ona została stworzona po to, by spełniać właśnie takie potrzeby. Ta osobowość ma Ci zorganizować czas wolny, czas dla siebie, bo dopiero wtedy możesz odpocząć. Jeśli tego nie zrobisz, jeśli nie stworzysz osobowości organizującej Ci czas wolny, to ten czas zapełni Ci inna osobowość, na przykład prezesa, i zamiast odpoczywać, będziesz pracować. To dlatego tak wielu ludzi nie potrafi odpocząć na przykład podczas urlopu, ponieważ nie stworzyli sobie osobowości, która im organizuje czas wolny. Wyobraź sobie, co by było, gdybym stworzył w sobie, dajmy na to, tylko prezesa i tylko nauczyciela. Pierwszy każdą wolną chwilę wykorzysta na pracę, drugi na naukę. Żaden nie pozwoliłby mi odpocząć, a przecież odpoczynek jest warunkiem prawidłowej, zbalansowanej egzystencji. A ja tymczasem potrzebuję osobowości, która będzie świadoma, że czasem należy zainwestować w przyjemności. To również ta osobowość ćwiczy na siłowni, inwestuje w swoje ciało, w zdrowe odżywianie i kondycję fizyczną. Bo jest przyjacielska, a ma się przyjaźnić nie tylko z moim otoczeniem, ale też ze mną samym czy też — bardziej prawidłowo — mną samymi. Co więcej, przyjaciel ma nie mieć wyrzutów sumienia, że robi coś tylko dla mnie, bo przecież od tego ma się przyjaciół.

OBSERWATOR

Na koniec potrzebna jest jeszcze jedna osobowość. Taka, która będzie w stanie zarządzać wszystkimi poprzednimi. To osobowość, która jako jedyna dostrzega strukturę całości. To ona zarządza przełącznikiem i precyzyjnie wie, w jakich okolicznościach, w jakich środowiskach, w jakim czasie i w stosunku do jakich relacji są potrzebne cechy i zachowania danej osobowości. To obserwator, który patrzy na wszystkie pozostałe postaci. Widzi, jakie są między nimi relacje, czy mają konflikty i co z nimi należy zrobić. W efekcie funkcjonowania całej tej osobowościowej struktury z obserwatorem na samym szczycie okazało się, że mogę być o wiele bardziej efektywny niż dotychczas. Kiedy pracuję, to rzeczywiście pracuję, a nie myślę o rodzinie lub innych obszarach swojego życia. Stałem się konkretniejszy, szybszy, efektywniejszy i zdecydowanie łatwiej wychodzi mi to, co robię, ponieważ pomiędzy poszczególnymi obszarami mojej działalności nie ma konfliktów. To w rzeczywistości model, który zakłada, że z człowiekiem jest wszystko okej. Nie w porządku jest tylko wówczas, kiedy ten człowiek nakłada spodnie na głowę i myśli, że będą pełniły rolę czapki lub, używając wcześniejszej metafory, kiedy próbuje za pomocą szklanki wbić gwóźdź. W tym modelu poszczególne osobowości są odpowiedzialne za aktywność w danych obszarach i zostały tak stworzone, by z tego zadania wywiązać się jak najlepiej, jednocześnie nie przeszkadzając sobie nawzajem. W tym modelu — Ego Management System — po prostu stosuje się odpowiednie narzędzia do odpowiednich czynności. Oczywiście możesz stworzyć dowolną liczbę osobowości. Pamiętaj jednak, że im więcej ich stworzysz, tym większą możliwość wywierania wpływu na własne życie sobie zapewnisz, ale też tym trudniejsze stanie się zarządzanie nimi, a więc zwiększy się potencjalna ilość możliwych konfliktów. Zarządzanie osobowościami to również świadomość tego, na jakie bodźce dana osobowość ma reagować. Musisz wiedzieć, wobec kogo chcesz włączać daną osobowość. Zwróć uwagę, jak może to być związane na przykład z ubraniem. Przecież każda osobowość to inny wygląd, inne systemy zarządzające wizerunkiem czy funkcjonalnością. Jeśli na zabawę z własnym dzieckiem ubierzesz garnitur prezesa, to zamiast koncentrować się na zabawie, będziesz cały czas zwracał uwagę, czy nie wygnieciesz lub nie ubrudzisz sobie tego garnituru. Jeśli nałożysz w takiej sytuacji jeansy, to bawiąc się w piaskownicy, nie będziesz się przejmować, czy wyglądasz schludnie i profesjonalnie. A żeby się tego problemu pozbyć, osobowość szefa dokonuje umiejętnego rozdziału jednej osobowości od drugiej w ramach zarządzania całym systemem. Zresztą samo przełączanie osobowości wcale nie jest trudne, co więcej, już tego dokonujesz, tylko w większości przypadków robisz to zupełnie nieświadomie. Przecież wychodząc z firmy, luzujesz krawat, prawda? A to dokładnie ten sam mechanizm.

Model Ego Management System ma kilka podstawowych założeń, po przyswojeniu których będziesz w łatwiejszy sposób mógł się w nim odnaleźć i z niego korzystać. Pierwszym z nich jest założenie, że nie istnieje jedno niepodzielne „ja" na poziomie umysłu. Masz wiele ról życiowych i każda z nich jest inna. Nie powinno się ich mieszać ze sobą ani korzystać z nich niezgodnie z ich przeznaczeniem. Następnym założeniem, o którym należy pamiętać w modelu EMS, jest to, że „ja" są zmienne w czasie. Bo osobowość, która jest adekwatna, kiedy masz dwadzieścia lat, już dziesięć lat później przestaje taką być, więc aby pójść dalej i się rozwijać, musisz dokonać jej zmiany. W przeciwnym razie będziesz próbował stosować zdezaktualizowane strategie, które w życiu dorosłym już nie działają. W efekcie mamy często do czynienia z dorosłymi ludźmi, którzy w wielu sytuacjach zachowują się jak nastolatkowie, co stwarza im przy okazji całą masę problemów w życiu. Następnym założeniem tego modelu jest zrozumienie, że im więcej masz „ja", im więcej zdołasz skonstruować osobowości, tym bardziej adaptacyjny się stajesz, ale też z tym większą ilością konfliktów możesz mieć do czynienia. Jeśli jednak nauczysz się w odpowiedni sposób zarządzać osobowościami, zyskasz możliwość elastycznego dopasowywania się do różnych sytuacji. Zatem stworzenie osobowości staje się niezbędne do funkcjonowania w dzisiejszym, tak wielowymiarowym przecież świecie. W przeciwnym razie w sytuacji, w której nie będziesz tworzył osobowości na użytek funkcjonowania w życiu, doprowadzisz do życia zgodnie z modelem rodzinno-kulturowym. Jeśli nie stworzysz własnej osobowości, to nie pozostaje Ci nic innego, jak żyć osobowością skopiowaną, czyli cudzą. Jeśli sama nie określisz osobowości męża, która byłaby zgodna z Twoimi potrzebami i oczekiwaniami, to istnieje spore ryzyko, że znajdziesz sobie męża, który na przykład będzie kopią osobowości Twojego ojca, bo to jedyny model, który będzie Ci znany. Będzie to model, który zamiast Ciebie stworzyła otaczająca Cię kultura, w której zostałaś uformowana. To samo dotyczy mężczyzny, który zamiast odpowiedzieć sobie na pytanie, jaką tak naprawdę chce mieć żonę, kopiuje to, czego się nauczył, z osobowości własnej matki i w efekcie znajduje sobie żonę, która powieli te same matczyne cechy. A co za tym idzie — prędzej czy później wszystko to, co irytowało go w zachowaniu matki, stanie się dla niego tak samo irytujące u żony. Kolejne założenie EMS mówi, że prawdziwie potrzebna i funkcjonalna osobowość to osobowość zaktualizowana do współczesnych warunków i, co najważniejsze, osobowość, którą tworzysz, musi być adekwatna do Twojej wizji, bo do dużych wizji trzeba stworzyć odpowiednio dużą osobowość. Jeśli bowiem chcesz dokonać w swoim życiu radykalnej zmiany, to musisz do tej zmiany stworzyć taką osobowość, która będzie w stanie to nowe życie udźwignąć. Mój EMS rozbija jeden z podstawowych mitów, którymi karmi się nas od dziecka. Mit ten głosi, że istnieje jakieś jedno „ja" poszukujące sensu życia, które kiedy w końcu ten sens odnajdzie, będzie szczęśliwe. Ja natomiast twierdzę, że istnieje dokładnie tyle „ja", ile w danym momencie swojego życia sobie zrobisz. A jeśli Ty ich nie zrobisz, zrobią to za Ciebie. W EMS „ja" jest narzędziem, z którego korzystasz wtedy, kiedy potrzebujesz. „Ja" czy też osobowości to jedynie narzędzia, które zatrudniasz, aby się znaleźć w miejscu, do którego zmierzasz. Tworzysz zatem swoje ego, by za jego pomocą się tam dostać. Zatrudniasz osobowość i wydajesz jej dyspozycje, by Cię „zawiozła" w określonym kierunku, w określone, wybrane miejsce. Twoje „ja" jest jedynie narzędziem w Twoich rękach. Tak jak w chrześcijaństwie uznaje się, że jesteś narzędziem w rękach Pana, tak i tutaj powinieneś być panem swoich narzędzi — stań się panem swoich osobowości, co oznacza, że masz nad nimi panować. Zarządzać nimi w odpowiedni sposób, by osiągnąć, cokolwiek sobie wymarzysz. Aby osiągnąć sukces, szczęście, cokolwiek, co powoduje, że czujesz, iż żyjesz. I to jest prawdziwe znaczenie powiedzenia „być kowalem swojego losu" — czyli wykuwać się na nowo, tworzyć swoje nowe osobowości. Tylko w ten sposób bowiem możesz sprostać sukcesowi. I nie ma tutaj znaczenia, czy zmieniasz swoje życie w stu procentach — wystarczy, że to, co zmienione, zacznie przeważać nad tym, co jeszcze niezmienione. To wystarczy, by to drugie również zaczęło się zmieniać. Jeśli uda Ci się stworzyć siebie na nowo w kilkudziesięciu procentach, jeśli stworzysz nowe osobowości, które zaczną dobrze funkcjonować, a ich funkcjonowanie zacznie przynosić wymierne efekty, to za nimi zaczną się pojawiać inne zmiany. Te pierwsze pociągną za sobą pozostałe. Działa to w myśl prostej zasady — jeśli chcesz kontrolować rzekę, wystarczy, że zapanujesz nad jej nurtem. Nie musisz się skupiać na każdym najmniejszym szczególe. Skoncentruj się na tym, aby stworzyć określony trend, a cała reszta zacznie się do niego dopasowywać.

3

Time Management

Jednym z najprostszych pytań, a jednocześnie takim, które zadawane jest wyjątkowo rzadko, jest pytanie: „Po co żyjesz?". Zwróć uwagę, jak rzadko ludzie zadają sobie samym to pytanie. I nic dziwnego, bo od dziecka uczy się nas, jak odgrywać społeczne role, a nie indywidualnej kreacji. Żeby odpowiedzieć na to pytanie, trzeba zastosować różnego rodzaju punkty odniesienia. Jednym z podstawowych jest rozumowanie zgodne z zasadą, w ramach której zanim dostrzeżemy coś, co się wyróżnia, musimy zauważyć to, co się nie wyróżnia. Jeśli chcesz dostrzec jedną piłkę w basenie piłek, która różni się od innych kolorem, musisz się najpierw zorientować, że pozostałe piłki są do siebie podobne. Jeśli tego nie zrobisz, to nie dajesz sobie możliwości dostrzeżenia tej jednej, która jest inna niż wszystkie. Zatem, wracając do pytania o sens życia — nie da się na nie odpowiedzieć, póki nie odnajdzie się sensu... umierania za coś. Pierwszą rzeczą, która jest Ci potrzebna do zdefiniowania misji swojego życia, jest umiejętność zdecydowania, za co byłbyś w stanie oddać życie. Jeśli odnajdziesz to coś, to dopiero wtedy będziesz mógł stworzyć taki punkt referencyjny, który pozwoli Ci na... pokonanie strachu przed śmiercią. Staniesz się nieustraszony. Staniesz się kimś, kto nie boi się śmierci. A dopiero taki ktoś, może zacząć prawdziwe życie. Wtedy bowiem zaczynasz żyć pełnią. Ponieważ pozbawiając się lęku przed śmiercią, jednocześnie przestajesz tworzyć formy zabezpieczające Cię przed tym, by „nie wydarzyło się coś rzekomo złego". To dokładnie ten sam mechanizm, który zachodzi w sytuacji, kiedy się wstydzisz, ponieważ nosisz w sobie jakiś sekret. Powiedzmy, że nosisz go w sobie kilka lub kilkanaście lat. Tymczasem wypowiedzenie tego sekretu na głos — obwieszczenie go światu — burzy tę fortecę wstydu w kilkanaście sekund. Jeśli sekret przestaje być sekretem, to ustaje powód do duszenia go w sobie. Oczywiście taki swoisty „coming out", zanim nastąpi, często napawa przerażeniem, ponieważ ludzie boją się konsekwencji, które ujawnienie sekretu za sobą pociągnie. Sęk jednak w tym, że tak naprawdę nie znasz tych konsekwencji i nie poznasz ich, zanim się to nie wydarzy. A skoro nie znasz konsekwencji, to te, które sobie projektujesz, zawsze będą negatywne. Jeśli nie chcesz się borykać ze wstydem…, to wyjaw sekret, który za tym wstydem stoi. Jedynym sposobem na pozbycie się wstydu jest ekspozycja sekretu. Tak samo działa to z rzeczywistym i szczerym uświadomieniem sobie, za co oddałbyś życie. Jeśli to wyeksponujesz w zgodzie ze swoim sumieniem, wnętrzem, duszą, to lęk przed śmiercią zniknie. Zacznie się prawdziwe życie, a nie nieustanne zabezpieczanie na wypadek czegoś złego. Jeśli kreator stworzy dzieło i się do niego przywiąże, to przestaje być kreatorem i staje się „pilnowaczem". W każdym zaś „pilnowaczu" prędzej czy później pojawi się lęk o utratę tego, co stworzył. Jeśli więc tworzysz lęk przed utratą życia, to nie jesteś w stanie żyć w pełni, ponieważ Twoje przywiązanie do życia powoduje, że koncentrujesz się na tym, by go nie stracić. Stajesz się wtedy reaktywny i przechodzisz z tworzenia na obronę przed potencjalnym zagrożeniem, czyli takim, które owszem, może się pojawić, ale w rzeczywistości go nie ma. Każda rzecz, do której się przywiążesz, wywoła lęk związany z obawą o jej utratę. Jeśli jednak zrozumiesz, za co byłbyś w stanie oddać życie, jednocześnie przetniesz to przywiązanie i… zaczniesz żyć proaktywnie. Życie staje się celem samym w sobie. Po raz pierwszy naprawdę. Wtedy odpowiedź, po co żyjesz, staje się łatwa — wystarczy spojrzeć na trzy elementy. Pierwszym jest wizja, za którą stoi odpowiedź na pytanie, co zostanie po Twojej śmierci. Kiedyś przeprowadzono badania w hospicjach, próbując się dowiedzieć od ludzi czekających na śmierć, czego w życiu najbardziej żałują. Większość z nich odpowiedziała, że tego, iż nie żyli własnym życiem, tylko koncentrowali się na spełnianiu oczekiwań innych po to, by być akceptowanym. Z mojego doświadczenia coachingowego wiem, jak częstym powodem w kontekście podejmowania planów dla wielu ludzi jest myśl przewodnia: „Czy innym się to spodoba?". Tymczasem najważniejszym pytaniem o to, co zamierzam zrobić w swym życiu, jest pytanie: „Jak to, co zamierzam zrobić, zmieni świat?". I to jest pytanie o wizję, czyli o to, co po sobie zostawisz. Jeśli uważasz, że to zbyt wielki cel, to oznacza, że tym samym odebrałeś sobie możliwość rozwoju i wzrostu. Bo stawiając sobie niewielkie problemy, zmuszasz swój mózg, aby wyrównał poziom (a pamiętasz, co pisałem o tym, że każdy układ dąży do równowagi?) i tym samym zniżył Cię do pułapu, na którym rozwój nie jest możliwy ze względu na brak wystarczająco dużego problemu. Zaś pytanie o to, co chcesz po sobie zostawić, jest jednocześnie pytaniem, z jak wielkim problemem chcesz się w życiu zmierzyć. Jak wielki chcesz być! Bo jeśli chcesz, żeby Twoje „ja" urosło, to musisz mieć takie lustro, które na to pozwoli. Musisz je zestawić z czymś większym od siebie, a nie mniejszym, bo wówczas zamiast rosnąć, staniesz w miejscu lub — co gorsza — zaczniesz dążyć w dół. Innymi słowy, musisz mieć taki cel, który Cię przerasta, bo tylko wówczas masz do czego dążyć. Chcesz mieć wysokie poczucie własnej wartości? Stwórz cele, które do tego doprowadzą. To wielkość celu i wizji stworzy Ci potrzebę zbudowania dużego „ego", czyli wystarczająco dużej osobowości, by sobie z tym poradzić. Duże ego, choć traktowane w społeczeństwie pejoratywnie, tak naprawdę oznacza pojemną osobowość zdolną poradzić sobie z dużymi wyzwaniami. Zwróć uwagę, że na powyższe pytanie ludzie nie odpowiadają: „Chcę, żeby zostały po mnie trzy samochody", bo osiągnięcie takiego celu w życiu jest egocentryczne, a więc nie bierze pod uwagę zmiany losów świata. To zbyt wąskie myślenie. Dotyczy naszego własnego „ja". Tymczasem wizja musi być związana z innymi osobami. Teraz już orientujesz się, że odpowiedź na to pytanie powinna wskazywać, co będziesz w stanie po sobie zostawić... dla innych. I ta odpowiedź jest jednocześnie zmierzeniem się z Twoim własnym potencjałem, który został stworzony, aby zmienić świat. Zapytaj siebie czysto hipotetycznie: „Co, jeśli nie jestem zwykłym, przeciętnym Kowalskim, tylko jestem człowiekiem, w którym drzemie coś, co zostało stworzone po to, by świat był inny dla nas wszystkich?". I to nie w małym wymiarze, ale w dużym. W maksymalnym możliwym. Jeśli zaakceptujesz, że taka koncepcja Ciebie może być rzeczywista, to stanie się coś, co spowoduje, że zaczniesz podejmować działania. To się opiera na faktach — nie jesteś zwykły i nigdy nie byłeś, a usilne udawanie, że jesteś taki jak inni, prowadzi do duchowego samobójstwa i śmierci za życia. Nikt nie jest przeciętny, ale wszyscy boją się wychylać. A ponieważ każdy układ dąży do równowagi, gdy staniesz się pojemniejszy od innych, będziesz przez nich ściągany w dół. Mistrzów się i podziwia, i bije. Nie ma znaczenia, jak to nazwiesz: motywacją, nadzieją czy wiarą. Każda z wymienionych wyżej energii ma szczególnego rodzaju znaczenie, bo zawsze są one nakierowane na przyszłość. Jedynie wiedza dotyczy przeszłości. Przecież to, co wiesz, już wiesz. Nie musisz wierzyć w to, że właśnie w tej chwili czytasz te słowa. Ty to wiesz — nie wymaga to od Ciebie wiary. Wiedza, którą posiadasz, jest czymś, co już przeżyłeś, a więc czymś, co nie może Cię zaskoczyć. Bo wiedza ma, siłą rzeczy, limit, a tym limitem jest to, co już wiesz. Wiedza staje się jednak ograniczeniem w chwili, gdy zaczyna polegać sama na sobie. Dlatego że cieniem wiedzy jest to, iż skoro coś już wiem, to zaczynam działać w określony sposób. Ale żeby nauczyć się czegoś nowego, musisz zrezygnować z wiedzy, którą masz w danym momencie. Największym przecież wyzwaniem dla każdego zawodnika, który uczy się nowego stylu walki, jest nie używać tego stylu, którego się wcześniej nauczył i z którym sobie świetnie radził. Inaczej nie jest w stanie nauczyć się niczego nowego, bo zawsze będzie korzystał ze starych technik. Wiara zaś jest bez ograniczeń. Nic jej nie ogranicza. To ona tworzy niczym nieskrępowaną wizję — coś, co możesz osiągnąć, do czego możesz zmierzać, czego możesz dokonać! Wiara jest czymś, co poprzedza ewolucyjnie wiedzę. Innymi słowy, wszystko to, co wiesz dzisiaj, kiedyś było jedynie przedmiotem czyjejś wiary. Wiara zaś jest potrzebna jako etap, który następuje przed zmaterializowaniem idei. Wiedza z kolei jest zawsze zmaterializowana. Sama materia staje się dowodem na to, że coś jest możliwe. Przykład: jeśli zapytam Cię, czy wiesz, czy też wierzysz, że możesz zarobić dwa tysiące złotych miesięcznie, najprawdopodobniej odpowiesz, że to wiesz. Kiedy zaś zapytam, czy wiesz, czy wierzysz, że możesz osiągnąć miesięczny dochód na poziomie dwustu tysięcy złotych, to tutaj wiedzę pewnie musisz zastąpić wiarą. Dopiero jeśli uwierzysz w te okrągłe dwie setki jako możliwość będącą w zakresie Twojego potencjału, dopiero wówczas pojawi się szansa na ich zmaterializowanie. Teraz oczywiście ta kwota może Ci się wydawać oszałamiająca i nieosiągalna — w zależności od doświadczeń z przeszłości. Ale przecież były okresy w Twoim życiu (czas szkoły, studiów, pierwszej pracy), kiedy nieosiągalne były i te dwa tysiące miesięcznie. Żeby stały się osiągalne, musiałeś w to uwierzyć. Dopiero potem wiara zaczęła się materializować. Identyczny schemat działa w przypadku dwustu tysięcy. Pytanie jedynie, czy w to uwierzysz. Teraz wiara w to nie jest zmaterializowana, bo wiara nigdy nie jest zmaterializowana. Właściwie powinienem powiedzieć, że wiara nie jest „jeszcze" zmaterializowana. Kiedy się zmaterializuje, staje się wiedzą i przestaje być wiarą. Jest na świecie bardzo wielu ludzi (na czas pisania tej książki w 2014 roku świat ma blisko 40 milionów milionerów dolarowych), dla których miesięczny dochód w wysokości dwustu tysięcy miesięcznie nie jest już wiarą, ale zmaterializował się w wiedzę. Udało im się, bo najpierw w to uwierzyli. Ktoś, kto nie wierzy, nigdy nie będzie wiedział. Jeśli nie będziesz miał wiary w to, że możesz osiągnąć cel, nigdy go nie osiągniesz. Co więcej, ktoś, kto nie wierzy, będzie zdany na wiedzę innych. Zatem jeśli nie wierzę, to jestem zmuszony, by poczekać, aż ktoś będzie dążył poprzez swoją wiarę do materializacji czegoś. A ja zobaczę to dopiero wtedy, gdy temu komuś uda się to zmaterializować. Jeśli my coś zmaterializujemy, to posłuży to innym do dużo szybszego osiągnięcia celu. Jeśli uda mi się zetknąć z osobą, która zarobiła sto milionów dolarów, to najprawdopodobniej nauczę się, jak szybko zarobić milion dolarów, bo dla tej osoby to prosta rzecz. Przy takiej osobie jestem w stanie od razu przeskoczyć na odpowiedni poziom wiedzy, której nie byłbym w stanie osiągnąć bez właściwej osobowości. Tymczasem ta osoba, z której wiedzy czerpię, poświęciła wiele lat życia na to, by wytworzyć odpowiednią osobowość. Ja zaś dzięki niej mogę dokonać skoku w czasie i czerpać z tego, co ona już wie, pod warunkiem że stworzona przeze mnie osobowość będzie w stanie udźwignąć podpatrywany i osiągany sukces. Pokażę to na prostym przykładzie. Wyobraź sobie, że znasz kogoś, kto w prosty sposób podpowiada Ci, co powinieneś zrobić, by w krótkim czasie zdobyć na rynkach walutowych spore pieniądze. Ty jednak zamiast robić to, co ten ktoś Ci podpowiada, włączasz myślenie w stylu: „Na giełdach zarabiają tylko oszuści, a w ogóle te całe giełdy to jedna wielka ściema". Oczywiste jest, że rozumując w ten sposób, nie zarobisz na giełdzie żadnych pieniędzy. Nie pozwala Ci na to nieodpowiednia osobowość. Aby zatem czerpać z wiedzy i doświadczeń innych, najpierw musisz stworzyć odpowiednią do tego osobowość — i właśnie takie możliwości daje Ci Ego Management System. A teraz wyobraź sobie inną sytuację. Taką, w której ktoś o nieodpowiedniej osobowości otrzymuje duże pieniądze, czyli pojawia się w jego życiu to, co miało być następstwem konsekwentnego budowania osobowości, podczas gdy ta nie została wytworzona, podobnie zresztą jak odpowiednia wiedza, która nie została zmaterializowana. Taki model nazywam syndromem dzieci bogatych rodziców. To ludzie, którzy nie mają często odpowiedniej osobowości, a jedyne, co posiadają, to wizerunek. Wizerunek bez treści jest jak marketing bez produktu, czyli wydmuszka. Mówi on: „Skoro otaczam się takim zewnętrznym światem, to ja również jestem taki". W tym wypadku nie pojawia się jednak mechanizm: „Skoro jestem taki, to zasługuję na taki a nie inny świat zewnętrzny i będę go tworzył". To zaś powoduje, że dzieci bogatych rodziców przyzwyczajają się do tego, że życie ma być łatwe, że świat materialny jest otrzymywany za nic, a nie tworzony. To z kolei powoduje, że nie potrafią podejmować trudnych, strategicznych decyzji. Tacy ludzie nie przeszli przez cykl: wiara, a potem jej materializacja w wiedzę. Od razu dostali to, co zmaterializowane. I tu pojawiają się poważne problemy, bo w takiej sytuacji nie ma mechanizmu, który byłby w stanie budować to, co zmaterializowane. Wtedy każda utrata, na przykład pieniędzy, jest trwała, bo takie osoby nie mają zdolności odbudowania swojej pozycji finansowej. Jeśli wiedza nie jest konsekwencją wiary, a danym przez rodzica prezentem, to jej zabranie jest ostateczne, ponieważ nie istnieje mechanizm pozwalający na jej materializację. Co więcej, taka sytuacja ma też inną poważną konsekwencję — posiadanie zmaterializowanej wiedzy, która została podarowana, a nie jest wynikiem własnej ścieżki, powoduje przywiązanie do tej materializacji. Jeśli zaś pojawia się przywiązanie, to razem z nim pojawia się strach o utratę wspomnianej materializacji. Ja jednak gwarantuję Ci, że jedynym sposobem na pokonanie tego strachu jest inwestycja we własne umiejętności, budowanie wiedzy za pomocą wiary, kolejne pokonywanie szczebli sukcesu, a wówczas nawet jeśli coś zostanie Ci zabrane, stracisz majątek czy zbankrutuje Ci firma, będziesz w stanie przezwyciężyć niepowodzenie i stworzyć swój sukces na nowo. W takiej sytuacji — niezależnie od tego, jaki kryzys się pojawi, jaka nowa koniunktura zawładnie rynkiem bądź jaką nową wojnę zafundują rządzący światem — Ty zawsze sobie poradzisz. Jeśli będziesz umiał zarządzać emocjami, relacjami, budować osobowości, zmieniać przekonania, to zawsze dasz sobie radę. Nie będzie wówczas dla Ciebie miało znaczenia, jakie akurat warunki panują na świecie. Ludzie zawsze będą kupować i sprzedawać, a Ty zawsze będziesz potrafił wywierać na nich wpływ w określony sposób i budować swój sukces. Innymi słowy, stanowiąc inwestycję dla samego siebie, staniesz się samowystarczalny, ponieważ jesteś najlepszą z możliwych spółek akcyjnych, a wszystkie zatrudnione przez Ciebie osobowości są akcjonariuszami tej spółki. Poczucie bezpieczeństwa nie powinno być budowane tylko na stanie konta, ale przede wszystkim na umiejętnościach, które będą z Tobą do końca życia.

Dlatego tak ważna jest odpowiedź na pytanie, co po Tobie zostanie. Pozwoli Ci to stworzyć taką wizję, która Cię przerasta, a przez to pojawi się taki punkt odniesienia, który będzie Cię motywował, byś ruszył z miejsca, zdobywał wiedzę i tworzył odpowiednie do tej wiedzy osobowości. Dzięki temu stajesz się ważny. Nie w znaczeniu: „Patrzcie, jaki jestem super!", ale w znaczeniu wagi Twojego istnienia w kontekście możliwości zmieniania świata. A ponieważ nikt z nas na pewnym poziomie nie ma kompletnie pojęcia, dlaczego i po co się urodził, więc jednocześnie nikt z nas nie ma możliwości zupełnego skasowania w sobie podejrzenia, że przecież można się stać nowym Steve'em Jobsem. Nie wiesz tego, jak wielki możesz się stać ani jak wielki sukces jesteś w stanie osiągnąć. A zatem nie możesz ot tak, po prostu przyjąć, że to się nie może stać. To, że dzisiaj i teraz wydaje Ci się to abstrakcją, nie oznacza jeszcze, że tak się kiedyś nie stanie. Można i należy patrzeć na swoje życie w kontekście pytań: „Dlaczego urodziłem się akurat teraz?", „Co ja mam do zrobienia?". Takie spojrzenie na siebie prowadzi do rewizji modelu, z którego do tej pory korzystasz. A może za sukcesem stoi coś prostszego i łatwiejszego, niż Ci się wydaje? Może wystarczy poszerzyć model, z którego korzystasz? Dzięki szerszemu modelowi możesz uzyskać szerszą wiarę.

A przecież, co już wiesz, każda wiara będzie dążyła do materializacji, a wtedy to, co dzisiaj wydaje Ci się poza Twoim zasięgiem, pojawi się w Twoim życiu szybciej, niż myślisz.

Kolejne pytanie, które powinieneś sobie zadać, dotyczy misji, a dokładniej tego, jaką drogą będziesz podążać, by zrealizować swoją wizję. W tym pytaniu zawiera się nie tylko to, co powinieneś zrobić, by zrealizować wizję, ale również to, czego nie powinieneś robić. Im mądrzejszy się staniesz, tym większą stratą dla Ciebie będzie robienie rzeczy, w których jesteś zbyt słaby, by osiągnąć w nich dobre efekty, lub takich, które nie pozwalają Ci na realizację Twojego pełnego potencjału. Można by powyższe twierdzenie również uprościć: zajmowanie się małostkami powoduje po prostu utratę energii. Możesz oczywiście, prowadząc własny biznes, własnoręcznie wypisywać faktury, ale możesz także ten czas, jaki Ci to zajmuje, poświęcić na jego rozwój, a faktury powierzyć komuś, kto się na tym lepiej zna. Zatem powinieneś działać tylko tam, gdzie rzeczywiście powinieneś być, a nie tam, gdzie marnujesz swój potencjał. Kiedy już przemyślisz swoją wizję i misję życia, będziesz potrzebować jeszcze tylko jednego — celu, a dokładniej mówiąc, określonego „ego", które pozwoli Ci dojść tam, gdzie chcesz się znaleźć. I te trzy elementy zestawione razem — wizja, misja, cel — dadzą Ci możliwość nadania sensu Twojemu życiu, pozwolą zdecydować, w jakim kontekście się będziesz poruszać, i stworzyć taką osobowość, takiego Ciebie, który to zamierzenie osiągnie. Bardzo często dzieje się tak, że ludzie skupiają się na celach, jednocześnie nie mając pojęcia o swojej wizji. Mało kto myśli o sobie w sposób uregulowany poprzez te trzy faktory. Kiedy zaś zaczynasz tak myśleć, w Twoim życiu pojawia się charyzma. I to nie w jej popularnym znaczeniu, ale w tym oryginalnym — oznaczającym „boski dar". Wówczas zaczynasz rozumieć, czego potrzebujesz do zmiany. Kiedyś Einstein powiedział piękne zdanie: „Jeśli będziesz oceniał umiejętności ryby po tym, jak wspina się na drzewa, spędzi ona całe życie, myśląc, że jest beznadziejna". Tymczasem ryba do swojego prawidłowego rozwoju — do rozwinięcia pełnego rybiego potencjału — potrzebuje wody. Kiedy w Twoim życiu pojawia się charyzma, zaczynasz się orientować, że do pełnego rozwoju potrzebujesz określonego środowiska — rozumianego nie tylko jako okoliczności, ale też w kontekście kontaktów z innymi. Zaczynasz rozumieć, że są ludzie, przy których nie jesteś w stanie urosnąć, że są tacy, przy których Twój rozwój staje się niemożliwy. Odpowiednie środowisko to uniwersalny model rozwoju dotyczący całego świata. To właściwie prawidło rządzące całym wszechświatem. Zawsze i wszędzie działa model mówiący, że człowiek jest w stanie osiągnąć pełnię potencjału tylko i wyłącznie w określonych warunkach — w ściśle określonym środowisku. Tylko tam możesz się stać kimś wybitnym.

WYŻSZA INTELIGENCJA, CZYLI STANY FLOW

Jeśli spojrzysz na swoje życie, to dostrzeżesz w nim zarówno chwile, w których coś Ci się udawało, osiągałeś zamierzone cele, jak i takie, w których było dokładnie odwrotnie. Skupmy się przez chwilę na różnicy pomiędzy nimi. Otóż sam fakt dostrzeżenia różnicy jest kluczowy, bo pozwala Ci na podejmowanie takich działań, które umożliwiają powtarzanie sukcesów zamiast porażek. W tym celu musisz wypracować jakiś nazwany model, bo wszystko, co nie jest nazwane, nie może być powtarzalne, a Ty przecież chcesz powtarzać sukcesy i nie powtarzać porażek. Musisz zatem wydobyć ze swojego życia takie chwile (które być może Twoje „ego" do tej pory nazywało przypadkowymi), w których za pomocą powtarzających się technik Twoja wyższa inteligencja poprowadziła Cię do osiągania pozytywnych, świetnych rezultatów. To pozwoli Ci odnaleźć w sobie *charism*, czyli boski dar.

Najpierw odpowiedz na pytanie, kiedy zdarzają Ci się stany *flow*. Już wyjaśniam, o co chodzi. Otóż stany *flow* wywodzą się z określonych częstotliwości, w których znajduje się mózg podczas pracy. Najbardziej istotne z nich to częstotliwości gamma, beta, alfa i delta. Funkcjonowanie mózgu w tych częstotliwościach można porównać do pracy nadajnika bądź odbiornika radiowego. Niedostrojony odbiornik nie odbierze żadnej fali, a odbiornik dostrojony do odbioru fal krótkich nie będzie odbierał długich. Dostrojenie zaś to nic innego jak określonego rodzaju częstotliwość pracy mierzona w cyklach na sekundę. Zależnie od częstotliwości mózg pracuje w różnych przedziałach cykli. Ich dokładne wartości nie mają tutaj znaczenia. Znaczenie ma raczej to, w jakich sytuacjach pojawia się dana częstotliwość pracy mózgu. Dowiedziono na przykład, że częstotliwość gamma to taki stan pracy mózgu, który pojawia się, gdy sportowcy osiągają najlepsze rezultaty lub pobijają życiowe rekordy, gdy powstają największe dzieła literatury, najlepsze wykonania muzycznych utworów itd., itp. Nazywamy je stanami doskonałości. I co najważniejsze, stany częstotliwości gamma są osiągane systematycznie. Co więcej, są w pełni osiągalne dla kogoś, kto wie, jak to uczynić. Można to zrobić mechanicznie, na przykład za pomocą optogenetyki, ale wówczas jest to zależne od ekspertów z laboratorium. Można również stymulować taką pracę mózgu za pomocą określonych aktywności. Jedną z nich jest słuchanie muzyki, kiedy w każdej ze słuchawek słyszymy inną częstotliwość. Tę technikę stosował Robert A. Monroe i zwana jest synchronizacją półkulową (w oryginale Hemi-Sync). W efekcie otrzymywania przez mózg sprzecznych informacji wyrównuje się praca półkul mózgowych, co powoduje pojawienie się trzeciej częstotliwości, nazywanej sygnałem *vibrato*. Wtedy następuje aktywacja większych obszarów kory mózgowej, a w ekstremalnych przypadkach wszystkich naraz. Im więcej zaś obszarów uda się aktywować jednocześnie, tym więcej będzie następowało reakcji na bodźce w tym samym czasie. To z kolei powoduje podniesienie efektywności działania na niedostępne do tej pory poziomy. A na tych poziomach mózg zaczyna znajdować samodzielnie rozwiązania większości problemów. Pojawiają się w nim setki pomysłów, mnóstwo rozwiązań. To stan, który nazywam *flow*. Stan, który w zachodnim świecie psychologii opisuje psychologia uważności (ang. *mindfulness*), która robi obecnie na świecie oszałamiającą karierę i jest opisywana we wszelkich podręcznikach samorozwoju. A *mindfulness* to nic innego jak wprowadzenie nauk buddyzmu na światowe salony, co należy przyjąć z wielką aprobatą, ponieważ filozofia ta posiada wspaniałe rozwiązania psychologiczne czy też technologie osiągania szczęścia i rozumienia balansu. Sam zaś *flow* to stan, w którym wykonujesz działanie bez udziału myśli. To stan, w którym dużo bardziej adekwatne byłoby powiedzenie: „Jestem robiony" niż: „Robię". To stan, w którym nie myślisz, co nastąpi za chwilę, ale bezpośrednio reagujesz na tu i teraz. Jesteś w pełni, stuprocentowo obecny i nie prowadzisz w tej chwili żadnych dialogów wewnętrznych. Mózg pracuje na innej częstotliwości — z technicznego punktu widzenia znajdujesz się w stanie *flow*. Na przykład w modelu szamańskim nazywane jest to kanalizacją. To stan, w którym to, co się pojawia w Twojej głowie, zdaje się mieć źródło zupełnie gdzie indziej. A kiedy tak się dzieje, zaczynają się pojawiać nowe rozwiązania. Pojawiają się rzeczy, co do których nie miałeś pojęcia, że możesz je umieć, możesz znać. Co więcej, rozwiązania, które w tym stanie pojawiają się w Twojej głowie, są zawsze perfekcyjnie adekwatne do sytuacji.

W stanie alfa, w który na przykład stosunkowo łatwo wejść, słuchając odpowiedniej muzyki (tutaj polecam Beethovena, Mozarta i w ogóle muzykę powstałą w pierwszej połowie osiemnastego wieku), pozbywasz się dialogów wewnętrznych i jesteś w stanie zdecydowanie lepiej skoncentrować się na wykonywanym zadaniu. W tym stanie mniej więcej dziesięć razy szybciej i lepiej zapamiętujemy poszczególne informacje.

Dla nas jednak najcenniejszy jest stan gamma, bo to on daje coś w rodzaju korby, która nakręca Twoje możliwości. I teraz pojawia się pytanie: „Jak sprawić, by w tym stanie funkcjonować dłużej niż przez krótkie momenty powstałe przypadkowo?". Mózg sam z siebie — i owszem — tworzy stan *flow*, ale niestety robi to rzadko i najczęściej w mechanizmie obronnym. To na przykład sytuacje, w których mózg doprowadza do tego stanu, by uratować Ci życie. To wtedy robisz rzeczy, których w normalnym stanie nie byłbyś zdolny powtórzyć — wliczając w to nadludzką siłę, uważność czy też błyskawiczne decydowanie o sposobie wychodzenia z opresji. Ja tymczasem jestem najbardziej zainteresowany osiąganiem takiego stanu na zawołanie. A jedynym sposobem dojścia do odkrycia, jak może funkcjonować ten mechanizm, jest obserwowanie własnych stanów *flow* i próba odpowiedzi, kiedy i w jaki sposób się w nas pojawiają. Zatem namawiam Cię do obserwowania samego siebie w różnych sytuacjach, aby odkryć w sobie tę prawidłowość. Spójrz na swoje własne doświadczenia i namierz te momenty, w których rzeczy wydarzały się same, a Ty byłeś maksymalnie efektywny, jednocześnie nie czując przy tym żadnego zmęczenia. Zastanów się, kiedy zdarzały Ci się chwile, w których osiągałeś zamierzone cele i jednocześnie nie potrzebowałeś do tego żadnego poziomu motywacji. Kiedy nie kierowałeś się stratą czy zyskiem. Kiedy pojawiało się jedynie samo działanie i odnajdywanie się w teraźniejszości. Wbrew pozorom nie są to stany dla naszej rzeczywistości rzadkie — przecież dokładnie w taki sposób działają małe dzieci. Tak funkcjonują zwierzęta. I w taki sposób działają ludzie, którzy są mistrzami w swoich dziedzinach.

Kiedy już znajdziesz takie momenty w swoim życiu, w których pojawiały się stany *flow*, to kolejnym pytaniem, na które powinieneś znaleźć odpowiedź, jest to, za co ludzie chcą Ci płacić. Rzadko kiedy się nad tym zastanawiamy, a to przecież kwestia

kluczowa dla osiągnięcia sukcesu. Przypomnij sobie takie sytuacje z Twojego życia, kiedy ludzie z przyjemnością dawali Ci za
coś pieniądze. To mniej więcej sytuacja, w której dostałeś więcej,
niż się spodziewałeś, za coś, co Twoim zdaniem powinno kosz-
tować mniej. I nie chodzi tu tylko i wyłącznie o pieniądze. Chodzi
również o kwestie energii i oczekiwań intelektualnych, społecznych
czy emocjonalnych. Przemyśl, za jakie działanie ludzie chcą Ci
zapłacić. Co wówczas robisz? Czym się zajmujesz i w jaki sposób
to czynisz?

Kolejne pytanie, na które musisz sobie odpowiedzieć, brzmi:
„Gdzie jestem sobą?". Kiedy nie myślisz, co inni o Tobie pomyślą,
nie przejmujesz się tym, że możesz źle wypaść. Jesteś wówczas
skupiony na tym, co masz do zrobienia, a to, co komunikujesz,
płynie z serca i jest przetwarzane przez głowę. W taki właśnie
sposób rozumiem odpowiedź na pytanie „Gdzie jesteś sobą?".
Spróbuj odnaleźć w swoim życiu takie właśnie sytuacje, takie
chwile. I nie ma znaczenia, czy znajdziesz je podczas spaceru
w parku, czy bawienia się z dzieckiem. Znaczenie ma jedynie to,
by je znaleźć, bo będą stanowiły konkretne punkty odniesienia.
Kolejne i bardzo kluczowe pytanie w kontekście każdej strategii
marketingowej lub sprzedażowej brzmi: „Jakie problemy rozwią-
zujesz lub z jakimi problemami ludzie do Ciebie przychodzą?".
Popatrz na to, co w Twoim życiu się wydarzyło w ciągu ostatnich
pięciu, może dziesięciu lat, i zastanów się, z czym zwracali się do
Ciebie ludzie? W jakich dziedzinach oczekiwali Twojej pomocy?
Czy chodziło o naprawienie radia, czy też o to, by Ci się wyżalić?
Jakich konkretnych rozwiązań od Ciebie oczekiwali? Jeśli się nad
tym zastanowisz, zobaczysz, że z tej perspektywy widać bardzo
wyraźnie, iż ludzie przychodzą do Ciebie z bardzo konkretnymi
rzeczami. Czegoś od Ciebie chcieli, mieli jakieś konkretne problemy, z którymi się do Ciebie zwracali. To przecież kluczowe pytanie dla każdego sprzedawcy, nauczyciela, lidera: „Jakie problemy

będziesz pomagał ludziom rozwiązać za pomocą swojego produktu, usługi, słów czy też pracy?". Przecież nikt nie kupi nic,
jeśli nie pozwoli mu to zmienić jakości życia, jeśli ten zakup
nie pomoże mu przejść z gorszej strony na lepszą. Żeby poczuć
motywację, musi zacząć odczuwać jakiegoś rodzaju dyskomfort,
o którego istnieniu często nawet nie wie. Rozwiązywanie problemów to usunięcie tego dyskomfortu. Jeśli potrafisz to w jakiejś
dziedzinie robić, to jest to najprostsza wskazówka, gdzie najła-
twiej jesteś w stanie odnieść sukces. Kolejną istotną kwestią jest
dostrzeżenie tych wszystkich sytuacji, w których coś powiedziałeś czy zrobiłeś i zaskoczyłeś sam siebie, bo wcześniej nawet nie
podejrzewałeś, że to potrafisz. Nie wiedziałeś, że o czymś wiesz lub
coś umiesz. Przecież na pewno zdarzają Ci się sytuacje, w których
odpowiednia reakcja bądź też riposta przychodzi dopiero po czasie.
Ktoś coś mówi, a Tobie brakuje języka w gębie i dopiero po jakimś
czasie wpadasz na to, że przecież mogłeś odpowiedzieć w określony sposób, bo miałeś tę wiedzę lub tę umiejętność. Jednak ta
konstatacja przychodzi dopiero po czasie. Jak to zatem możliwe,
że w określonej sytuacji nie masz dostępu do posiadanej wiedzy?
To mniej więcej tak jak ze studentem na egzaminie, który —
zapytany — nie wie, co odpowiedzieć, a później się orientuje, że
przecież tak wiele razy to powtarzał, że tak naprawdę odpowiedź
na zadane pytanie zna doskonale. Jednak podczas egzaminu
chwilowo nie miał dostępu do tej wiedzy. W postawionym wyżej
pytaniu kluczowe jest dostrzeżenie takich momentów, w których
miałeś dostęp do wiedzy, nie będąc tego wcześniej świadomym.
Chodzi tu o momenty, w których zaczynasz siebie odkrywać, bo
orientujesz się, że nie sądziłeś, iż coś potrafisz. Innymi słowy,
mowa tu o tym, byś dostrzegł w swoim życiu momenty, w których
znajdowałeś się w trakcie procesu twórczego odkrywania siebie.
Takie momenty zdarzają się również w sytuacjach podbramkowych, przed których zaistnieniem nie wiedziałeś, że możesz być

tak inteligentny. Oczywiście, jak wszystko, to również ma swój cień: w sytuacjach podbramkowych czasem światło dzienne może ujrzeć negatywna strona Ciebie i wtedy dopiero orientujesz się, że może w Tobie zamieszkiwać nie tylko to, co piękne. Jednak dla tego ćwiczenia, które Ci proponuję, nie ma to znaczenia — znaczenie ma to, byś odkrył momenty w Twoim życiu, w których masz pełny dostęp do wszystkich swoich zasobów. Kiedy już je odkryjesz, kolejnym elementem tej układanki będzie zastanowienie się, kiedy i gdzie osiągasz pełną motywację. Musisz przemyśleć, w jakich sytuacjach nie masz potrzeby planowania, zastanawiania się, rozruchu, tylko od razu podejmujesz działanie.

Teraz zestaw ze sobą wszystkie odpowiedzi, których udzieliłeś sobie na postawione wyżej pytania, i zastanów się, czy czasem czegoś nie odkryłeś. Czego się dowiedziałeś? Co Cię zaskoczyło? Czy te działania, te zachowania, które pojawiły się w Twoich odpowiedziach, są na przykład związane z wykonywanym przez Ciebie na co dzień zawodem? Jeśli tak, to gratuluję. Jeśli nie..., to masz co w swoim życiu zmieniać.

Kolejne pytanie: „Czy Twój związek, Twoja rodzina to konstrukcja, która funkcjonuje w zgodzie z tym, czego się o sobie dowiedziałeś?". Jeśli masz kłopot z odpowiedzią, to możesz podzielić pytanie na mniejsze segmenty i zastanowić się najpierw, czy przy swoim partnerze możesz być w pełni sobą. A czy możesz być w pełni sobą w pracy — przy swoich współpracownikach, podwładnych, przełożonych, a w końcu przy klientach? Czy musisz się starać przy nich jakoś wypadać, czy też przy klientach możesz być sobą? Czy kupują od Ciebie dlatego, że jesteś, jaki jesteś, a nie dlatego, że im coś pokazałeś? Różnica w kontekście w podejściu do sprzedaży, siebie i całej reszty jest fundamentalna. Następne pytanie brzmi: „Czy przebywając ze swoją rodziną, na przykład z dziećmi, jesteś w stanie *flow*, czy też tak naprawdę się nudzisz?". Czy na przykład kiedy idziesz w niedzielę do kościoła, jesteś w pełni uważny, przeżywasz stany

flow, czy też zerkasz co chwilę zniecierpliwiony na zegarek, zastanawiając się, kiedy się to wreszcie skończy? Widzisz sam, że
w modelu postrzegania samego siebie, który Ci proponuję, takich
pytań możesz sobie zadać jeszcze setki. To model, który za pomocą prostych spostrzeżeń może Ci pomóc przerobić całe Twoje
życie. Inaczej mówiąc, pozwala Ci przemyśleć, z jakich rzeczy
warto zrezygnować, bo nie dają Ci możliwości rozwinięcia pełnego potencjału, a jakie rzeczy powinieneś zamienić na takie,
które pozwolą Ci być w pełni sobą i w pełni się rozwijać. Jeśli
będziesz w stanie doprowadzić w swoim życiu do tego, by Twoja
praca, Twoja aktywność zawodowa pozwalała Ci osiągnąć poziom
życia opisywany w tym modelu, to będziesz w stanie pracować nie
tylko osiem, ale i więcej godzin bez zmęczenia, za to z pełną satysfakcji radością. Jeśli pracujesz z pasją i nikogo tym nie uszczę-
śliwiasz, to pracoholizm staje się mitem. Będziesz wtedy ciągle
wysoce zmotywowany i permanentnie efektywny. Jeśli zachowania określone w tym modelu staną się rzeczywistością Twojego
życia rodzinnego, to łatwo sobie wyobrazić, jaką radością może się
stać dla Ciebie wracanie do domu po długim, ale satysfakcjonującym i udanym dniu w pracy. To przecież najprostsza definicja
szczęśliwego życia. I ten model działa wszędzie, w każdych obszarach. Wyobraź sobie użycie tego modelu w kontekście samochodu. Wystarczy odpowiedzieć na szereg znanych Ci już pytań.
Czy są samochody, w których jedziesz, nie czując, że prowadzisz,
i których prowadzenie wywołuje u Ciebie stan *flow*? Czy są samochody, w których poczujesz się bardziej sobą niż w innych?
Czy są samochody, w których poczujesz, że realizujesz swój potencjał? Czy może istnieć taki samochód, z którym w trakcie
prowadzenia będziesz mógł się zespolić w jeden organizm, kiedy
zniknie zarówno kierowca, jak i samochód, a pojawi się nowa energia złożona z tych dwóch wcześniejszych (motocykliści doskonale
wiedzą, o jakich stanach teraz piszę — oni łączą się z pojazdem
w jedną całość i czują, rozumieją maszynę)? Czy istnieje samochód,

w którym zapomnisz o upływającym czasie? Czy istnieje samochód, którym chcesz jeździć bez dodatkowej motywacji?

Kiedy zaaplikujesz w ten sposób powyższy model do całej reszty swojego życia i zdołasz je zmienić tak, by zacząć funkcjonować zgodnie z tym modelem, to pojawi się taka efektywność, której nawet u siebie nie podejrzewałeś. W wielu sytuacjach nie trzeba będzie się starać o efekty, bo będą płynąć same. I nie jest to magia, ale oczywiste filtrowanie przez dobrze zaprogramowany mózg odpowiedniej treści rzeczywistości. Będziesz mieć wrażenie, że klienci zaczynają się pojawiać sami, bez specjalnego wysiłku z Twojej strony. Pojawią się pieniądze i wszystko, czego potrzebujesz, bo wtedy zacznie się proces przyciągania. O prawie przyciągania powiedziano już wiele i napisano mnóstwo książek. Wszędzie jednak zwraca się uwagę na ideę przyciągania. W modelu, który opisałem wyżej, zawarte są konkretne techniki pozwalające taki stan osiągnąć. Tym z Was, którzy chcą wiedzieć więcej, polecam zapoznanie się z efektem obserwatora (badacz robiący eksperyment tak na niego podświadomie wpływa, by osiągnąć wynik, na którym mu zależy) czy aktywacją mózgu dwóch rozmówców podczas rozmowy na żywo (jeśli rozmowa jest spontaniczna i autentyczna, mózg aktywuje te same części u obu interlokutorów, co prowadzi do porozumiewania się bez słów i nadawania na tych samych falach). To udowodnione naukowo fakty.

KIM MUSISZ SIĘ STAĆ, BY OSIĄGNĄĆ TO, CO CHCESZ?

Twoją motywacją do stworzenia siebie — obojętnie, jakim sobą byś nie był — jest jakość celu, który wyznaczasz. Jeżeli wyznaczysz zbyt mały cel, środek, który do niego prowadzi, będzie również proporcjonalnie mniejszy, podobnie jak proporcjonalnie mniejszy będzie Twój rozwój. Jeśli chcesz mieć zwykłe życie, to w porządku. Zostań tam, gdzie jesteś, bądź tym, kim jesteś, i nie stawiaj sobie niezwykłych celów. Ja zaś chcę mieć niezwykłe życie, więc stawiam przed sobą wysokie cele, gdyż wiem, w jaki sposób działa wówczas mechanizm samorozwoju. Jeśli na przykład zadasz sobie pytanie, jaką chcesz mieć partnerkę, to jednocześnie musisz odpowiedzieć na pytanie, jaka dokładnie ma ona być. Potem powinieneś zobaczyć siebie razem z nią, by odpowiedzieć na kolejne pytanie: „Jaki mężczyzna na taką partnerkę zasługuje?". Jeśli teraz porównasz siebie obecnego do mężczyzny z Twoich wyobrażeń, to masz jasno i precyzyjnie wyznaczone, kim powinieneś się stać, aby osiągnąć swój cel. Jakim mężczyzną musisz być, żeby taka partnerka, jaką sobie wymarzyłeś, stała się dla Ciebie osiągalna? Cała reszta to już proces zmiany, czyli stawania się właśnie takim mężczyzną. I teraz możesz podmienić słowo „partnerka" na „stanowisko", „ilość zarabianych pieniędzy" bądź jakiekolwiek inne cele. Dopiero wówczas zobaczysz, kim musisz się stać, by osiągnąć to, co chcesz. I teraz pojawia się pytanie, w jaki sposób to zrobić. Przede wszystkim z rozwagą. Bo na tej drodze musisz wiedzieć, jak postępować. Musisz wiedzieć nie tylko, co musisz zrobić, by to osiągnąć, ale też czego nie powinieneś robić. Wiesz już przecież, że każda energia ma swój cień, więc na drodze do sukcesu będziesz się również musiał uporać z cieniami, które będą Ci towarzyszyć. Stanie się milionerem to tylko jedna strona medalu, ale bycie milionerem, który umiejętnie radzi sobie z cieniami bycia milionerem, to dopiero kompletny sukces! Posiadanie najpiękniejszej kobiety świata to zachwycająca perspektywa, ale za takim osiągnięciem stoją też cienie, które już tak zachwycające nie są, na przykład wzmożone zainteresowanie konkurencji. Jeśli jednak boisz się cienia, który przyjdzie wraz z Twoim uwolnionym potencjałem, to sabotujesz ten potencjał. A cień przyjdzie na pewno, zatem prawdziwym przygotowaniem do osiągnięcia sukcesu jest możliwość poradzenia sobie z tym,

co ten sukces przyniesie. Ten mechanizm działa w każdym obszarze, w którym ludzie osiągają sukces, i na każdym tego sukcesu poziomie. Jeśli dowiesz się zawczasu, co jest schowane pod
spodem każdego sukcesu, i przygotujesz się odpowiednio do tego,
żeby sobie z takim cieniem poradzić, to gwarantuję, że Twoja motywacja do stania się wielkim wzrośnie w sposób niewiarygodny.
I mówię tutaj o staniu się wielkim przez duże „W", o staniu się
kimś wybitnym. Pamiętaj jednak, że cień wielkich ludzi jest zawsze większy niż cień ludzi małych. A skoro tak, to im większy się
stajesz, z tym większym cieniem musisz sobie poradzić. Prze-
ciętnie żyjący ludzie mają przeciętne cienie i często jest to ich
świadomy wybór. Radzenie sobie z takimi cieniami jest przecież
dużo łatwiejsze. Jak wielu ludzi woli zarabiać trzy tysiące miesięcznie zamiast trzydziestu? Oni podświadomie wiedzą, że taka
miesięczna wypłata to mniejsze zainteresowanie otoczenia. Stąd
bierze się sławetne: „Lepiej się nie wychylać", bo im bardziej się
wychylisz z pędzącego pociągu, z tym większym wiatrem w oczy
będziesz sobie musiał poradzić. Spójrz na celebrytów, tych z naj-
wyższej światowej półki, i pomyśl, z jakimi cieniami tej sytuacji
muszą sobie poradzić. Jak silni muszą być, by wstawać co dzień
rano, czytać — chcąc nie chcąc — hejterskie komentarze na
swój temat i z tym samym zapałem i motywacją brać się za swoją
pracę. Trzeba potężnej osobowości, żeby poradzić sobie z czymś
takim. Paradoks sukcesu polega jednak na tym, że im bardziej
jesteś zdolny do radzenia sobie z cieniem sukcesu, tym większy
sukces zaczyna się stawać Twoim udziałem. Bo światło zawsze jest
definiowane za pomocą cienia, a cień za pomocą światła. Masz
świadomość, że coś jest duże, tylko dlatego, że możesz to porównać z czymś mniejszym. Jedno bez drugiego nie może istnieć —
nie możesz porównać czegoś dużego do czegoś równie dużego,
bo skąd byś wtedy wiedział, że to coś jest duże. Tak samo jasna
strona sukcesu nie może istnieć bez jego ciemnej strony. Innymi

słowy, powiedz mi, nad jakością jakich problemów pracujesz, a powiem Ci, jakim człowiekiem się staniesz. Dlatego w znajdowaniu problemów, których rozwiązaniem chcesz się w życiu zająć, kieruj się zawsze jedną zasadą: znajduj taki problem, który jest odpowiednio duży dla Ciebie, czyli taki, który jest po prostu Ciebie godny. Jakość i wielkość problemu, z którym się mierzysz, decyduje o tym, jak wysoki możesz urosnąć.

MATRYCA STWARZANIA SIEBIE

Nie musisz być czyimś pomysłem na siebie, możesz być kowalem własnego losu. Nie musisz żyć w społecznej kategorii, możesz odkryć własną indywidualność. A do tego musisz ją także zbudować. Aby stworzyć takiego siebie, który zacznie sobie radzić zarówno z jasną stroną sukcesu, jak i z jego cieniami, musisz wziąć pod uwagę wiele różnych elementów. Te elementy zestawione ze sobą stanowią matrycę, zgodnie z którą możesz stworzyć osobowość, która jest Ci potrzebna do osiągnięcia sukcesu i bycia szczęśliwym. Matryca ta składa się z dziewięciu obszarów, w których powinieneś sobie odpowiedzieć na szereg pytań. Zacznijmy jednak od tego, że wyobrazisz sobie siebie za kilka lat. Osiągnąłeś sukces — nieważne w jakiej dziedzinie. Nieważne, czy Twój sukces to bycie z oszałamiająco atrakcyjną osobą, czy prowadzenie świetnej firmy, czy też zarabianie ogromnych pieniędzy. Zobacz samego siebie w tej przyszłości, przyjrzyj się sobie dokładnie, tak byś dostrzegł maksymalną ilość szczegółów. Zacznij od… ciała. Zobacz, jak jest zbudowane. Sprawdź, czy jest wysportowane. Jeśli zobaczysz się właśnie takim, to odpowiedz na pytanie, po co Ci takie ciało. Co Ci daje? Do czego służy? Potem przyjrzyj się słowom, których ten wyobrażeniowy „Ty" z przyszłości używa. Jak się komunikuje? Z czego buduje zdania i jakie emocje kryją się za nimi? W jaki sposób odzywa się do rodziny, jak mówi do swoich współpracowników, jak się porozumiewa na co dzień? Zobacz, w co jest ubrany, jak się nosi, co na siebie wkłada. Jak w tym wygląda, jak się czuje, w jaki sposób to, w co jest ubrany, wpływa na jego samopoczucie i zachowanie? Następnie zastanów się, jakie ta stworzona przez Ciebie przyszła osobowość ma przekonania. W co wierzysz Ty z przyszłości? W co wierzy ten, którego teraz widzisz, po osiągnięciu sukcesu? Czy uważa, że miłość jest ważna? Czy uważa, że zasługuje na miłość, na pieniądze, na sukces? Co ten człowiek sądzi na temat siebie? Czy uważa się za prawdziwego, za kogoś, kto jest w stanie tworzyć, kreować, budować i się rozwijać? Kiedy już dowiesz się, jakie „Ty" z przyszłości (czy raczej „on" lub „ona" z przyszłości) ma przekonania, zobacz, gdzie przebywa. W jakich miejscach go widzisz? Gdzie chodzi, gdzie się pojawia, gdzie jest obecny? Jaka przestrzeń go otacza, na jakim tle go widzisz? Czy widzisz go na łonie natury, czy też w przeszklonym, nowoczesnym biurowcu, gdzie przez okna widać panoramę Nowego Jorku? Zobacz też, z kim spędza najwięcej czasu. Jakie osoby najczęściej go otaczają? Przyjrzyj się trzem osobom, z którymi najchętniej przebywa. Zobacz, kto to jest. Kim są ci ludzie? Czy są to zupełnie nowe osoby, czy też są wśród nich ci, których już teraz znasz? Następnie spójrz na trzy kolejne osoby. Tym razem takie, których ten, którego stworzyłeś w przyszłości, unika. Z kim nie przebywa lub z kim nie chce przebywać? Od jakich trzech osób stroni? I w końcu — ostatni faktor matrycy — trzy zachowania: gest, chodzenie, siedzenie. Jakie gesty wykonuje ten z przyszłości? Jak siedzi? Czy siedzi w tej samej pozycji co Ty teraz? Czy siedzi bardziej, czy mniej wyprostowany od Ciebie teraz? W jaki sposób chodzi, jak się przemieszcza? Jak stawia kroki, jaką ma przy tym sylwetkę, jak wygląda?

Dzięki tej matrycy zaczynasz już dostrzegać precyzyjnie różnice pomiędzy sobą z teraźniejszości a osobowością z przyszłości, którą chcesz stworzyć, by osiągnęła dla Ciebie sukces. A skoro widzisz różnicę, to jednocześnie zaczynasz dostrzegać, co jest do zrobienia. Wiesz, co musisz zrobić, jak ma wyglądać Twoje ciało, Twoja komunikacja, Twój ubiór. Rozumiesz też, jakie masz mieć przekonania, jakie wyznawać wartości, z kim się zadawać, a kogo unikać. I w końcu dostrzegasz, jak się musi zmienić Twoje zachowanie, byś stał się tym człowiekiem z przyszłości. Bo to on osiąga wymarzony przez Ciebie sukces. A jest tak właśnie dzięki temu, kim się stał. I jeśli chcesz zmaterializować tę wizję, to musisz się stać dokładnie taki jak on. Matryca dokładnie precyzuje, co masz zrobić, jakie masz wykonać zadania i w jakich obszarach. Ale to jeszcze nie wszystko. Bo ta sama matryca posłuży Ci również przy kolejnej bardzo istotnej kwestii. A mianowicie skorzystasz z niej do sprawdzenia, kim musisz się „odstać", by osiągnąć to, co chcesz! Dlaczego musisz się „odstać"? Dlaczego tak ważne jest, byś z czegoś zrezygnował, czegoś zaniechał? Jednym z powodów jest to, że wciąż możesz się posiłkować nieaktualnymi, dziecięcymi strategiami radzenia sobie z rzeczywistością. Systemy, w jakich obecnie żyjesz, takie jak rodzina, kultura, praca czy kraj, mogą być dla Ciebie dysfunkcjonalne, bo przecież świat się zmienił, a za tą zmianą nie poszła zmiana osobowości (np. starszy człowiek może zupełnie nie rozumieć świata internetu). Albo też zmieniła się Twoja osobowość, ale nie zmieniłeś materialnego świata, w której ta osobowość mogłaby funkcjonować pełnią swojego potencjału. Podpowiedź co do tego, z czego powinieneś zrezygnować, również znajduje się w omówionej wyżej matrycy. A zatem przemyśl, z jakiego wyglądu musisz zrezygnować, z jakich słów bądź intonacji i z jakich zachowań. Zapewne orientujesz się już, jak wiele zachowań lub nawyków przeszkadza Ci w osiągnięciu sukcesu — i jest to najlepszy wskaźnik do zrozumienia, których z nich należy się pozbyć. Musisz się też zastanowić, z jakiego środowiska powinieneś zrezygnować. Z jakimi osobami musisz przestać się spotykać? Jakie miejsca powinieneś sobie odpuścić?

W jakich miejscach powinieneś przestać przebywać? Które z miejsc zamiast ładować Cię energią, tę energię Ci odbierają? I w końcu, z jakich przekonań, z jakiego myślenia zrezygnujesz, by stać się osobowością, w której zasięgu leży wymarzony przez Ciebie sukces? Matryca stwarzania siebie jest narzędziem zdobywania nowego siebie, tworzenia i brania nowych rzeczy, ale jednocześnie służy do oddawania tego, co Ci przeszkadza w rozwoju.

CELE

Formułowanie celów jest fundamentalną umiejętnością życiową. Cel musi być tak sformułowany, by Twój mózg — a to on zacznie wykonywać zadania zmierzające do jego osiągnięcia — był zdolny te zadania wykonać. Aby tak się stało, formułowanie celów musi spełniać kilka kluczowych warunków. Przede wszystkim Twoje cele powinny być pozytywnie sformułowane, dopiero wtedy stają się dla Twojego mózgu możliwe do wykonania. Jeśli powiesz sobie: „Chcę się przestać martwić, jak przeżyć od pierwszego do pierwszego", to musisz mieć świadomość, że cel, jaki przed sobą postawiłeś, nie dotyczy tego, byś zarabiał więcej, ale tego, byś się przestał martwić. To spora różnica — logicznie rzecz biorąc, kiedy leżysz w grobie, również przestajesz się martwić. Ty tymczasem chcesz zarabiać więcej, dzięki czemu przestaniesz się martwić. Jednak Twój mózg nie rozumie, co miałeś na myśli — rozumie, co dosłownie weń wprogramujesz. Wydaje się zatem, że prawidłowo sformułowany cel w tym kontekście brzmiałby: „Chcę zarabiać więcej pieniędzy". Tu, niestety, kryje się kolejna pułapka. Jeśli tak sformułujesz cel, to w efekcie jego realizacji otrzymasz wynik: „Chcę zarabiać więcej", a nie „Zarabiam więcej". Postawiłeś przed sobą cel związany z życzeniem, czyli mózg odczyta to dosłownie: „On chce zarabiać więcej" — i zrealizuje to w następujący sposób: „Wciąż chcę zarabiać więcej", co przecież wcale nie oznacza, że będziesz więcej zarabiał, tylko tyle, że wciąż będziesz chciał zarabiać więcej. To mechanizm z dowcipu: „Chciałbym jeszcze raz pojechać do Los Angeles!", „A co, już tam raz byłeś?", „Nie, ale już raz chciałem!". Prawidłowo formułowany cel to cel stawiany zawsze w pierwszej osobie liczby pojedynczej w czasie teraźniejszym. Prawidłowy cel mógłby zatem brzmieć: „Jestem w Los Angeles" i „Zarabiam więcej pieniędzy". Jednak w tym ostatnim przypadku cel jest zbyt mało konkretny dla mózgu, by wykonał go dla Ciebie. Jeśli teraz zarabiasz trzy tysiące, to przecież realizacja celu może polegać na zarabianiu trzech tysięcy i jednego złotego. Przecież to więcej niż trzy tysiące. Zatem cel musi być jak najbardziej konkretny. Musi odpowiadać na szereg pytań: „co?, kto?, kiedy?, gdzie?, jak?, z kim?, dlaczego?". Im bardziej przemyślany cel, tym bardziej konkretna jego wizualizacja. A im bardziej konkretnie zwizualizujesz cel, tym bardziej ułatwisz pracę swojemu mózgowi. Tym konkretniej też zadziałają mechanizmy filtrowania rzeczywistości, które spowodują, że osiągniesz to, co sobie zamierzyłeś. Ponadto cel musi być odpowiednio motywujący — chcesz przecież coś osiągnąć i podejrzewasz już, że siła tego „chcenia" będzie motorem sukcesu. Do tego musi być to cel osiągalny — przecież jeśli masz czterdzieści lat i za sobą dwadzieścia pięć lat siedzenia z piwem na kanapie, to raczej nie zostaniesz dwudziestoletnią mistrzynią baletu. Racjonalność nie zabija marzeń, ale pozwala skierować swój potencjał na właściwe tory. I kolejna fundamentalna zasada: cel musi być mierzalny. Musisz skądś wiedzieć, że osiągnąłeś cel. Musisz umieć posługiwać się narzędziami, które pozwolą Ci zmierzyć, czy na pewno jesteś tam, gdzie powinieneś być. Zapytaj się więc, po czym poznasz, że osiągnąłeś cel. To, co nie jest mierzalne, nie jest osiągalne, więc ustal, po czym poznasz, że masz już to, co chciałeś. I na tym nie koniec. Cel musi być jeszcze skalowalny. Oznacza to, że każda umiejętność jest budowana synergicznie. Jeśli przeanalizujesz

dwa rozkazy: „Podnieś lewą rękę w górę" i „Zarób milion złotych",
to okaże się, że różnica polega na tym, że w tym drugim przypadku zadanie jest zbyt trudne na ten moment, ponieważ nie
widzisz, z jakich mniejszych zadań czy też elementów się składa
i w jakiej kolejności powinny one po sobie następować. W moim
rozumieniu skalowanie celu polega właśnie na tym, by mieć świadomość, że osiągnięcie zakładanego celu składa się z osiągania
celów pomniejszych, które później — złączone w jeden ciąg wy-
darzeń — doprowadzą Cię dokładnie tam, gdzie chcesz się znaleźć.
Tymczasem większość ludzi nie skaluje celów. Mówią: „Chcę zarobić milion złotych" i jednocześnie nie zdają sobie sprawy z tego,
z ilu poziomów umiejętności się taki proces składa. A skoro tego
nie wiedzą, to sam cel przestaje być dla nich osiągalny. Co więcej,
wielu z nich rezygnuje z drogi do celu, ponieważ nie widzą po-
wiązań pomiędzy tymi umiejętnościami, które powinni zdobyć,
zanim osiągnięcie celu stanie się możliwe. Chcą od razu magicz-
nej recepty na pewne i szybkie zdobycie miliona. Kiedy im powiesz, że najpierw muszą się nauczyć zarządzać emocjami lub
zacząć się inaczej zachowywać, komunikować, ubierać i myśleć,
to będą zniecierpliwieni i uznają Cię za złego nauczyciela. A to
właśnie stanowi o największej kompetencji trenera — umiejętność dostrzeżenia związku pomiędzy kolejnymi etapami skalowa-
nia celu, by w efekcie konsekwentnej realizacji poszczególnych
zadań pierwszy milion mógł w końcu pojawić się na koncie deli-
kwenta. Zatem kiedy pytasz milionera, jak zarobić pierwszy
milion, i słyszysz odpowiedź, że najpierw musisz odpuścić sobie
piwne wieczory z kumplami, którzy wiecznie opowiadają te same
dowcipy, ślinią się na widok kobiet i od lat narzekają na kiepską
pracę i szefa idiotę, to zaufaj tej poradzie. To najprawdopodobniej jeden z pierwszych małych kroków na drodze do osiągnięcia
wielkiego celu. A każda podróż się od tego zaczyna.

I jeszcze jedno — cel musi być osiągalny. Gdy mamy mówią do dzieci: „Bądźcie grzeczne!", to niewinne pociechy nic z tym nie mogą zrobić. Nie można bowiem wykonać czasownika „być". Można „podnieść", można „otworzyć", ale nie można „być". Ten błąd kosztuje wszystkich frustrację — dzieci nie mogą zrozumieć matek, bo te nie umieją się poprawnie komunikować, a matki mają pretensje o rzekomy trudny charakter dzieci. Żaden charakter — to kwestia komunikacji.

JAK ZMIERZYĆ POSTĘP?

Po czym poznasz, że osiągnąłeś wynik? Dla przykładu rozważmy cel: „Jestem chudszy". Jednym z obszarów, który pozwoli Ci na sprawdzenie, czy Twój cel w tym zakresie został osiągnięty, jest czas. Możesz przecież ważyć się w określonych interwałach czasowych i sprawdzać, czy na przykład każdego tygodnia udało Ci się spalić jeden zbędny kilogram tłuszczu. Możesz również zmierzyć realizację swojego celu za pomocą kryterium ilości. Wówczas sprawdzasz jedynie, czy zmienia się Twoja waga, a czas nie jest już tak istotny. Możesz również sprawdzać osiąganie celu, przeglądając się w lustrze. Będziesz wtedy widział, czy w Twoim wyglądzie następują odpowiednio satysfakcjonujące zmiany. Możesz również ocenić realizację celu na podstawie możliwości, jakie taka realizacja przed Tobą otwiera. Jeśli akurat jesteś amerykańskim policjantem, to zrzucenie nadmiaru kilogramów jest jednoznaczne z podwyżką. Innymi słowy, cel daje nowe możliwości, które były niedostępne, zanim ten cel nie został osiągnięty. Jest oczywiście wiele innych sposobów mierzenia celu — w przypadku odchudzania takim sposobem może być komplement żony, wejście w wymarzony ciuch lub w ogóle lepsze samopoczucie. Ważne jest, by móc mierzyć osiągnięcie celu. Jeśli nie da się tego zrobić, to oznacza, że wyznaczyłeś sobie nieodpowiedni cel. Cele niemierzalne to cele, za które w ogóle nie powinieneś się zabierać. Pokażę Ci to na prostym przykładzie: jeśli ktoś przychodzi do Ciebie, abyś mu sprzedał samochód, to jeśli do takiej transakcji dojdzie, jej przedmiot jest czymś konkretnym, mierzalnym. Czymś, co jeździ, działa, funkcjonuje, wygląda itd. Jeśli natomiast przychodzi do Ciebie ktoś, kto narzeka na swoje życie i chce zmienić je na lepsze, to zanim sprzedasz mu na to receptę, musisz go zapytać, po czym pozna, że jego życie rzeczywiście się zmieniło. Dopóki nie padnie odpowiedź na tak postawione pytanie, dopóty nie da się tej osobie pomóc, dopóty nie będzie ona w stanie dokonać zmiany swego życia, bo nie będzie wiedziała precyzyjnie, jak to życie zmienić, by stało się lepsze. Ktoś, kto nie potrafi udzielić odpowiedzi na to pytanie, będzie się czuł zdemotywowany i niezdolny do jakiejkolwiek zmiany. To tak, jakbyś stał na rozdrożu i wiedział, że nie chcesz pozostać w miejscu, i jednocześnie nie wiedział, gdzie chcesz pójść. Samo niezadowolenie z miejsca, w którym jesteś, jeszcze nie wskazuje kierunku, w którym powinieneś zmierzać. W tym stanie ruszenie z miejsca przestaje być możliwe.

MOTYWACJA

W powyższym akapicie przemknęło słowo „motywacja". Co zatem zrobić, by motywacja była stale na odpowiednim poziomie, pozwalającym Ci na permanentne podejmowanie skutecznych działań? Przede wszystkim musi być ona oparta na aktualnych przekonaniach. Bo w sytuacji, w której wykonujesz jakieś działanie, do którego byłeś na przykład przymuszany w dzieciństwie, zamiast motywacji pojawia się stare, nieaktualne przekonanie, a w jego efekcie często wewnętrzny sabotaż. Z jednej strony wiesz, że należy coś zrobić, a z drugiej strony wszystko w Tobie krzyczy, by tego nie robić. Weźmy sprzątanie mieszkania. Oczywiście wiesz, że należy sprzątać mieszkanie, żeby było czyste, ale to przekonanie

nie jest Twoje, tylko zostało Ci wszczepione w dzieciństwie przez rodziców. Zatem zabierając się za sprzątanie, kierujesz się nie tym, że chcesz je posprzątać, ale tym, że musisz to zrobić. To różnica pomiędzy „Ja się lepiej czuję, gdy jest czysto" a „Mieszkanie ma być czyste". W pierwszym modelu robisz coś dla siebie, w drugim robisz to, bo ktoś Cię nauczył, że tak się powinno robić. Jeśli więc uda Ci się zastąpić model sprzątania dla kogoś (bo ktoś tak powiedział) na model sprzątania dla siebie (bo Ty się wówczas lepiej czujesz), to jest to jednoznaczne z obudzeniem w sobie wewnętrznej motywacji. Zaczynasz robić coś dla siebie zamiast dla kogoś, a co za tym idzie — motywacja do posprzątania mieszkania pojawia się automatycznie. I teraz wystarczy, że „sprzątanie mieszkania" zamienisz na przykład na „nauczenie się obcego języka" lub na cokolwiek innego. Nie ma znaczenia na co. Znaczenie ma to, że w ten sposób aktualizujesz swoją motywację lub, nazwijmy to jeszcze inaczej, opierasz swoją motywację na aktualnych przekonaniach. Zmiana, która musi nastąpić w Twojej głowie, jest dość prosta — należy zamienić słowo „potrzebuję" na „chcę". Tymczasem wielu palaczy nie rzuca palenia dlatego, że mówią sobie: „Muszę rzucić palenie, bo przecież wiem, że mi szkodzi". To jednak niewystarczająca motywacja, więc palą w najlepsze dalej, rujnując przy okazji swoje zdrowie. Ci zaś, którym udało się rzucić nałóg, po prostu chcieli to zrobić. Zaktualizowali przekonanie, tym samym aktualizując motywację. Motywują nas zawsze emocje, a nie zdrowy rozsądek czy przymus. Zaś za uczciwie i szczerze wypowiedzianym słowem „chcę" stoi wystarczająco silna emocja, by dokonać zmiany. Kolejnym warunkiem pojawienia się motywacji odpowiedzialnej za dokonanie jakiejkolwiek zmiany jest wynik rachunku, w którym porównujesz wartość zysku otrzymanego w efekcie zmiany z wartością cierpienia, które towarzyszy porzucaniu dotychczasowego stanu. Aby pojawiła się właściwa motywacja, zysk z nowego musi być większy niż cierpienie związane z porzucaniem starego. I nie oszukuj się, że dokonasz jakiejkolwiek zmiany bez jakiejś straty. Bóle te mogą operować z różną siłą — małą, kiedy dotyczą odpowiednio wczesnego wstania z łóżka o poranku, i większą, kiedy są związane z decyzją, by zacząć żyć swoim własnym życiem i stanąć naprzeciw oczekiwaniom innych. Pamiętasz, co pisałem o dualizmie? Każda energia ma swój cień. Podobnie jest z każdą rzeczą, którą chcesz zyskać. Otóż każdy zysk jest związany z jakąś stratą. Nie da się niczego zyskać, jednocześnie czegoś nie tracąc. Ale spójrz na możliwości, jakie ten mechanizm stwarza. Jeśli każdemu zyskowi towarzyszy strata, to jednocześnie każdej stracie towarzyszy zysk. Jeśli przychodzi ktoś do Ciebie, mówiąc, że coś utracił, wystarczy mu wskazać zysk, który może tej stracie towarzyszyć. A jeśli pokazujesz ludziom zysk, to będziesz ich do siebie przyciągał, bo przy Tobie będą mogli więcej niż bez Ciebie.

Motywacja to też emocja związana z powodem, dla którego robisz to, co robisz. I tutaj rodzi się pytanie: „Czy w robieniu czegoś uda Ci się wypracować odpowiednio atrakcyjną formę tej aktywności?". Jeśli tak, to przestajesz mieć problem z różnymi autosabotującymi zachowaniami, na przykład prokrastynacją. Przestajesz odkładać na później to, co jest do zrobienia, ponieważ siła atrakcyjności tej czynności powoduje, że zaczynasz mieć ochotę na jej wykonanie tu i teraz. Jeśli skojarzysz odkurzanie z atrakcyjną muzyką, do której prędzej czy później będziesz podrygiwać, to okaże się, że nie musisz się specjalnie przekonywać do wykonywania tej czynności. Mimo wszystko najsilniejszą motywacją jest taka, która działa na poziomie ego. Dzieje się tak za każdym razem, kiedy masz świadomość, że wykonana czynność jest wykonywana dla Ciebie. Że zaspokaja Twoje potrzeby. Że to jest dla Ciebie i dla Ciebie działa. Musisz precyzyjnie wiedzieć, co konkretnie Ty będziesz z tego miał. Dopiero takie myślenie uruchamia egocentryzm (robienie czegoś dla siebie samego), w efekcie którego przestajesz mieć problem z motywowaniem się do czegokolwiek.

Motywacja musi być również spójna na poziomie ciała, emocji, finansowym, rozwiązywania problemów, ambicji, uczuć, relacji, samorealizacji i wizji. Tę spójność możesz ocenić, udzielając sobie odpowiedzi na poszczególne pytania dotyczące wyżej wymienionych elementów. Na poziomie ciała musisz odpowiedzieć na pytanie, jak ono w danej sytuacji reaguje. Na poziomie emocji — czy dobrze się czujesz z wykonywaniem tej czynności. Finanse doprowadzą do zaspokojenia życiowych potrzeb, a rozwiązywanie problemów to fundamentalny motywator do usuwania przeszkód z naszego życia. Motywacja na poziomie ambicji to być i mieć, a więc odpowiedź na pytanie, co Ty z tego będziesz miał i kim dzięki zrobieniu tego się staniesz. Na poziomie uczuć to z kolei odpowiedź na pytanie, czy masz dostęp do wyższych energii, które są nieosiągalne intelektualnie: inspiracji, miłości, spokoju, spontaniczności, pasji, empatii, czyli wszystkich tych wartości, które działają na wyższym poziomie niż emocje. Łatwo je rozpoznać, bo to dokładnie te rzeczy, o których ludzie zwykli mówić, że są najlepsze w życiu i są za darmo: miłość, przyjaźń itd. Spójność motywacji na poziomie relacji możesz ocenić, odpowiadając na pytanie, jak to, co robisz, wpłynie pozytywnie na pozostałych członków grupy, w której się aktualnie znajdujesz. Jeśli na przykład zbudujesz fajne ciało, to powinieneś się zastanowić, jak to wpłynie na Twoją żonę. Czy, dajmy na to, kupując jakiś przedmiot, gdzie zakupu dokonujesz w osobowości mężczyzny (niech to będzie sportowy samochód), masz świadomość, jak na ten przedmiot zareaguje Twoja żona? Przy niej włączysz osobowość męża, a z jej perspektywy taki zakup być może podwyższa niebezpieczeństwo utraty Ciebie. Samorealizacja to potężny poziom motywacji, który pozwala budować siebie w oparciu o własny światopogląd i uwolnić się od społecznych zasad i kulturowych pomysłów na siebie. To pytanie określające poziom spójności motywacji: czy dzięki temu, co robisz, stajesz się bardziej sobą.

Wizja umożliwia zmianę świata — to poziom myślenia zbioro-
wego, poczucia misji i służby dla innych. To altruizm, który stymuluje mózg do aktywacji ośrodków odpowiedzialnych za długo-
terminowe planowanie (kluczowe w bogactwie). Jeśli uda Ci się
spełnić wszystkie te warunki i działać w taki sposób, aby motywacja do tego działania była spójna we wszystkich tych obszarach,
wówczas uzyskasz prawdziwą możliwość podjęcia efektywnego
działania. Innymi słowy, ze spójną motywacją ruszasz natychmiast
z miejsca i realizujesz zamierzone cele. Jeśli zaś któryś z tych
poziomów nie będzie spójny z pozostałymi, to szansa na zrealizowanie zamierzenia proporcjonalnie spada. Powód do zmiany
musi funkcjonować na wszystkich poziomach. Jeśli powiesz sobie: „Chcę być zdrową osobą" i kieruje Tobą jedynie przesłanka
logiczna, to najprawdopodobniej nie zmienisz stylu życia na zdrowy, bo za tym powodem nie stoi jeszcze poziom emocjonalny ani
wiele innych. Wówczas zdarza się koszmar większości tych, którzy
chcą się odchudzić, a jakoś im to nie wychodzi. A to dlatego, że ich
„chcenie" działa jedynie na poziomie logicznym: „Chcę być chudy,
bo tak jest zdrowiej". Taki powód szybko przegra z emocjami,
które machinalnie sięgną po ciastko. Motywacja, kiedy już osiągnie poziom spójności we wszystkich obszarach, musi zostać
podana w atrakcyjnej formie, a odpowiedzialność za to, co robisz,
jest zawsze po Twojej stronie. Zatem tak naprawdę nikt inny
nigdy nie może Cię do niczego zmotywować. Możesz to uczynić
wyłącznie sam. Do zastosowania spójności motywacji proponuję
wykorzystać prosty model złożony z kilku przydatnych faktorów.
W tym modelu najpierw zastanawiasz się nad celem, czyli nad
tym, co chcesz osiągnąć. Potem przepuść go przez wszystkie wymienione wyżej poziomy motywacji, tak by były ze sobą spójne.
Przykładowo na poziomie relacji zapytaj się, jak dzięki osiągnięciu
tego celu ulepszysz swoje relacje. Powyższy model w idealny sposób organizuje każde przedsięwzięcie pod względem motywacji

do jego zrealizowania. Możesz i powinieneś go stosować, jak tylko pojawi się taka potrzeba, a zauważysz, w jak krótkim czasie wzrośnie albo pojawi się motywacja do działania. Co więcej, ten model możesz zastosować w każdym rodzaju przedsięwzięć — niezależnie od tego, czy dotyczy Twojej niechęci do domowych porządków, czy osiągania wielkich celów w życiu.

DYSTRAKTORY

Jednym z podstawowych problemów z koncentracją na wykonywanym zadaniu są tzw. rozpraszacze, czyli dystraktory. Należy maksymalnie ograniczyć ich wpływ, tak byś mógł wykonywać każdą czynność jak najefektywniej. W pierwszej kolejności powinieneś zadbać o izolację. Jeśli się na przykład czegoś uczysz, to zanim do tej nauki przystąpisz, zadbaj o to, by się odizolować od świata zewnętrznego. Od wszystkiego, co w trakcie procesu uczenia się może odwracać Twoją uwagę. Następnie wypracuj w sobie przyzwyczajenie do tego, by wykonywać tylko jedną rzecz naraz. Unikaj robienia kilku rzeczy równocześnie, bo żadnej z nich nie zrobisz ani na czas, ani też efektywnie. Kolejna rzecz, o której warto pamiętać: pracuj zawsze w dobrze oświetlonym pomieszczeniu, najlepiej w temperaturze dwudziestu stopni i w ciszy. To najbardziej optymalne warunki zarówno do pracy, jak i nauki. Temperatura dwudziestu stopni jest najbardziej odpowiednia dla ludzkiego organizmu — nie jest Ci wtedy ani za zimno, ani za gorąco, a odpowiednie światło sprzyja skupieniu i koncentracji. Jednak w przypadku światła musi być spełniony jeszcze jeden warunek: nie może być to światło niebieskie. Takie bowiem światło, nazywane „komputerowym", może mieć wpływ na hormony regulujące sen (melatoninę). Po pracy w takich warunkach możesz mieć po prostu problemy ze spaniem. Najlepsze jest oczywiście światło dzienne, więc korzystaj z niego w największym możliwym stopniu. Dla efektywności pracy lub uczenia się konieczne są też odpoczynki. Pamiętaj, by odpocząć minimum raz na godzinę przez 10 do 15 minut, zawsze robiąc coś energetyzującego i koniecznie coś innego. Chodzi tutaj o zaangażowanie zupełnie innych zmysłów niż te, które angażujesz podczas swojej pracy lub nauki. To bardzo istotne, by przejść na funkcjonowanie innych zmysłów niż te, z których wcześniej korzystałeś. Jeśli coś pisałeś (czyli używałeś do tej czynności wzroku i palców), to żeby odpocząć, posłuchaj muzyki. Jeżeli pracowałeś, wprawiając w ruch cały organizm, na przykład wykonując jakąś fizyczną czynność, to odpocząć możesz na przykład leżąc i oglądając film, bo to zaangażuje zupełnie inne zmysły i jednocześnie inną część mózgu. W tym czasie dajesz szansę odpocząć tej części mózgu, która była zaangażowana przy poprzednich czynnościach. Jeśli zaś pracujesz w zespole, to tym efektywniej będziesz pracował, im konsekwentniej ograniczysz dostęp do siebie podczas odpoczynku.

Proponuję Ci również wykonanie prostego ćwiczenia. Odpowiedz na cztery poniższe pytania:

- Jakie trzy aktywności zabierają Ci najwięcej energii?
- Jakie trzy aktywności dodają Ci najwięcej energii?
- Jakie trzy osoby zabierają Ci najwięcej energii?
- Jakie trzy osoby dają Ci najwięcej energii?

Po szczerym i uczciwym udzieleniu odpowiedzi na powyższe pytania dostrzeżesz pewien wzorzec, który zacznie dla Ciebie stanowić solidną wskazówkę, jak unikać marnowania energii i co robić, by ją zyskiwać. Masz też od razu gotową odpowiedź dotyczącą ewentualnej konieczności zmiany środowiska, czyli ludzi, z którymi się najczęściej kontaktujesz. Zmiany pociągającej za sobą na przykład zwiększenie czasu spędzonego z ludźmi, którzy dodają Ci energii, i jednocześnie ograniczenie go dla tych, którzy Cię tej energii pozbawiają.

Kolejne ćwiczenie, które warto wykonać, to zastanowienie się nad następującymi czterema pytaniami:

- Kiedy jesteś najbardziej produktywny?
- Czym się zajmujesz, gdy jesteś najbardziej produktywny?
- Gdzie jesteś najbardziej produktywny?
- Jaką metodą pracujesz, gdy osiągasz najlepsze rezultaty?

To kolejny model, który pozwoli Ci uporządkować i zorganizować swoje czynności oraz przemyśleć, jakich zmian powinieneś dokonać, by osiągnąć jak najlepsze wyniki.

4

Inteligencja emocjonalna

Na inteligencję emocjonalną składa się kilka podstawowych elementów. Pierwszym jest samoświadomość. To taki stan, w którym nie tylko rozpoznajesz, ale też rozumiesz swoje emocje oraz zachowania. Dużo łatwiej pojąć ten stan wówczas, kiedy dostrzeżesz te momenty, w których inni ludzie (i Ty sam) nie rozpoznają własnych lub cudzych emocji. Nie rozpoznają ani przyczyn zachowań, ani też tego, co sami czują. Ile razy Ci się zdarzyło, że ktoś do Ciebie krzyczał lub mówił dość podniesionym głosem, a po zwróceniu mu uwagi odpowiadał jeszcze głośniej: „Przecież nie krzyczę!!!". Albo sytuacja, w której ktoś w uniesieniu i egzaltacji robił coś, po czym reagował agresją na prośbę, by się uspokoił, bo przecież „Jestem spokojny i po co mnie w ogóle upominać?!". Tymczasem rozpoznawanie i rozumienie emocji jest wartością nie do przecenienia. Wystarczy mały przykład — jeśli rozpoznajesz i rozumiesz emocje, to jednocześnie wiesz, że w chwili, kiedy czegoś pożądasz, idealizujesz obiekt pożądania. Chcesz koniecznie sprawić sobie nowy gadżet, więc będziesz automatycznie włączał jego idealizację. Będziesz przekonywał nie tylko samego siebie, ale i wszystkich wokół, że jest to coś absolutnie niezbędnego. Już sama świadomość takiego mechanizmu pozwoli Ci się zatrzymać na chwilę i świadomie odpowiedzieć na pytanie, czy aby na pewno ten gadżet jest Ci absolutnie niezbędny. Oczywiście w większości wypadków ostatecznie odpowiesz, że nie. Teraz wyobraź sobie, ile w ten sposób — dzięki tylko i wyłącznie rozpoznaniu i zrozumieniu emocji — mógłbyś zaoszczędzić pieniędzy. Taki stan, taka umiejętność rozpoznawania i rozumienia emocji daje Ci nad nimi przewagę, a to z kolei prowadzi do tego, by pozyskać nad emocjami pełną kontrolę.

Kolejnym elementem budującym inteligencję emocjonalną jest samokontrola, czyli zmiana stanów emocjonalnych oraz ich intensywności na adekwatne. To odpowiedź na pytanie, czy Twoje emocje były adekwatne do odpowiedniego kontekstu. Upraszczając:

samokontrola pozwala Ci na takie zarządzanie emocjami, by ich ilość i rozmiar były adekwatne do określonej sytuacji. Przypomnij sobie te stany, w których się czegoś bardzo obawiałeś, i odpowiedz sobie na pytanie, czy Twój poziom lęku był adekwatny do tamtych sytuacji. Czy rzeczywiście było wówczas się czego bać? Co więcej, dzięki temu orientujesz się, jak ważne i przydatne mogą być emocje (wszystkie), pod warunkiem że spełniają następujące założenia: warunek pierwszy — ile powinieneś czuć i w jakim kontekście, oraz warunek drugi — na ile jesteś w stanie być świadomy tego, że dana emocja się pojawia, i jednocześnie w nią nie wchodzić.

Spójrz na to z innej perspektywy: jeśli uzyskujesz umiejętność kontrolowania emocji, to tym samym zdobywasz umiejętność kontrolowania myśli. Jeśli kontrolujesz ciało, to zyskujesz dostęp do kontrolowania emocji. Jeśli zaś kontrolujesz świadomość, możesz również kontrolować ciało. Jogini tak wiele uwagi poświęcają na ćwiczenie kontroli nad ciałem właśnie po to, by móc kontrolować świadomość, bo to jest układ naczyń wzajemnie ze sobą powiązanych. Jeśli zaś kontrolujesz ciało, a ciało kontroluje emocje, to musisz jednocześnie być w stanie kontrolować myśli, ponieważ w stanie emocji myślenie nie może wyjść poza emocję, w której się znajdujesz.

Innymi słowy, Twoje myśli są zależne od tego, co w danym momencie czujesz. Bo emocja działa jak matryca, która produkuje określone wyniki myślowe. Spójrz tylko, jaki bonus mogą Ci przynieść w relacjach z innymi ta wiedza i umiejętność. Jeśli akceptujesz i rozpoznajesz emocje, zaczniesz sobie radzić z ludźmi działającymi w stresie. Będziesz wtedy wiedział, jakie emocje za nimi stoją i jakimi emocjami ci ludzie się kierują. Zamiast więc wówczas „wchodzić" w ich emocje, powodując zwiększenie ich natężenia, możesz w pełni świadomie tak się z nimi komunikować, by mimo stresu prowadzić do efektywnego działania. Ludzie

w stresie reagują za pomocą trzech najbardziej popularnych mechanizmów obronnych: ataku, chęci akceptacji i buntu. W pierwszym mechanizmie atakują innych, w drugim wytwarzają przekonanie, że przybranie postawy konformistycznej spowoduje ich
zaakceptowanie (stąd „kulenie uszu po sobie" i przeprosiny za coś,
czego się wcale nie zrobiło, tylko po to, by się przypodobać), zaś
w trzecim — konstruują buntownika. Ten ostatni mechanizm jest
fascynujący. Oznacza on w skrócie postawę: „Zrobię dokładnie
odwrotnie, niż ode mnie oczekujesz, bo wtedy zwrócisz na mnie
uwagę!". Wyobraź sobie, że prowadzisz szkolenie dla swoich pracowników, a jeden z nich co chwilę neguje to, co mówisz. Teraz
potrafisz już rozpoznać jedną z możliwych przyczyn jego zachowania. Masz do czynienia ze zbuntowanym nastolatkiem? Już
wiesz, że podejmowanie z nim dyskusji, w której będziesz negował
jego przejawy buntu, nie doprowadzi do zbudowania z nim pozytywnej relacji. Takie przykłady można by mnożyć. Istotne jest
jednak to, że kiedy rozpoznajesz i kontrolujesz emocje, otwiera
się przed Tobą możliwość nawiązania zupełnie innego kontaktu
z ludźmi. Stajesz się osobą, która rozwiązuje konflikty, a nie taką,
która je tworzy. A to ci, którzy rozwiązują konflikty, osiągają sukces, bo to w nich ludzie zaczynają dostrzegać urodzonych lide-
rów. Co więcej, we współczesnym społeczeństwie pewne uczucia
są wypierane. Na przykład pozwolenie na porażkę. Nie istnieje
przecież coś takiego jak porażka — nie można się ani do niej
przyznawać, ani zakładać, że może się nam przydarzyć. Tymczasem porażka jest przypisana do sukcesu tak samo jak zwycięstwo.
Jeśli Ci się przydarzy, zastanów się, co możesz z niej wziąć dla
siebie, czego się nauczyłeś, o ile mocniejszy się stałeś. Wstań,
otrzep kolana i ruszaj dalej. Za taką umiejętnością stoją również
rozpoznawanie i kontrola emocji. Świadomość tego, w jakich emo-
cjach się znalazłeś, i umiejętność trzymania ich na wodzy, czyli takiej kontroli, która pozwala na pójście dalej. Podobnie rzecz ma się

ze słabością — przecież nie wypada się do niej przyznać, trzeba ją zwalczać, trzeba sobie z nią radzić, a najlepiej zamieść pod dywan, żeby nikogo nie kłuła w oczy. Tymczasem słabości istnieją. Zawsze istniały. Są przypisane do nas tak samo jak zdolność do zwyciężania. Bo przecież nie można być prawdziwie silnym... bez słabości. Z prostego powodu: to konfrontacja ze słabością powoduje powstanie siły. Jeśli ktoś mówi: „Nigdy nie bywam słaby", to jednocześnie skazuje się na brak powodu do tego, by stać się kiedyś prawdziwie silnym! Jeśli nie zaakceptujesz cieni sukcesu, tego, że porażki i słabości też są z nim związane, to będzie Cię ranić każda informacja zwrotna, którą po drodze otrzymasz. A im bardziej nie będziesz w stanie rozpoznawać i akceptować określonych emocji — również tych po stronie cienia — tym bardziej zraniony będziesz się czuł. Przyjrzyjmy się innej sytuacji, na przykład emocjom wypartym w wielu polskich rodzinach. Wiesz, że nasi słowiańscy przodkowie uważali, że okazywanie szczęścia spowoduje, iż zostanie ono odebrane przez duchy? Czy czegoś Ci to czasem nie przypomina? Na przykład komunikatów: „Nie ciesz się, bo zapeszysz" albo „Lepiej się ostentacyjnie nie cieszyć, bo wówczas może szybko zniknąć powód do radości"? Właśnie tego typu emocje są często u nas wypierane. To z tego powodu staliśmy się narodem narzekaczy. Na wszystko i wszystkich. To stąd bierze swój początek pogląd, że chwalenie się jest złe. Z drugiej strony w wielu polskich domach, oprócz wypartych emocji, istnieją też emocje wyidealizowane, jak na przykład: „Miłość jest najważniejsza". Tymczasem sama miłość ma również cień. To idealizacja obiektu miłości, to niedostrzeganie jego negatywnych cech, to w końcu wyparcie wszystkiego, co mogłoby pomóc nam ten wyidealizowany obiekt zobaczyć w obiektywnym świetle. I z tego powodu związki oparte tylko i wyłącznie na miłości nie są tak szczęśliwe jak te, które oprócz miłości opierają się jeszcze również na zdrowym rozsądku.

Każda emocja ma pewien pułap, ponad którym tracimy nad nią kontrolę. Na przykład lęk. Zwróć uwagę, że do pewnego jego poziomu jesteś w stanie egzystować z nim w pełni świadomie, po czym, kiedy poziom Twojej tolerancji na lęk zostanie przekroczony, włącza się panika, gubią się zdrowy rozsądek i racjonalne myślenie. Ten poziom, ten próg, do którego mimo silnych emocji działasz racjonalnie, to jednocześnie próg kontroli jakościowej i ilościowej. To próg, do którego świadomie przeżywasz jakąś emocję bez utraty nad nią kontroli. A ponad tym progiem pojawia się problem, ponieważ nie jesteś przyzwyczajony do przeżywania określonych rodzajów emocji. Były one bowiem wyparte, zamiecione pod dywan czy wreszcie nieuświadomione. Jednak dopiero fizyczne wystawienie ciała na daną emocję stwarza możliwość jej winkorporowania, a to dopiero jest ten moment, w którym odzyskujesz pełną kontrolę nad każdą możliwą emocją. A pełną kontrolę nad na przykład lękiem odzyskujesz wtedy, kiedy zdołasz się z nim skonfrontować. Jeśli przeraża Cię wejście do ciemnej piwnicy, to nie pokonasz tego lęku, jeśli się z nim nie zmierzysz, a zmierzyć się możesz jedynie wówczas, kiedy do tej piwnicy wejdziesz. Tak samo można pokonać wstyd. Sposobem na to jest ekspozycja tego, co jest przedmiotem Twojego wstydu.

Następnym elementem inteligencji emocjonalnej jest motywacja, czyli w tym wypadku zarządzanie emocjami w celu zobowiązania się do podjęcia adekwatnych działań, rozpoczęcia ich lub ich konsekwentnej realizacji. Do tego dochodzi jeszcze empatia, czyli rozpoznawanie i współodczuwanie emocji innych osób, oddzielenie ich od siebie (rozumiane jako „niewchodzenie" w cudze emocje), reagowanie na nie, wpływanie na nie i zarządzanie relacjami. Oddzielenie emocji od siebie jest kluczową kwestią. To bowiem różnica pomiędzy „czuciem smutku" a „byciem smutnym". To sytuacja, w której coś czujesz, ale jednocześnie nie stajesz się tym czymś. To świadomość emocji bez jednoczesnego stawania się tą emocją.

DLACZEGO INTELIGENCJA EMOCJONALNA JEST TAK WAŻNA?

Inteligencja emocjonalna wpływa na wiele obszarów naszego życia. Jest niezbędna dla zdrowego funkcjonowania naszego organizmu. Badania wskazują, że terapia poznawcza jest efektywniejsza długoterminowo niż branie leków. Innymi słowy, w dłuższej perspektywie bardziej opłaca się pracować nad sobą, niż brać psychotropy. Pozytywnie nastawieni ludzie żyją dłużej i lepiej sobie radzą ze stresem bądź porażkami, rzadziej się przeziębiają i rzadziej chorują na serce. W badaniach przeprowadzonych przez Wayne State University w 2010 r. wykazano, że baseballiści, którzy często się uśmiechali, żyli średnio 79,9 lat, podczas gdy średnia długość życia tych, którzy się nie uśmiechali, wynosiła już tylko 72,9 lat. Według Lewisa uśmiech dziecka stymuluje mózg w taki sam sposób jak widok 2 tysięcy czekoladek lub 16 tysięcy funtów. W przypadku uśmiechu ukochanego proporcje te wynoszą odpowiednio 600 czekoladek i 8,5 tysiąca funtów. Badania przeprowadzone przez profesora Williama F. Fry'a mówią, że jedna minuta uśmiechu dla ludzkiego pulsu jest równoważna z dziesięciominutowym treningiem. Z drugiej strony wiemy też, że stres zabija komórki nerwowe, podnosi ciśnienie krwi, obniża płodność, postarza i osłabia układ odpornościowy.

Inteligencja emocjonalna ma też potężny wpływ na karierę zawodową — ustalono na przykład, że aż 87% szefów będzie o wiele bardziej skłonnych do awansowania pracowników z wysoką inteligencją emocjonalną. W badaniach Seligmana z 1988 r. wyszło, że ci sportowcy, którzy pozytywnie myślą, osiągają w swoich dyscyplinach dużo lepsze efekty od pozostałych. Do tego dochodzi udział wyobraźni: ustalono na przykład, że ci sportowcy, którzy wyobrażają sobie zdobycie lepszych wyników, najczęściej je osiągają. W 2005 r. przeprowadzono badania na Pennsylvania State

University, w których okazało się, że ludzie, którzy się uśmiechają, są postrzegani przez pozostałych jako bardziej kompetentni. W kolejnych badaniach ustalono, że istnieje olbrzymia zależność pomiędzy pewnością siebie a osiągnięciami akademickimi oraz zarobkami. Ludzie, którzy są pewni siebie, zarabiają więcej i mają lepsze wyniki w szkołach. Dzisiaj w niektórych opracowaniach uważa się, że nawet 85% sukcesu życiowego zależy od tzw. *people skills*, czyli umiejętności komunikacyjnych, a zatem wpływu, jaki jesteś w stanie wywierać na innych. Ale na tym nie koniec — inteligencja emocjonalna ma również potężny wpływ na związki. Ustalono, że kobiety, które się uśmiechają, szybciej wychodzą za mąż i są szczęśliwsze w małżeństwie.

CZYM SĄ EMOCJE?

To reakcja umysłu i ciała na określony bodziec środowiskowy lub wyobrażony. Różnica pomiędzy myślą i emocją jest taka jak pomiędzy światem wirtualnym i rzeczywistym. Jeśli przeżywasz dialog wewnętrzny i poproszę, żebyś się nim ze mną podzielił, to nie będziesz tego w stanie zrobić. Natomiast jeśli taka prośba będzie dotyczyć emocji, to już tak. Dzieje się tak dlatego, że emocja jest faktem, ma miejsce na planie fizycznym, występuje w ciele. To coś, co czujemy, a w momencie kiedy to czujemy, stajemy się bliscy temu, by taką emocję zrealizować. To prosty schemat: myśl (funkcjonująca albo jako dialog wewnętrzny, albo też jako wizualizacja, czyli obraz) powoduje powstanie emocji, czyli wirtualność przechodzi w materię poprzez ciało. W konsekwencji tego procesu ciało zaczyna realizować określone zachowania. W ten sposób dochodzi do realizowania myśli. Emocje są faktem, podczas gdy myśli, które je budują, jeszcze takim faktem nie są. Emocje są również nawykowe, ponieważ powtarzają się w określonych kontekstach. Ta zaś powtarzalność zaczyna tworzyć zachowania automatyczne, czyli nawyki. Ludzie zaś uzależniają się jedynie od emocji, a nie od konkretnych czynności. Dlaczego radzenie sobie z uzależnieniami (na przykład z paleniem papierosów bądź objadaniem się) ma sens tylko wówczas, jeśli jesteś w stanie dostrzec emocję, która znajduje się pod spodem.

Wstyd

Przyjrzyjmy się teraz paru emocjonalnym modelom, by zobaczyć, w jaki sposób na nas oddziałują. Zacznijmy od wstydu. Zwróć uwagę, że we wszystkich modelach będziemy rozpatrywali emocje pod względem tego, w jaki sposób wpływają na motorykę ciała, jakie za nimi stoją cienie i jak można sobie z nimi poradzić. Wspomniany już wstyd wpływa na ciało w dość jaskrawy sposób. Ludzie, którzy się wstydzą, kurczą się, zapadają w sobie, jakby chcieli się zmniejszyć, schować. Możesz sobie zadać pytanie, czy w takich sytuacjach, w których odczuwasz wstyd, pomniejszenie ciała jest efektem tej emocji, czy też może zawsze, kiedy zmniejszysz swoje ciało, automatycznie odpalisz wstyd. Otóż to! Obydwa wnioskowania są słuszne, mimo iż o to toczył się zagorzały psychologiczny spór. W sporze tym jedna jego strona uważała, że to osobowość generuje zachowanie („Jeśli ktoś jest nerwowy, to podnosi głos"), drudzy zaś sądzili, że działa to również w drugą stronę, czyli to zachowanie generuje emocje („Jeśli ktoś podnosi głos, to automatycznie staje się nerwowy"). Innymi słowy, można by to zobrazować tak: „Jeśli jesteś atrakcyjna, to ubierasz też atrakcyjne ciuchy, ale jeśli ubierasz atrakcyjne ciuchy, to… stajesz się atrakcyjna!". To działa po prostu w obie strony. A zatem sam fakt zarządzania przez Ciebie ciałem powoduje, że jeśli nie przyjmujesz pozycji związanej ze wstydem, to też wstyd się nie utrzyma, ponieważ w takiej pozycji Twój mózg nie będzie w stanie go odpalić. Ten sam mechanizm działa przecież w przypadku ludzi, którzy poprawiają sobie urodę twarzy za pomocą dużych ilości botoksu. Nie potrafią wówczas wyrazić za pomocą tej twarzy pełnej intensywności uczuć, a przez to przestają być zdolni do ich odczuwania. Sam bowiem fakt braku możliwości realizacji określonych emocji za pomocą ciała powoduje, że te emocje nie będą w stanie się pojawić. Działa to trochę jak *perpetuum mobile*: jeśli się cieszysz, to automatycznie podnosisz w górę ręce, a jeśli je podnosisz, to automatycznie odpala Ci się... radość. To jakbyś miał do czynienia z samonapędzającym się kołem.

Jednak oprócz reakcji w ciele wstyd wiąże się też z określonym przekonaniem. Zazwyczaj to przekonania w rodzaju: „Jestem gorszy" czy „Jestem niegodny". To powoduje, że podświadomie zmierzasz do ukrycia się, schowania. Chcesz się stać niewidzialny. I w ten sposób zaczynasz się zachowywać. Zaczynasz się ukrywać, chować. Odczuwasz również z tego powodu poniżenie. Jedynym sposobem na to, by pozbyć się tak destrukcyjnie działającej na nas emocji, jest zrozumienie i zaakceptowanie swojej inności oraz ekspozycja. Ekspozycja polega na prostym mechanizmie. Jeśli się czegoś wstydzisz, skrywasz jakiś sekret, to sposobem na jego pozbycie się jest... jego ujawnienie. Tak działa paradoks wstydzącego się — po ujawnieniu tego, co skrywał, przestaje się tego wstydzić. To, co było skrywane, zostało odkryte, a zatem ustał powód do wstydu. Jeśli się czegoś wstydzisz, to znajdź takie warunki, w których w bezpieczny sposób będziesz mógł o tym powiedzieć. Jak stworzyć takie warunki? Masz kilka możliwości: możesz swój sekret wyjawić osobie, która jest profesjonalistą i która Cię nie oceni, jak na przykład profesjonalny coach. Możesz również wyjawić swój powód do wstydu osobie, która Cię nie oceni i która nie jest profesjonalistą, ale jej brak oceny wynika z tego, że jest z Tobą emocjonalnie związana, jak na przykład przyjaciel czy rodzic. Możesz również wykorzystać sytuację nazywaną „ostatnim pasażerem ostatniej stacji". To sytuacja, w której wyjawiasz swój sekret komuś, kogo najprawdopodobniej nigdy więcej nie spotkasz i kto nie ma dla Ciebie żadnego znaczenia ani wpływu na Twoje życie. Twoja historia mało go obchodzi, ale dzięki jej opowiedzeniu pozbywasz się wstydu. I teraz już pewnie wiesz, dlaczego zdarzają Ci się w życiu sytuacje, w których obcy ludzie zwierzają Ci się ze swoich intymnych historii! Dla nich to Ty byłeś „ostatnim pasażerem"! Ty posłużyłeś im do osiągnięcia *katharsis*, do oczyszczenia. Wykorzystaj ten mechanizm dla siebie. Ilekroć się czegoś wstydzisz, wyeksponuj to, a wówczas przestaniesz mieć powód do wstydu. Powiem Ci więcej — są tacy goście, którzy na tym mechanizmie zbili potężny życiowy kapitał. Weźmy takiego Woody'ego Allena, który z ekspozycji swoich wstydów uczynił podstawową tematykę swojej twórczości. Znajdź też koniecznie powody swojej niepowtarzalności. Wychodząc z dualizmu „jestem lepszy – jestem gorszy", odkryjesz, że każdy z nas jest inny. Borsuk nie czuje się gorszy od żyrafy, bo nie konkuruje z nią ze względu na bycie w innej kategorii. Ty również jesteś inny niż wszyscy i jest to fakt, a nie opinia.

Poczucie winy

Przyjrzyjmy się kolejnej destrukcyjnej emocji, czyli poczuciu winy. Zastanów się, z jakim systemem jest u nas głównie związane poczucie winy? W jakiejś mierze z instytucjami religijnymi, które wdrukowują nam poczucie winy od najmłodszych lat. Poczucie winy działa na nasze ciało tak samo jak wstyd: pomniejsza i ściąga w dół. Tworzy przekonanie, że jesteś złym człowiekiem. I zobacz, jaka tutaj się pojawia kaskadowość: jeśli uważasz się za złego człowieka, to uznajesz, że zasługujesz na karę, a jeśli zasługujesz na karę, to prędzej czy później znajdziesz sobie kogoś, kto będzie Ci wyrządzał krzywdę. W ten sposób ofiara zawsze poszukuje kata. Każdy człowiek, który ma poczucie winy, znajdzie sobie albo partnera, albo szefa, albo znajomych, którzy będą go wykorzystywali, źle traktowali, krzywdzili. Jakie jest rozwiązanie? Jak pozbyć się poczucia winy? Otóż jak do tej pory nie wynaleziono lepszego niż zadośćuczynienie. Po prostu dogadaj się ze sobą, że jeśli coś popsułeś, to musisz to naprawić. Zadaj sobie w tym celu pytania: „Co zrobiłem nie tak, jak powinienem, i jak to mogę naprawić, jak mogę wynagrodzić? Jak mogę wyrównać balans, jak mogę oczyścić karmę?". I zawsze pamiętaj, że zadośćuczynienie nie jest zależne od tego, czy ktoś je przyjmie. Ty zrobiłeś swoje, a reszta nie jest już Twoim zmartwieniem. Ważne jest to, by umówić się ze sobą w następujący sposób: jeśli zrobię to (tu wstaw odpowiednią czynność), przestanę czuć się winny. Wykonana przez Ciebie czynność, zadanie, ma wyrównać krzywdę, co uwolni Cię od poczucia winy. Krótko mówiąc, uczyń coś, co pozwoli Ci spłacić rachunek. Jeśli tego nie zrobisz, to poczucie winy będzie w Tobie obecne przez długi czas. Wyobraź sobie jakże przecież częstą sytuację, w której szef firmy z jednej strony chce zwolnić pracownika, gdyż uznaje, że nie nadaje się on do tej pracy, a z drugiej strony — na skutek poczucia winy — odwleka tę decyzję w nieskończoność. W takiej sytuacji cierpi nie tylko szef, ale i ten pracownik. Cierpi na tym cała firma. Tymczasem gdyby ten sam szef zdecydował się na zamknięcie wreszcie tego rozdziału, to odbyłoby się to nie tylko z korzyścią dla firmy, ale też dla zwalnianego pracownika. Zamiast trwać w nieznośnym i przedłużającym się stanie, otwierają się przed nim nowe możliwości. Przecież gdzieś indziej może znaleźć dużo bardziej odpowiednią dla siebie pracę, w której będzie się w pełni realizował.

Apatia

To emocja, która również ściąga Twoje ciało w dół. Ponadto jednak czyni to kompletnie bez energii. To bowiem stan, w którym pojawia się przekonanie, że „Nie ma już nadziei" lub „Nic się nie zmieni". Celem apatii staje się umieranie za życia, a efektem —

do tego życia niechęć. Wówczas pojawia się bieda, brak efektywności. Ludzie w tym stanie uważają, że nie można zmienić sytuacji, w której się znaleźli. Zaczynają narzekać i marudzić: wszystko jest źle, nic nie działa, nic się nie może udać. Oczywiście tego typu przekonania rodzą określone zachowania: pasywność, brak witalności, wegetowanie, rozpaczanie, bezsilność, a nawet spanie do późna. A to ostatnie to przecież najlepszy sposób, żeby uciekać od życia. Przebudzenie się, rozpoczęcie funkcjonowania w apatii jest przecież nieprzyjemne, zatem ten moment zaczyna być maksymalnie odwlekany. Po co się budzić, skoro wiemy, jak szary, bezbarwny i beznadziejny czeka nas świat? Jedynym rozwiązaniem i możliwością poradzenia sobie z tą emocją jest uaktywnienie się i zbudowanie planu na przyszłość. Wówczas cele, które przed sobą postawisz, zaczną Cię uwalniać z tej zapaści. Musisz zbudować plan na życie, który jest tak fascynujący, że będziesz chciał go realizować. Zasobem apatii jest możliwość relaksowania się i odpuszczania. Trzeba od czasu do czasu pozwolić sobie na tak zwane „nicnierobienie", czyli danie sobie prawa do tego, by chwilę ponarzekać, by wszystko „spłynęło po nas smętnym kalafiorem". Jednak po tym, jak kalafior już całkowicie spłynie, należy zaplanować cel, który da Ci odpowiednią motywację, by wyrwać się z tego stanu. To pozwoli zbudować przyszłość i jednocześnie wykonać ku niej odpowiedni skok.

Lęk

Lęk nie dość, że pomniejsza nasze ciało, to jeszcze dodatkowo je spina i blokuje. Przekonania, które się wówczas pojawiają, brzmią mniej więcej tak: „Jest coś w zewnętrznym świecie, czego potrzebuję. Jeśli to stracę, to nie będę mógł funkcjonować". Wyobraź sobie, że nakładasz buty, które uczyniłeś synonimem pewności siebie. Kiedy w nich jesteś, czujesz się po prostu pewny siebie. Jeśli w taki sposób się zaprogramowałeś, to wystarczy, że te buty zdejmiesz, by pewność siebie natychmiast zniknęła. I właśnie wtedy pojawi się lęk, bo pojawia się on zawsze wtedy, kiedy boisz się utraty czegoś. Ten mechanizm działa dlatego, że uznajesz, iż coś definiuje Ciebie. Jeśli masz samochód, który uznasz za część siebie (np. prestiżową), to im silniej będziesz przywiązany do koncepcji „Ten samochód daje mi prestiż", tym większe prawdopodobieństwo, że wraz z tą koncepcją pojawi się lęk o jego utratę. Im silniej bowiem jesteś do czegoś przywiązany, tym większa pojawi się obawa o utracenie tego czegoś. Buddyści w tym miejscu udzielają nam cennej lekcji. Mówią: owszem, jesteś posiadaczem materialnych rzeczy, ale nigdy nie przywiązuj się do nich. Zamiast myśleć „To jest moje", lepiej powiedzieć „Aktualnie jestem posiadaczem tego samochodu". To wielka umiejętność posiadać coś bez łączenia tego z definiowaniem siebie. Niestety większość ludzi w taki sposób skonstruowała całe swoje życie. Powsadzali części swojej osobowości w różne przedmioty, dobra materialne i świat zewnętrzny. I teraz żyją sparaliżowani lękiem o to, że część tych rzeczy można im zabrać, że mogą je utracić w taki czy inny sposób. W takiej sytuacji utrata majątku (na skutek na przykład kryzysu czy krachu na giełdzie) może się stać tak silnym stresorem, że ludzie targają się na swoje życie. Tymczasem ideałem jest takie skonstruowanie swojego życia, byś był sobą zarówno bez przedmiotu, jak i z nim. Jeśli uda Ci się nie przywiązać do niczego materialnego, nie wkomponować w świat zewnętrzny najdrobniejszej cząstki swojego ja, to wówczas przestajesz mieć problem z jakimkolwiek lękiem. Niczego nie masz (w znaczeniu: nie jesteś do niczego przywiązany), a zatem nie możesz niczego stracić, niczego Ci się nie da odebrać. W takiej sytuacji żadna obawa o utratę czegokolwiek nie ma nad Tobą władzy i nie ma do Ciebie dostępu.

Celem lęku jest zaś zawsze ucieczka. To z kolei generuje określone zachowania. Między innymi właśnie uciekanie i unikanie oraz pasywność. Co więcej, w takim systemie pojawia się również prokrastynacja na tle lękowym, czyli przekładanie na później wszelkich zadań wywołane lękiem. Nigdy nie będziesz w stanie pokonać tego, czego się boisz i czego unikasz, uciekając od tego. Jeśli chcesz tego dokonać, musisz się udać dokładnie tam, gdzie znajduje się to, czego się boisz. By pokonać demona lęku, musisz być go świadomy, a nie go wyznawać. Tymczasem wokół pełno jest jego wyznawców. To ludzie, którzy powtarzają jak mantrę: „Jej, jakie to było straszne", „Nikt nie cierpi tak jak ja", „Nikt mi nie pomoże". To ludzie, którzy na każdym kroku stawiają mu pomniki. Ty nie wyznawaj tego demona. Ty się z nim skonfrontuj, a stanie się mniejszy, niż Ci się wydawał!

Smutek

To emocja, która — podobnie jak wszystkie poprzednie — również ściąga nasze ciało w dół. Czyni je pasywnym, wolniejszym, mniej energetycznym. Przekonanie to jest oparte na charakterystycznej nostalgii: „Gdyby tylko w przeszłości wydarzyło się X, to wtedy wszystko byłoby dobrze". I tutaj zamiast X ludzie wstawiają dowolne rzeczy: ślub z niewłaściwą osobą, brak ślubu z właściwą, odejście kogoś ważnego, zaniechanie wyboru, ominięcie szansy, podjęcie niewłaściwej decyzji. Wszystko to konfrontują ze swoim szczęściem, w efekcie czego pojawia się jego brak. Innymi słowy, tworzą taki konstrukt myślowy: „Gdyby w przeszłości stało się coś lub coś się nie stało, byłbym/byłabym szczęśliwy/szczęśliwa" i trzymają się tego konstruktu kurczowo przez całe życie, zadręczając się do śmierci. Smutek bowiem tworzy alternatywną rzeczywistość, ale tym samym separuje od teraźniejszości. A ponieważ nie da się zmienić przeszłości, ludzie zaczynają cierpieć. Stąd cel smutku: to powrót do przeszłości. W efekcie niemożności wykonania tej podróży w czasie pojawiają się poczucie straty, zależności, żal, depresja i szarość. Tacy ludzie zazwyczaj się użalają i rozpaczają, gdyż wciąż koncentrują się na przeszłości. Żeby poradzić sobie ze smutkiem, należy zbudować taką przyszłość, która będzie atrakcyjniejsza od przeszłości, i zrozumieć, że w życiu zawsze każda strata przynosi również jakiś zysk. Wystarczy sobie szczerze odpowiedzieć na pytanie, co się zyskało dzięki temu, że coś wydarzyło się w naszej przeszłości. Co staje się możliwe teraz, a kiedyś nie było? Takie rozumowanie pozwala na wyrównanie systemu, a bez tego nie da się ruszyć z miejsca. W przeciwnym razie pozostajemy w miejscu, karmiąc się iluzją, że świat może być tylko czarny, podczas gdy jest jednocześnie i czarny, i biały. Przełamanie tej emocji jest możliwe dzięki akceptacji przeszłości i pogodzeniu się ze stratą. Dopiero wtedy możemy zbudować coś nowego.

Pożądanie

W podstawowej triadzie ludzkiego cierpienia znajdują się poczucie winy, lęk i wstyd. To energie — powiedzmy sobie — w miarę normalnych rozmiarów. Teraz jednak pojawia się mechanizm z rodziny gigantów. Jest nim pożądanie. Zobacz, jak działa. Żeby pożądać, najpierw trzeba wyidealizować obiekt tego pożądania. To sytuacja, w której sama idealizacja sprawia, że nie widzimy wszystkich cech obiektu, a jedynie wybrane. Widzimy jedynie plusy, jednocześnie wypierając to, co znajduje się po stronie minusów. Na przykład pożądasz jakiegoś supersamochodu i w ogóle nie zauważasz, że ten pożądany przez Ciebie wóz pali trzydzieści litrów na sto kilometrów, co sprawia, że jego posiadanie przestaje być tylko i wyłącznie rajem na ziemi. Innymi słowy, pożądając, dokonujesz zdrady dualistycznej rzeczywistości, ponieważ dostrzegasz tylko i wyłącznie dobre strony. Co więcej, pojawia się tutaj schemat: jeśli ja posiądę ten idealny dla mnie przedmiot/obiekt, to sam stanę się idealny. Kolejnym elementem pożądania jest założenie, że pożądany obiekt jest ważniejszy niż życie, więc włącza się mechanizm, w którym samo pożądanie staje się większe od posiadania. W tym mechanizmie ludzie pożądają na przykład samochodu, po czym kiedy już go pozyskują, nie potrafią się nim cieszyć, bo po krótkim czasie zamiast radości odczuwają pożądanie jeszcze lepszego, jeszcze fajniejszego samochodu. Wówczas pojawia się zjawisko, w którym to samochód jeździ nimi, a nie oni samochodem. Są wiecznie podekscytowani tym, co mogą mieć, a nie tym, co już mają. Nie potrafią się cieszyć z teraźniejszości, z tego, co jest. Ich myśli są zawsze osadzone w przyszłości i skoncentrowane na tym, co jeszcze powinni zdobyć, by zaspokoić swoje pożądanie. Łudzą się, że dzięki zdobyciu pożądanego obiektu ich życie będzie lepsze, a to oznacza, że aktualne życie, w którym pożądany obiekt jeszcze się nie pojawił, oceniają jako gorsze. W takim funkcjonowaniu przyszłość jest zawsze atrakcyjniejsza od teraźniejszości i pojawia się coś, co psycholodzy nazywają *future junkie*. To młoda ekspansywna energia męska, „ćpun przyszłości", który ciągle myśli o tym, co będzie, i ciągle połyka kolejne sukcesy, jednocześnie nie robiąc miejsca, żeby się tym cieszyć. Pożądanie to emocja, która działa tylko do pewnego momentu. Do momentu, w którym już masz to coś w ręku. Bo kiedy masz już cos wymarzonego, zaczynasz dostrzegać, że pożądany obiekt ma również cienie. I wówczas pojawia się poczucie oszukania. Czujesz się oszukany, ponieważ rzeczywisty obiekt nie jest zgodny z obiektem pożądanym. Tamten nie miał wad, ten je ma, zresztą jak każda normalna rzecz. Czujesz się zatem zdradzony, więc aby poradzić sobie z tym uczuciem, oddajesz się natychmiast pożądaniu nowego obiektu, który będzie spełniał pokładane w nim nadzieje. Takich obiektów oczywiście nie ma, dlatego proces pożądania nigdy się nie kończy. Tak naprawdę za każdym razem kiedy osiągasz to, czego pożądałeś, czujesz się zdradzony przez swoją własną opowieść. Bo sam sobie złożyłeś obietnicę, że dany przedmiot zrealizuje Twoje marzenia, a jak się okazuje po zdobyciu

obiektu pożądania, z obietnicy tej się nie wywiązałeś. I jednocześnie nie pamiętasz, że i owszem, jesteś tą osobą, która obiecywała
gruszki na wierzbie, ale też jesteś tą osobą, która w te obietnice
chciała wierzyć. To właśnie dlatego tak wiele kobiet stosuje mechanizm flirtowania z mężczyzną z jednoczesnym uciekaniem.
Wiedzą bowiem, że kiedy już dojdzie do konsumpcji, mężczyzna
straci większość zainteresowania, czyli tego, co go motywuje, by
zdobyć daną kobietę.

Istnieje oczywiście rozwiązanie pozwalające sobie poradzić z tym
samonapędzającym się mechanizmem. To wdzięczność pozwalająca się cieszyć tym, co się ma. Czyli zmieniasz swoje nastawienie
— od tej pory wszystkie rzeczy materialne i niematerialne, które
do Ciebie przychodzą, zaczynasz traktować jako dar za to, że wło-
żyłeś w to swoją pracę. Wówczas wiesz, że nawet jeśli coś utracisz,
to ponownie jesteś zdolny do wypracowania podobnego stanu, ale
jednocześnie dziękujesz za to, że mogłeś go doświadczyć, dzięki
czemu stałeś się lepszy. Przedmioty, obiekty, nagrody są obecne
w Twoim życiu, ale nie na skutek pożądania, tylko w wyniku oczy-
wistych konsekwencji Twoich działań. Potrzebujesz ich nie dla
samego zaspokojenia próżności lub ego, ale po to, byś dzięki nim
mógł realizować swoją misję.

Złość

W złości mamy do czynienia z napiętym, wyprostowanym ciałem.
A przekonanie, które się pojawia, mówi: „Powinienem dostać to,
co chcę!". To połączenie siły i frustracji w jeden mechanizm.
Wówczas pojawia się cel: zmienić rzeczywistość na taką, jaką się
chce. Złość więc siłą rzeczy jest egocentryczna. Za nią idzie frustracja wynikła z tego, że nie ma się tego, czego się chce. Zaraz
za frustracją pojawiają się agresja oraz nienawiść, a w ich efekcie
konstruują się zachowania takie jak chęć atakowania, posiadanie

pretensji czy też wyolbrzymianie pożądania. Złość daje moc — pozorną. Złość krzyczy w środku: „Dam radę!”. Złość mówi: „Ja chcę zamienić świat, który jest, na taki, który ja chcę mieć!”. Bo złość, i owszem, wynika z frustracji, ale zawsze jest tam dodawany element siły. Frustracja plus siła równa się złość. A jeśli do tego jeszcze dochodzi element zemsty, to już wiesz, dlaczego ludzie zajeżdżają sobie drogę czy też próbują sobie cokolwiek udowadniać. W psychologii pojawia się termin *Schadenfreude*, który oznacza przyjemność czerpaną z cudzego nieszczęścia. Ciekawa wydaje się tutaj odpowiedź na pytanie: „Co takiego jest w ludziach, że cieszą się oni z tego, że innym poszło źle?”. Co pojawia się w nas w chwili, gdy przeciwnikowi, któremu zazdrościmy, powinie się noga? Warto się zastanowić nad tym konceptem, bo może nam wiele powiedzieć o nas samych. Złość dodatkowo może wzmagać pożądanie. Bo przecież jeśli ktoś nie ma tego, czego chce, i nie może tego pozyskać, to zaczyna się złościć, wkurzać. A złość jest kusząca, bo kryje w sobie siłę. W kulturze patriarchalnej złość nie jest traktowana jako cień, tylko jako zasób. W końcu na mężczyznę, który klnie, nie zawsze patrzy się w kategoriach: „On ma problemy!”. W takich kulturach są mu raczej przypisywane męskie cechy. Co więcej, mężczyznę, który nie potrafi generować złości, często posądza się o zbytnią delikatność i na tej podstawie ocenia jego rzekomą orientację seksualną.

Rozwiązaniem tego stanu jest racjonalizacja swoich potrzeb i pogodzenie się z sytuacją. A racjonalizacja w tym wypadku polega na tym, by uznać, co Ci jest naprawdę potrzebne, a co nie. Pogodzić się z faktem, że nie masz na coś wpływu. W tym momencie kończy się bowiem złość — po prostu nie możesz czegoś zmienić, a zatem powód do złości ustaje. Wymaga to rezygnacji z własnej siły, a jeśli to Ci się uda zrobić, to będziesz świadkiem tego, jak rodzi się w Tobie pokora. Wyobraź sobie, że idziesz ulicą i potykasz się o krawężnik — agresja w tej sytuacji polega na przeklęciu: „O, ten cholerny krawężnik", pogodzenie zaś to prosta, oczywista konstatacja: „O, wywróciłem się!". W pierwszym przypadku budujesz w sobie narastające negatywne emocje, w drugim zaś godzisz się z zaistniałą sytuacją, a więc pozbywasz się negatywnych emocji, co pozwala Ci szybciej się podnieść i pójść dalej.

Pycha

To zdecydowanie największy demon. Taki z uniesioną do góry głową i życzeniem podziwu wyrażonym na twarzy. Pycha nie jest problemem ludzi, którzy nie osiągnęli sukcesu. To raczej problem tych, którzy już wiedzą, że są lepsi, ale tej swojej „lepszości" nie wykorzystują do pomagania innym, więc nie mają misji. Pycha pojawia się w momencie, w którym masz już określone rezultaty, wiesz, że coś już potrafisz. Wtedy pojawia się ego, które wyłapuje te osiągnięcia i podpowiada Ci, że jesteś lepszy. Ty zaś wiesz, że jesteś lepszy, ale sobie z tym jeszcze nie radzisz i nie wiesz, w jaki sposób tym kierować. To doprowadza do następujących efektów: ten stan należy utrzymać, więc automatycznie zaczynasz się otaczać ludźmi, którzy są gorsi, bo tylko wtedy Ty będziesz mógł być lepszy w sposób niezagrożony. To oczywiście ma swoją potężną wadę, bo przy takich ludziach nie urośniesz. Będziesz przy nich błyszczał, będziesz przy nich gwiazdorem, ale ich obecność w Twoim życiu nie spowoduje, że będziesz mógł się rozwijać. Będą Cię oklaskiwać, ale nie popchną Cię do przodu. Nie ma możliwości, byś od nich otrzymał szczerą informację zwrotną. Taką, z której się dowiesz, co zrobiłeś źle, byś mógł to poprawić. Przy nich nie ma krytyki, wszystko, co robisz, jest godne poklasku, a zatem ustaje możliwość jakiegokolwiek rozwoju. Jeśli otaczasz się słabszymi od siebie, to tak naprawdę realizujesz tylko jeden cel: wypromować samego siebie. To kolejna mantra: „Patrzcie, jaki jestem genialny!", za pomocą której możesz jedynie stać w miejscu, bo nie daje Ci ona możliwości posunięcia się do przodu. Pycha pojawia się zawsze jako element sukcesu. Mało kto, kto osiągnął sukces, nie odczuwa korcącej przyjemności, którą daje pycha. Problem jednak w tym, jak z tym cieniem sukcesu będziesz sobie w stanie poradzić. Pycha jest przecież negatywną stroną dumy, ta zaś jest konsekwencją tego, że udało Ci się pokonać jakąś słabość. A zatem siłą rzeczy pycha będzie się pojawiała zawsze jako cień. Pycha jest najtrudniejsza do kontrolowania, ponieważ towarzyszy tylko silnym osobowościom.

W efekcie pychy ujawniają się zaś fanatyzm naśladowców, utrata partnerstwa, klakieryzm, arogancja, negacja i narcyzm. Sytuacja, w której ktoś kocha samego siebie bardziej niż życie. To stan, w którym ludzie nie chcą widzieć świata — chcą natomiast widzieć siebie jako świat. Rozwiązaniem dla pychy jest służenie czemuś większemu niż sobie samemu i podniesienie poprzeczki przy wyznaczaniu celów. Znajdź kogoś, przy kim jesteś głupszy, a z mistrza znów staniesz się uczniem. Ludzie boją się pychy i ze względu na nią rezygnują z sukcesu, bo wiedzą, że właśnie z pychą nie mogą sobie poradzić. Bardziej niż jakikolwiek problem przeraża ich moc i to, co się z nimi stanie, gdy ją ujrzą. Istotą jednak nie jest rezygnacja z sukcesu, ale zaakceptowanie prostego faktu, że jednym z jego cieni jest właśnie pycha. Pojawi się prędzej czy później, i to nie w tym tkwi problem, ale w tym, jak sobie z nią poradzisz. Większość ludzi boi się na przykład dużych pieniędzy. Nie tego, by je mieć, ale tego, że po ich pozyskaniu woda sodowa uderzy im do głowy, że nie będą w stanie sobie z takimi pieniędzmi poradzić. Pracując z ludźmi naprawdę bogatymi, nauczyłem się, że oni mają inną mentalność. Po prostu myślą inaczej. Inaczej podchodzą do zarabiania i posiadania pieniędzy. W pewnym bowiem momencie rozwoju i osiągania sukcesu ilość posiadanych pieniędzy przestaje mieć znaczenie. Ludzie bogaci winkorporowali to, że zarabianie pieniędzy jest możliwe na dowolnym poziomie i jest zależne tylko i wyłącznie

od nich. Stanowi część większego procesu. Dlatego wśród bogatych ludzi możesz spotkać takich, którzy raz byli na górze, raz na
dole, a i tak udało im się znowu na tej górze pojawić. Co więcej,
nie targają nimi żadne wątpliwości, że można tego dokonać, bo
na przykład wychodzenie z bankructwa jest częścią tego samego
procesu. Nie zadają sobie pytania, czy są w stanie zarobić duże
pieniądze w każdej sytuacji, bo to dla nich oczywiste. Na tym
poziomie zarabianie dużych pieniędzy staje się naturalną częścią ludzkiej egzystencji. Chcesz urosnąć? Zadawaj się z ludźmi
mądrzejszymi od siebie. Bo samo to, by być przez nich rozumianym, wymusi na Tobie zmianę. Wymusi na Tobie rozpoczęcie
takiego procesu myślowego, takiego nastawienia do świata i swoich w tym świecie możliwości, które popchną Cię do przodu. To
tam właśnie będziesz mógł się czegoś nauczyć i urosnąć. Problemem nie jest pojawienie się pychy bądź też obawa przed taką
sytuacją, ale to, w jaki sposób sobie będziesz dawał z tym radę.
Wzrost zawsze następuje dzięki środowisku, dzięki otaczaniu się
odpowiednimi osobami. Niestety u nas, w Polsce, poradzenie sobie z pychą poprzez wykorzystanie zasobów, jakie daje jej jasna
strona, czyli duma, jest utrudnione. U nas przecież wciąż poku-
tuje przekonanie, że chwalenie się jest rzeczą naganną. To u nas
piętnuje się wszystkich tych, którzy eksponują swój sukces. Nazywamy ich samochwałami, lanserami. Samo zaś słowo „afiszować"
ma u nas pejoratywną konotację. Wciąż żyjemy w systemie dawnej,
zdezaktualizowanej mentalności. To w jej efekcie dobrze wyedu-
kowany Polak jedzie do Londynu zmywać talerze, zamiast sięgać
wyżej. A robi tak tylko dlatego, że jego komunikowanie się blokuje
wstyd, czy przez przypadek nie użył nieodpowiedniego angielskiego
czasu. Tłamsi w sobie zarówno pychę, jak i dumę, a to powoduje,
że nie jest w stanie kontaktować się z ludźmi, dzięki którym mógłby
rzeczywiście odnieść sukces. Przecież jak im powie: „Wstydzę się
z tobą pogadać", to od razu stawia się na przegranej pozycji.

Akceptacja

To pierwsza z transcendentnych energii. Przekonanie w akceptacji mówi Ci, że jest dokładnie tak, jak być powinno. Nie jest ani dobrze, ani też źle. Celem akceptacji jest obserwowanie zarówno siebie, jak i tego, co się wokół Ciebie dzieje. W efekcie pojawiają się uczucia zapoczątkowujące efektywność, obecność, adaptacyjność. Pojawia się amoralność, czyli system, w którym zaczynasz rozumieć, że nie ma podziału świata na dobry i zły. Rzeczy po prostu się wydarzają, a Ty w żaden sposób ich nie oceniasz. Zamiast tego jedynie opisujesz fakty. To najbardziej racjonalna energia, która pozwala spojrzeć bezstronnie na wszystko, co się wokół Ciebie dzieje. Akceptacja jednak nie polega na pasywności. Wojownik aikido akceptuje atak, ale to nie znaczy, że ten atak w prosty sposób odpiera. On przesuwa energię ataku tak, by nie wyrządziła mu szkody. Wykorzystuje siłę przeciwnika. Staje się w ten sposób przyczyną zjawisk, a nie ich skutkiem. Podobne założenia ma kabała, która mówi: „Nigdy nie bądź skutkiem działania świata, stań się tych działań przyczyną!". Oczywiście akceptacja ma również swoje cienie. Jednym z nich może być pasywność, czyli brak aktywności, niemożność stwarzania świata, a jedynie stanie z jego boku. To sytuacja, w której wojownik aikido widzi atakującego nożem przeciwnika i nic nie robi. Wówczas oczywiście ginie.

W momencie gdy pojawia się akceptacja, zyskujesz możliwość korzystania z wszystkiego, co się wydarzyło. Skoro się wywróciłeś, to zastanów się, jak możesz z tego skorzystać. Skoro straciłeś pracę, to zastanów się, jaką może Ci to przynieść korzyść i jakie nowe możliwości się dzięki temu przed Tobą otwierają. Skoro zostawiła Cię żona, to co teraz możesz z tym zrobić? Pojawia się możliwość bycia elastycznym, czyli kimś takim, kto błyskawicznie dostrzega zasób tam, gdzie inni widzą stratę. Akceptacja — prawdziwa akceptacja — radzi sobie z bólem po utracie bliskiej osoby.

Bo prawdziwie silny jest ten, który radzi sobie z posiadanym lękiem, a nie ten, który lęków nie odczuwa. Ten drugi bowiem jedynie ucieka przed lękami, a to nie dodaje mu siły, ale wręcz odwrotnie.

Elastyczność

Elastyczność jest potężną energią. Wiele badań wskazuje, że to jedna z najważniejszych umiejętności przyszłości. To umiejętność błyskawicznego dostosowywania się do zmieniających się warunków. W dobie internetu i niesamowitego rozwoju cywilizacji staje się ona kluczowa. W akceptacji pojawia się również przekonanie, że wszystko jest okazją. A dzięki temu przekonaniu ludzie w sposób efektywniejszy generują dobra, pomnażają zyski i osiągają sukces. Pojawiają się niesamowite efekty: wiedza, edukacja, zrozumienie oraz sprawczość. A to dlatego, że w stanie akceptacji permanentnie wyciągasz wnioski, stale się uczysz, wciąż budujesz nowe modele. Cieniem elastyczności jest to, że można pozostać we własnej głowie, więc zamiast czuć, staniesz się robotem oferującym wyciąganie wniosków. Tymczasem ten ktoś akurat potrzebuje współczucia, a nie wnioskowania o nauce na przyszłość. Elastyczność generuje cień braku empatii. A wówczas bardzo blisko do możliwości zranienia kogoś.

Jeśli jednak poradzisz sobie z cieniem i zaczniesz czerpać z elastyczności, to chwila, w której zrozumiesz, że wszystko jest okazją, to moment, w którym naprawdę zaczniesz działać i zmieniać swoje życie, w którym po raz pierwszy weźmiesz odpowiedzialność za siebie w swoje ręce. Celem elastyczności jest pomnażać i generować. Tutaj pojawia się myślenie inwestycyjne, bo wszystko staje się możliwością. Na tym poziomie, jeśli posiadasz sto złotych, nie postrzegasz ich w kategoriach „Mam sto złotych", tylko w kategoriach „Jak mogę pomnożyć to, co mam?". Wówczas bowiem wszystko staje się możliwością do tego, żeby mieć więcej. Elastyczność jest cechą najbardziej dojrzałych umysłów. Umysły początkujące traktują to, co je spotyka, jak problem, który należy rozwiązać, zaś te już bardziej zaawansowane uznają to za wyzwanie, któremu należy sprostać. Z kolei te na najwyższym stopniu rozwoju i dojrzałości widzą we wszystkim okazję, którą można wykorzystać do własnego rozwoju i wzrostu.

Wdzięczność

Moment, w którym bierzesz odpowiedzialność za swoje życie, to jednocześnie moment, w którym pojawia się wdzięczność. To przepotężna energia. Jest absolutnym i pełnym poczuciem bezpieczeństwa. To umiejętność cieszenia się z tego, co się ma, i zrozumienie, że wszystko, co się dzieje, jest prezentem od Boga. Jest to w pełni uświadomiony egocentryzm, w którym zdajesz sobie sprawę z tego, że świat jest permanentnym darem. To stan, w którym zaczynasz kochać świat i godzić się z karmą. To stan, w którym za każdym razem mówisz: „O! To jest dokładnie to, czego potrzebowałem". Zobacz, ile rzeczy — z pozoru negatywnych — które przydarzyły się w Twoim życiu, to jednocześnie takie, które później umożliwiły Ci osiągnięcie czegoś. Coś, co kiedyś uznawałeś za katastrofę, ale dzięki czemu Twoje życie zmieniało się na lepsze. Zobacz, jak wielki mógłbyś się wówczas stać, gdybyś już wtedy był zdolny do szczerego, świadomego i rozumnego stwierdzenia: „Dziękuję za to, bo to jest dokładnie to, co w tym momencie życia było mi potrzebne, bym mógł później stać się tym a tym bądź dokonać takiej czy innej zmiany!". Istotą wdzięczności jest bowiem zdawanie sobie z tego sprawy w czasie teraźniejszym, a nie po jakimś czasie. Skoro prędzej czy później będziesz za to wydarzenie w swoim życiu wdzięczny, to po co czekać? Bądź wdzięczny od razu, a będziesz mniej cierpieć. Im bardziej jesteś świadomy, jak ten system działa, tym bardziej tak naprawdę skracasz sobie czas bólu pomiędzy momentem negatywnego wydarzenia a przyszłą konstatacją, że to wydarzenie do czegoś Ci było potrzebne.

Celem wdzięczności jest nieustanne dziękowanie, a efektem — miłość do świata, pełna zgodność z własną karmą i nieustająca gotowość do pełnienia misji. Tutaj też pojawia się prawo obfitości, zgodnie z którym wszystkiego jest w wystarczającej ilości dla wszystkich. To tutaj jesteś wdzięczny za to, co już masz, i prosisz o więcej, bo masz pełne przekonanie, że dóbr, które oferuje świat, wystarczy nie tylko dla Ciebie, ale też dla wszystkich pozostałych. Zaczynasz żyć w przeświadczeniu, że wszystko, co się dzieje, jest potrzebne i dobre. A wtedy rodzi się zupełnie nowa jakość życia. W końcu ilość czasu cierpienia jest wprost proporcjonalna do długości czasu zrozumienia, czemu to, co się wydarzyło, było Ci potrzebne. Na tym polega rekonwalescencja. Cierpisz dokładnie tyle, ile jest Ci potrzebne, by zrozumieć, po co Ci było potrzebne to, co się wydarzyło. Dopiero później pojawiają się akceptacja i wybaczenie. I wreszcie wdzięczność. To mechanizm, dzięki któremu zaczynasz rozumieć, że wszystko, co się do tej pory wydarzyło, prowadziło Cię do tego właśnie momentu, w którym jesteś. A zatem dziękujesz za to, co się stało. Dziękujesz każdemu byłemu partnerowi, który Cię porzucił, bo właśnie dlatego możesz być dzisiaj z tą, z którą związek daje Ci prawdziwą miłość i szczęście. Poczucie prawdziwej wdzięczności pozwala Ci zrozumieć, że wszystko to, co teraz czujesz jako niedoskonałą cząstkę siebie, staje się jednocześnie powodem do dokonania zmiany. To, że czujesz, iż jesteś jeszcze niedoskonały, pozwala Ci się rozwijać. I za to powinieneś być wdzięczny. Zaczyna się wówczas życie w innym świecie. Odnosisz wrażenie, że cały czas jesteś pod parasolem ochronnym, który daje Ci wdzięczność. Pod parasolem świadomości, że jest jakieś wyższe „coś", co Cię bezwarunkowo kocha i otacza opieką. A momenty, w których przydarzają Ci się rzeczy, które nie są dla Ciebie miłe, które niosą ze sobą ból, są Ci potrzebne do tego, byś mógł wzrastać. Jest więc za co czuć wdzięczność permanentnie, każdego dnia, o każdej porze i w każdej sytuacji. Takie poczucie to wejście na wyższy poziom, to egzystowanie na zupełnie innych wibracjach. Zaś zrozumienie zasad funkcjonowania tych poziomów to przecież wyraz inteligencji emocjonalnej.

Radość

Wdzięczność prowadzi do radości, a radość jest wehikułem do cieszenia się. Radośni są ci ludzie, którzy są optymistyczni i pokazują, że życie jest piękne. Tutaj przekonanie jest bardzo proste. Mówi ono: „Ale jest fajnie!". A radośni ludzie stają się naturalnymi liderami dla pozostałych, gdyż w efekcie radości zaczynasz przyciągać ludzi, bo przy Tobie po prostu czują się dobrze. Pozytywne osoby zaczynają bowiem pompować pozytywną energię w swoje otoczenie. Stajesz się naturalnym liderem, a wszystko wokół Ciebie dzieje się bezwysiłkowo i synchronicznie. Możesz coś robić przez wiele godzin na dobę i nie czujesz żadnego zmęczenia, bo to, co robisz, po prostu sprawia Ci radość. Zaczynasz być w centrum zainteresowania, a ludzie do Ciebie ciągną. Powstaje wówczas koncept „cudu". Zaczynasz dostrzegać, że świat jest cudem, radością. Jest formą dzielenia się! Twoim udziałem staje się wówczas dziecięcy entuzjazm. Wizjonerzy są właśnie na poziomie radości. Oni permanentnie generują i pokazują piękno świata. Stają się głębokimi inspiratorami, powodują, że ludzie wspólnie przeżywają świat, są w nim zawsze obecni. Niestety, cieniem radości jest przyciąganie wampirów energetycznych — ludzi, którzy lgną do uradowanego osobnika jak pszczoły do miodu jedynie po to, by pozbawić go tej radosnej energii. Zwróć uwagę, że im więcej pieniędzy zarabiasz, tym więcej wokół Ciebie ludzi, którzy albo chcą te pieniądze od Ciebie pożyczyć, albo też uważają, że im one się również należą. Pojawienie się w Twoim życiu ludzi atakujących Cię negatywnymi emocjami to również cień tego, czym się zajmujesz. Prawnik przyciąga ludzi mających problemy prawne, inżynier — techniczne, a psycholog — psychiczne. Zasobem radości jest brak separacji i identyfikacji. Ludzie się po prostu cieszą tym, co jest, i nie dzielą swojego „ja" na zawieszone w przyszłości czy przeszłości. Działają zawsze w „tu i teraz". Są po prostu doskonale spontaniczni. Co więcej, sama radość z tego, co się ma, powoduje, że żadne pożądanie nie może się pojawić. Bo pożądanie z samej definicji niesie oczekiwanie osiągnięcia czy też pozyskania czegoś, czego się jeszcze nie ma. Kiedy zaś cieszy Cię to, co masz, automatycznie jakiekolwiek pożądanie przestaje mieć nad Tobą władzę. Radość pozwala dostrzegać i pokazywać innym piękno świata. Pozwala na nieskończone inspirowanie tym pięknem innych i skłanianie ich do wspólnego przeżywania.

Według psychologów istnieją trzy elementy szczęścia. Pierwszym z nich jest kompetencja. Na przykład jeśli stworzysz takie warunki dzieciom, w których będą one mogły demonstrować swoją kompetencję, to będą się lepiej rozwijały intelektualnie. A teraz w powyższym zdaniu zastąp słowo „dzieci" słowem „pracownicy", by zacząć tworzyć kulturę edukacyjną dla swojego zespołu. Z tego wynika prosty przekaz: zadbaj o to, by Twoi ludzie mogli robić rzeczy, w których uwolnią swój potencjał. Pamiętaj jednak, że jeśli pozwolisz, żeby mechanik samochodowy przygotował wystawną kolację, to najprawdopodobniej nikt się nie naje. Drugim elementem składającym się na szczęście jest autonomia, a zatem stworzenie takich warunków, które pozwolą ludziom na samodzielność. Trzeci element to więzi międzyludzkie — te prawdziwe, oparte na otwartości, bez zakładania masek. Wystarczy, że w Twoim życiu pojawi się jedna osoba, przy której nie musisz grać, przy której będziesz mógł być całkowicie sobą, by jakość Twojego życia zmieniła się nie do poznania.

Miłość

Radość prowadzi do miłości. Miłość zaś generuje w ciele otwartość. Pojawia się skupione, spokojne i obecne spojrzenie. Za nim podąża przekonanie: „Jestem miłością!" — i właśnie w taki sposób można zdefiniować prawdziwe szczęście. To emanacja miłości polegająca na poczuciu, że wszyscy jesteśmy miłością. To staje się przekonaniem, że jesteś tą wibracją, którą właśnie odczuwasz. Daje to przeogromne poczucie bezpieczeństwa wysyłane do ludzi: „Jesteś okej taki, jaki jesteś". Miłość nie chce niczego zmieniać, jest najsilniejszą formą potencjalizowania zasobów. Pełna akceptacja daje poczucie bezpieczeństwa, dzięki czemu dana osoba zaczyna rosnąć w warunkach całkowitego spełnienia. Miłość, idąc za słowami Ericha Fromma z *O sztuce miłości*, nie jest skierowana do kogoś (ani do czegoś), ale jest stanem, którym emanujesz w każdym miejscu, w jakim się znajdujesz. Za to poziom wykonania tej miłości, czyli kochanie — poziom operacyjny — jest inny. Inaczej kocha się partnera (poziomem operacyjnym będzie tu m.in. seks), inaczej małe dziecko (przytulanie), inaczej ulubione jedzenie (zachwyt). Jednak treść pozostaje zawsze ta sama. Miłość się również nie zaczyna ani nie kończy — jest obecnym stanem, w którym w każdej chwili możemy się znaleźć. Co kochasz *à propos* tej sytuacji, w której się znajdujesz? Ja kocham to pisać. Kocham myśleć, że te słowa mają głębszy sens i Cię zainspirują. Miłość dotyka szczęścia i je daje. W jej efekcie stajesz się prawdziwie dobry i pomocny. Zaczynasz pomagać innym, przebaczać i odczuwać absolutne szczęście. W miłości pojawiają się takie zachowania jak odżywianie — w znaczeniu, w którym fakt przebywania z Tobą pogrążonym w miłości stanowi dla innych osób odżywkę energetyczną. Przy Tobie ludziom zaczyna się zmieniać nastrój, czują się wzmocnieni, lepsi i pełniejsi. Jednak i miłość ma swój cień — to ślepota, czyli to, co zawarte jest w starym powiedzeniu:

„Serce nie sługa!". Pogrążony w miłości nie widzisz wszystkiego. To sytuacja, w której matka seryjnego mordercy nie daje wiary w to, że jej syn mógłby dokonać zbrodni. Wypiera to i zastępuje przekonaniem: „To na pewno nie on, to ktoś go do tego zmusił!". To sytuacja, w której ktoś zaślepiony miłością nie chce zobaczyć rzeczywistości. A wtedy łatwo o zawód.

Spokój

W efekcie prawdziwej, głębokiej miłości pojawia się spokój. Ciało w spokoju jest otwarte i skupione. Przekonanie mówi, że wszystko płynie, a skoro tak jest, to nie przywiązujesz się do niczego. Zaczynasz zdawać sobie sprawę z tego, że w jednej chwili coś masz, podczas gdy w innej już tego czegoś możesz nie mieć. Tutaj pojawia się element kreacji. To na tym poziomie działają najwybitniejsze jednostki, które stwarzają świat. Celem spokoju jest prowadzenie, przywództwo, pociąganie innych za sobą. W efekcie zaś pojawiają się transcendencja, samorealizacja, aczasowość i aprzestrzenność. Pojawia się mówienie swoim głosem — znika wdrukowany głos rodziców i społeczeństwa, a zaczynasz dobywać własnego wewnętrznego głosu. W innym modelu (czakr) jest to otwarcie gardła. Aczasowość zaś oznacza, że przestaje istnieć koncept czasu jako taki. Zaczynasz traktować swoje życie jak przepływający przed oczami film — kiedy podejdzie do Ciebie ktoś z nożem, nie mówisz: „To koniec", mówisz: „O, przygoda pod tytułem Jan Kowalski właśnie się kończy". Twoje ego bowiem zaczyna być czymś kompletnie odseparowanym od Ciebie. To ono działa w koncepcjach czasu, Ty nie — i wyraźnie dostrzegasz tę różnicę. To bliskie doświadczeniu, które pewnie nieraz przeżywałeś. To te momenty, w których patrzyłeś na swoje życie z boku, co wydawało Ci się kompletnie surrealistyczne. Pewnie nieraz czułeś się jak aktor obsadzony w filmie zwanym życiem, którego rolę i zachowania na scenie obserwowałeś z pewnego dystansu. Poziom spokoju to model, w którym permanentnie oglądasz się w taki sposób. To też mniej więcej tak, jakby przydarzył Ci się jakiś wypadek, a Ty zdałbyś sobie sprawę, że Twoja osobowość nie bierze na siebie bólu, że to boli Twoje ciało, a nie Ciebie. Co więcej — Ty jesteś w stanie obserwować ten mechanizm zupełnie z boku. Przyglądasz się temu i możesz odseparować ból od swojej osobowości, pozostawiając go jedynie w Twoim ciele. Jeśli kiedyś przeżyłeś na przykład wypadek samochodowy, to mogłeś doświadczyć podobnego uczucia. Zauważyłeś, że są takie momenty, podczas których świat wydaje się zwalniać? To Twój mózg wszedł w inną częstotliwość — stąd zmiana postrzegania. Kiedy pracowałem ze sportowcami, bardzo korciło mnie, by odkryć, co się dzieje w ich umysłach, kiedy pokonują samych siebie. Kiedy pokonują kolejne rekordy, osiągają życiowe wyniki, w czasie gdy dokonują niemożliwego. Okazało się, że w tych ekstremalnych stanach wykazują pewne wspólne cechy. Otóż dowiedziałem się na przykład, że w trakcie osiągania swoich maksymalnych możliwości żaden z nich nie myślał! Podczas każdego pobijanego rekordu sportowcy po prostu wyłączają myślenie. Nie zastanawiają się nad bitym rekordem i swoimi możliwościami w tym momencie, tylko po prostu… biją rekord. A biją rekordy w stanie *flow*, w stanie „niemyślenia". W stanie, w którym rzeczy wydarzają się same, a rzeczywistość płynie niejako bez naszego udziału. Warto z tych sportowych doświadczeń wyciągnąć wniosek, którym możemy się kierować we własnym życiu i przy osiąganiu własnych sukcesów. Bo kiedy myślisz, to zastanawiasz się, analizujesz, wartościujesz i oceniasz. Badani przeze mnie sportowcy nigdy nie analizowali. Byli w pełni obecni, kiedy pokonywali kolejne wyzwania. Nigdy nie podchodzili do bicia rekordu z punktu widzenia: „Ja idę tam, żeby być najlepszy!". Podchodzili do tego, jakby mieli dokonać jakiegoś odkrycia. Odkryć swoje nowe maksymalne możliwości!

Z poziomem spokoju wiąże się jeszcze akoncentracyjność. Jeśli coś mówisz, to zaczynasz postrzegać ten stan w kategoriach: „Jestem mówiony", zakładając, że przemawia przez Ciebie coś większego niż Ty sam. To stan, w którym poddajesz się kanalizowaniu, pozwalając, by Twoimi działaniami kierowały wyższe siły. Tak właśnie to przebiega w stanie *flow* i to z tego względu tak często mówi się o tym stanie, że rzeczy się w nim same dzieją. To tak, jakbyś przestał być sprawcą działań, a jedynie ich wykonawcą. To moment, w którym pozwalasz, by rzeczy wydarzały się, płynąc przez Ciebie, a Ty stajesz się jedynie rodzajem kanału, przez który przechodzą. Nie identyfikujesz się z tym, który podejmuje działania (lub — jak byśmy powiedzieli precyzyjniej — przez którego działania się podejmują), ale z obserwatorem tych działań.

Ludzie funkcjonujący na tym poziomie mają głębokie poczucie misji. Wiedzą, po co żyją. Żyją po to, żeby się czemuś oddać, i niezależnie od tego, co się dzieje, mają taki fundament swojej własnej misji, że zawsze wiedzą, co mają robić. Nawet jak przydarzy im się zboczyć ze ścieżki, to i tak szybko wracają na swój trakt. Za tym idą konkretne zachowania: tworzenie arcydzieł, cudotwórstwo. Dzieje się tak dlatego, że stajesz się kreacją samą w sobie. Nie patrzysz na to, co robi konkurencja, nie zajmujesz się tym. Jedyne, co Cię interesuje, jest kreacyjność absolutna. Podczas aktu kreacji materializujesz to, co przechodzi przez Ciebie w akcie kanalizacji. Przemawia przez Ciebie Twoje wyższe „ja". Ludzie w tym stanie rozumieją swoje przeznaczenie, żyją w pełnej zgodności z karmą. Stają się oryginałami. Są podłączeni do czegoś większego i w tym stanie zaczyna ich obowiązywać myśl: „Ja daję wyraz czemuś większemu". W tym stanie zaczynasz kanalizować informacje wyższego poziomu. Innymi słowy, w pełni wówczas rozumiesz schemat: „Jestem narzędziem w rękach Pana!". To poziom, na którym uzyskujesz świadomość, że pracujesz dla osiągnięcia wyższego celu. Taka świadomość prowadzi do zrozumienia, czym w istocie jest służba. Patrzysz na swoje życie w kategoriach zadania, które zostało zlecone Ci do wykonania. Jeśli jesteś w podróży, to nie mówisz sobie: „Fajnie jest tam pojechać", ale zadajesz sobie pytanie „Panie, po co mnie tam wysyłasz, jakie zadanie mam tam do wykonania, jaka czeka mnie misja?".

Niestety, na poziomie spokoju — podobnie jak na każdym innym — pojawia się również cień. Tym razem jest to oderwanie od społeczeństwa. To stan, w którym — i owszem — żyjesz w niesamowitym świecie, ale ludzie już nie potrafią się z Tobą dogadać, bo fruwasz w tak wysokich przestworzach, że są one dostępne już tylko dla Ciebie.

Oświecenie

To stan, w którym ciało nie ma umysłowej reprezentacji — jest jedynie środkiem do osiągnięcia celu. W modelach buddyjskich znajdziesz dwa rodzaje: *satori* i *samadhi*. To sytuacja, w której nie istnieje czas, a Ty jesteś jedynie obserwatorem. Obserwujesz siebie i masz wrażenie, że widzisz wszystko, będąc jednocześnie w perfekcyjnym miejscu i perfekcyjnym czasie. Czujesz, że nie musisz robić nic innego niż to, co robisz, ponieważ to, co robisz, jest perfekcyjne. Za każdym razem czujesz perfekcyjny sens działania, bez potrzeby planowania tych działań. A wszystko, co się dzieje, wydarza się bez najmniejszego wysiłku. Rzeczywistość staje się w pełni dostępna, wszystko zwalnia i masz wrażenie, że patrzysz na świat przez swoje oczy, jednocześnie nie będąc już swoimi oczami. Pojawia się wtedy przekonanie „Jestem samą świadomością". Celem staje się prowadzenie innych, realizacja misji, życie samo w sobie. To poziom głębokich przywódców duchowych, bo na tym poziomie odkrywają w sobie moc prowadzenia innych i bywa, że płacą za to własną śmiercią. Kiedy przyjrzysz się największym przywódcom duchowym, to szybko spostrzeżesz, że większość z nich jest, niestety, zabijana. Niezależnie do tego wciąż się pojawiają, bo ich celem jest inspirowanie i prowadzenie ludzkości. To tutaj w zachowaniach pojawiają się „bycie obecnym", *flow* i inspirowanie.

Powyższe modele powinny się stać Twoją inspiracją i jednocześnie pozwolić Ci na dokonanie zmiany. To, co z nich weźmiesz, pozostanie Twoje i może Ci znacznie ułatwić drogę do osiągnięcia sukcesu. Co więcej, jeśli zapoznasz się z tymi modelami, możesz sam zdecydować, w jakiej życiowej sytuacji się znajdujesz i z jakiego modelu chcesz skorzystać. Wystarczy prosty przykład, by uzmysłowić sobie, jakie emocje mogą Tobą władać w danej sytuacji. Weźmy dla przykładu scenkę, w której potykasz się o krawężnik na ulicy. W modelu wstydu Twoja reakcja to: „Ale jestem głupi!". Poczucie winy podpowie Ci: „Jestem głupi, źle zrobiłem, zawsze się potykam, nie powinienem był tego robić!". Na poziomie apatii powiesz: „Zawsze się będę wywalał!". Lęk podpowie Ci: „Na pewno coś się w środku popsuło, choć jeszcze tego nie czuję". W modelu smutku powiesz: „Gdybym tylko wtedy wybrał inną drogę, to nie wywaliłbym się!". Pożądanie każe Ci powiedzieć: „Gdybym tylko lepiej mógł chodzić, to mógłbym pokonywać takie przeszkody, spektakularnie podnosząc nogę!". W modelu złości zaklniesz: „Znowu ten cholerny chodnik, o mało co nie złamał mi nogi!". Na poziomie pychy rzucisz: „Nikt tak zjawiskowo się nie wywali jak ja! Kiedy spadałem, widziałem, że świat zamarł!". Tymczasem akceptacja powie: „Wywróciłem się!", po czym pójdziesz dalej, nie zwracając uwagi na to wydarzenie. W modelu elastyczności zaczniesz się zastanawiać: „Hm... ktoś tutaj umieścił chodnik i zrobił to trochę krzywo. Spróbuję go poprawić, żeby inni się nie wywalili. A może warto rozważyć założenie firmy specjalizującej się w poprawianiu chodników?". Na poziomie wdzięczności powiesz: „Panie, dziękuję ci za to, że uratowałeś mnie przed czymś, o czym nawet nie wiem. Bo być może, gdyby nie to potknięcie, poszedłbym szybciej dalej, a tam przejechałby mnie samochód! A tak jedynie straciłem trzy se-kundy, ale one być może uratowały mi życie!". Model radości pod-powie Ci zachwyt: „Ale się fantastycznie wywaliłem!". W miłości pewnie tylko się uśmiechniesz. Na poziomie spokoju dostrze-żesz, że krawężnik nie jest li tylko krawężnikiem: „To nowe nie-zwykłe doznanie, z którym pewnie coś mógłbym uczynić!". A na poziomie oświecenia zrozumiesz, że nie wiesz.

5

Modelowanie

Wyobraź sobie sytuację, w której możesz się nauczyć każdej umiejętności, jaka istnieje na świecie. Znajdujesz sobie nauczyciela, który to potrafi, zaczynasz zadawać mu odpowiednie pytania i budujesz model jego umiejętności, który potem służy Tobie i innym. Jak to brzmi? Uświadomienie sobie, że każda umiejętność jest dostępna dla każdego jest zmianą paradygmatu „talentu" w „dyscyplinę" i daje dostęp do nieskończonych zasobów inteligencji tego świata. Zacznijmy od początku.

Każda umiejętność istniejąca na świecie jest wyuczalna. Nie ma czegoś takiego jak genetyczne predyspozycje do pływania albo do mówienia w języku obcym czy gotowania. Geny decydują wprawdzie o Twoim wzroście, a wiemy przecież, jak istotną rolę pełni on w koszykówce, jednak ten twardy (obiektywny) czynnik nie ma nic wspólnego z samą umiejętnością grania. W końcu nie wszyscy wysocy potrafią grać w kosza, a wielu relatywnie niskich osiągało w tym zakresie mistrzostwo (np. Allen Iverson). A zatem nauczyć się możesz wszystkiego.

Poza tym każda umiejętność jest skalowalna. Oznacza to, że zawsze możesz być lepszy i nigdy nie osiągniesz poziomu „absolutnego nauczenia się". Im więcej będziesz ćwiczył, tym lepszy się staniesz. Przechodzisz z poziomu własnego podwórka na poziom lokalny, potem wojewódzki, krajowy, następnie regionalny, aż w końcu na poziom światowy i najwyższą półkę. Na tym etapie takiej umiejętności poświęcasz już całe swoje życie.

Pamiętaj, że każda umiejętność jest nieświadoma — innymi słowy, nie myślisz o niej, gdy ją wykonujesz. Jeździsz samochodem i nie myślisz, tylko automatycznie reagujesz. Tak samo jest z mówieniem po polsku czy z jedzeniem, choć kiedy byłeś niemowlęciem, to nie miałeś pojęcia, jak jeść. Wszystko więc, czego się uczysz, na samym końcu będzie już ucieleśnione i znajdzie się poza Twoją świadomą kontrolą. Tym samym umiejętności są też organiczne, w przeciwieństwie do myśli, które są intelektualne.

Ale to dopiero myśl wchodząca w mięsień tworzy intuicję (znów Erich Fromm), która *per se* jest nieświadoma.

Każda umiejętność składa się z dwóch czynników: miękkiego i twardego, które muszą być ustawione w odpowiedniej kolejności. Czynnik miękki to przekonania na temat siebie i kontekstu samej umiejętności, a czynniki twarde to określone zachowania powtarzane celowo w danym kontekście. Takim zachowaniem może być na przykład poruszanie rękoma. Poza kontekstem basenu nie jest to jeszcze pływanie. Te ruchy muszą brać pod uwagę środowisko, czyli wodę. Bez niej nie wiemy, z jaką siłą i częstotliwością wykonywać ruchy. Oczywiście aby wejść do basenu, trzeba tego chcieć — a to już element miękki motywacji. Trzeba też to lubić. I mieć przekonanie o własnych zdolnościach. Jak widzisz, jedno bez drugiego nie istnieje i dopiero odpowiedni umysł z odpowiednim ciałem są w stanie dać wynik, którego szukamy.

Każda umiejętność musi być osadzona w kontekście miejsca i ludzi. To, co działa w jednym miejscu (machanie rękoma w basenie), jest dysfunkcjonalne w drugim (machanie rękoma w kościele). Każda umiejętność wiąże się też z obecnością innych ludzi — o ile medytuje się zwykle samemu, o tyle granie w piłkę wymaga już myślenia kolektywnego, czyli innej inteligencji.

Gdy myślisz o tym, czego chcesz się nauczyć, zacznij od zdefiniowania miękkiego elementu (co to znaczy dla Ciebie pływać, sprzedawać, mówić po angielsku?) i zapisania go, co pozwoli Ci wyznaczyć ramy działania Twojego mózgu. Następnie znajdź motywację (po co chcesz to robić i dlaczego?). Określ też miejsce i ludzi, przy których będziesz z tego korzystał. Wszystko pisemnie i konkretnie, bo to uprawdopodabnia efektywność. Kolejnym krokiem jest znalezienie właściwego modela, czyli osoby, która potrafi robić to, czego chcesz się nauczyć. Nie musi tego robić aktualnie, ale musiała to robić wcześniej. Ta osoba zjadła zęby na tej dyscyplinie, co pozwoli zaoszczędzić Ci problemów i błędów, jakie musiałbyś popełnić, gdybyś chciał to robić sam. Model musi mieć dowód na to, że potrafi to robić. To znaczy, że po wynikach rozpoznasz, iż faktycznie ma osiągnięcia, zobaczysz go (lub ją) w akcji, a także owoce pracy. Tytuły i marketing są ważne, ale nie najważniejsze — sam fakt skończenia przez kogoś szkoły absolutnie nie oznacza, że ktoś coś potrafi, tak samo jak tego nie wyklucza. Idź za maksymą: „po wynikach ich poznacie". Umiejętność znajdywania właściwych mentorów jest w życiu bardzo istotna. Koniecznie oddziel umiejętności tych ludzi od kontekstu, etyki i osobowości. Może się zdarzyć, że znajdziesz świetnie zarządzającą rodziną matkę, ale nie dostrzeżesz, że jest rewelacyjną kandydatką na menedżerkę w firmie. Pamiętaj, że mózg nie uzależnia się od kontekstu, bo umiejętność sama w sobie jest organiczna — oznacza, że jeśli umiesz pływać, to nie tylko w Lublinie, ale też w Koszalinie, i jedynie myśl (czynnik miękki) może Ci przeszkodzić w dostępie do zasobów. Mózg robi coś, co nazywa się *mapping across* — jeśli zna ruchy, to bieganie, gonienie, uciekanie, poruszanie się w basenie, udawanie podczas siedzenia na krześle, że się rusza nogami, jest tym samym. Wielu ludzi ma niesamowite umiejętności, ale nie potrafią — z braku wiedzy, którą teraz zdobywasz — przenosić ich między kontekstami, a więc aplikować wszędzie. Krótko mówiąc, umieją, ale nie stosują tych umiejętności. Pamiętaj również, by oddzielić modela od etyki. Niektórzy ludzie działają źle, mają złe intencje, choć być może są nieświadomi krzywdy, jaką wyrządzają, ale za to mają niesamowite umiejętności. A te zawsze są amoralne — nie są ani złe, ani dobre. Modelując, nigdy nie moduluj osobowości, ale samą umiejętność. Machanie nożem może zabijać albo cieszyć publikę w cyrku — więc oddziel modela od tego, co potrafi. Podobnie jest w trzecim po kontekście i moralności przypadku, jakim jest osobowość. Może spotkasz kogoś, kto jest wredny, smętny, nudny, chamski itd. i osobowościowo będzie nie do życia, ale za to jego umiejętności będą spektakularne. Wejdź do jego głowy z jednym celem — wzięcia tego, co potrafi. Porzuć kontekst, etykę, porzuć jego osobowość. Potem Ty zdecydujesz, gdzie z tego korzystać, z jaką moralnością i jaką własną osobowością będziesz tym zarządzał.

Modele występują w różnych rolach: nauczyciel daje wiedzę, trener — umiejętności, coach odkrywa potencjał, mentor inspiruje, konsultant daje rozwiązania, terapeuta diagnozuje. Nie idź do tego ostatniego po rozwiązania, on nie jest od tego. Dentysta nie sprawdza kośćca, tak samo jak coach nie musi znać treści problemu, ale wiedzieć, jak zadawać pytania. Określ dobrze, do kogo z czym idziesz. I pamiętaj, że niekoniecznie musisz mieć z modelem do czynienia na żywo, choć jest to najlepsza forma nauki. Źródłem informacji są też bowiem filmy, zapiski, rozmowy czy przebywanie w towarzystwie.

Gdy już znajdziesz modela, przejdź do kolejnego kroku, jakim jest oglądanie go w akcji. Patrz, co robi, słuchaj, co mówi, rób to co on, stając się fizycznie kopią (np. stój przed telewizorem i wykonuj te same ruchy), i wczuwaj się w emocje tej osoby. To da Ci możliwość pełniejszej stymulacji mózgu i lepszej nauki. Podstawą jest efektywne poruszanie się między perspektywami i zmysłami. Dlatego obserwuj (wzrok), słuchaj (dialogi), wczuwaj się (emocje) i rób to co model (zachowania). Zwracaj uwagę na to, co się powtarza i w jakim kontekście, na przykład gdy model poznaje nowe osoby, zawsze się uśmiecha. Tym samym dostrzeżesz nawyki, a mając do nich dostęp, zrozumiesz, na czym ten model zbudował swój sukces. Zadawaj też — poza modelowaniem niewerbalnym — pytania: jak robisz to, co robisz? Jakie trzy największe błędy można tu popełnić? Co jest pierwszym, drugim, trzecim itd. krokiem? Co myślisz, gdy to robisz? Dlaczego akurat to robisz, a nie coś innego? Bądź dociekliwy i weź pod uwagę, że większość mistrzów nie ma pojęcia, jak doszła do mistrzostwa, na początku więc spotkasz się z konfuzją i odpowiedziami w stylu: „Nie mam pojęcia". Słuchaj tego, co odpowiadają, i sprawdzaj, czy zgadza się z tym, co robią. Jeśli nie, zapytaj dlaczego. Na tym etapie konstruujesz zestaw określonych strategii i układasz je w oparciu o wzorzec A = B lub A > B, czyli na przykład uśmiechanie się do nowo poznanej osoby (A) oznacza jej szacunek (B) oraz uśmiechanie się do nowo poznanej osoby (A) prowadzi do szybszego zbudowania relacji (B). Takich wzorców możesz mieć nawet kilkadziesiąt, a każdy z nich będziesz potem ćwiczył — ale jeszcze nie teraz. Na tym etapie bowiem tworzysz model ich, a nie swój. Patrzysz, co oni robią, a nie zastanawiasz się, czy Ci się to podoba, czy nie. Obserwujesz bez oceniania, a Twoje osobiste poglądy i oceny są zupełnie zbędne. Jeśli model mówi coś, co wyda Ci się irracjonalne (np. że rozmawia z duchami), notujesz to bez uwag. Budujesz model tego, co on robi, a nie tego, co będziesz robił Ty. Błędem jest tutaj odrzucanie często niewidzialnych strategii, bo na tym etapie nikt — nawet ich autor — nie wie, co się za nimi kryje. Wiemy jednak na pewno, że to działa. I dlatego to bierzemy.

Kolejny etap zaczyna się, gdy uznasz, że masz już wystarczająco dużo informacji, by zacząć to testować na sobie. Zaczynasz teraz przymierzać wszystko, o czym mówił model i co zobaczyłeś, i sprawdzać, jak to działa w Twoim przypadku. Czy jest funkcjonalne dla Ciebie? Czy też chcesz tak myśleć? Wprowadzasz do każdej strategii miękkiej (przekonania) swoją własną motywację, zadając sobie pytanie: „Dlaczego dla mnie jest to prawdą?". I znajdujesz trzy dowody z własnego życia, że też tak uważasz. Jeśli model powiedział Ci, że należy się uśmiechać, bo w ten sposób wyraża się szacunek, możesz robić to samo, ale z innego powodu. Możesz na przykład uśmiechać się, bo lubisz albo dlatego że jesteś sympatyczny. Powód nie ma znaczenia, ale musi być Twój własny, bo wtedy dopiero będziesz zmotywowany. Tak samo jest z ruchami ciała — wykonujesz je i sprawdzasz w określonych kontekstach, jak Ci pasują. Zaczynasz się uśmiechać w pracy i nagle okazuje się, że ludzie reagują świetnie — możesz to zatem zaakceptować. Albo w drugą stronę: patrzą na Ciebie dziwnie, bo wprowadziłeś zachowanie spoza normy w tej kulturze zespołowej. Co wtedy robisz? Albo zmieniasz nieco zachowanie, albo w ogóle je porzucasz. Przymierzanie tego garnituru daje Ci możliwość adekwatnego skrojenia go sobie na miarę. Teraz Ty jesteś autorem, a nie model z poprzedniego etapu. Sprawdzasz, dodajesz i personalizujesz, odejmujesz i zmieniasz. Tutaj skończysz z gotowym dla Ciebie modelem, który aby działał, musi spełniać jedno kryterium: powtarzalności. To znaczy, że za każdym razem gdy zrobisz X (uśmiech), uzyskasz podobną reakcję (sympatia) w kontekście, w którym aplikujesz model. To znaczy, że model działa.

Powtarzalność nie jest jednak wystarczająca, jeśli chcesz przekazać model dalej. To, że Ty potrafisz coś robić, nie oznacza, że ktoś inny też będzie mógł powtórzyć to samo. Jesteś gwiazdą, ale polarną, jesteś mistrzem, ale z jednym podium, działasz i masz albo przestajesz działać i nie masz. Brzmi trochę jak jednoosobowa działalność gospodarcza z szefem, który sprząta, wypisuje faktury, robi rachunki i sprzedaje. Przestajesz pracować i nie ma pieniędzy. By robić biznes, musisz przejść na kolejny poziom modelowania, czyli oddzielić model od siebie i zamienić jednostkowość na uniwersalność. Taką technikę, strategię, pomysł będziesz mógł sprzedawać niezależnie od siebie, a to gwarantuje Ci możliwość wypoczynku i altruizm idący z przekazywania wiedzy innym i służby dla świata. Na tym etapie stajesz się więc nauczycielem — sam jesteś modelem dla kogoś. To naturalny etap każdego mistrzostwa, po prostu gdy sam umiesz wejść na kolejny poziom umiejętności, musisz umieć przekazywać zdobytą wiedzę innym. Znajdujesz więc grupę odbiorców i uczysz ją tego samego modelu. Obserwujesz, co nie działa, i zamieniasz na to, co działa. Po próbach i błędach w końcu powstanie model uniwersalny i Twoje dzieło, niczym dorosłe dziecko, idzie w świat. Czasem nosi Twoje nazwisko, a czasem nie, ale idzie w świat.

Modelowanie jest fascynującym procesem. Dziś jest kluczową umiejętnością, bo tak naprawdę chodzi o zdolność do samodzielnego uczenia się i przekazywania tej wiedzy dalej. Zwykle kojarzymy umiejętności ludzi z jakąś rzekomo nadprzyrodzoną mocą — nie wiadomo, skąd mają to, co mają, może to szczęście, może los, może talent, karma lub przypadek. W psychologii nie wierzymy w przypadki — wierzymy w możliwość wytłumaczenia określonych zjawisk i zdefiniowania ich tak, by ludzie byli w stanie je pojąć i stosować. Gdy więc następnym razem poznasz kogoś, kto naprawdę wiele potrafi, i przez przypadek powrócisz do starego schematu myślowego, zgodnie z którym uznasz tę osobę za geniusza, zatrzymaj się na chwilę. Nie podziwiaj tej osoby, nie zazdrość jej ani nie krytykuj. Zacznij zauważać różnice w Waszym postrzeganiu świata i zachowaniach, po czym wprowadź je do własnego repertuaru. Pozostaniesz sobą, ale będziesz miał lepsze narzędzia do realizacji siebie. Pamiętaj, że słowo „geniusz" pochodzi od łacińskiego *genere*, czyli „zaradzać, wprowadzać". Wiedza o modelowaniu jest związana z metakognicją, czyli myśleniem dotyczącym myślenia. Myśląc, jak myślą inni, możesz tworzyć matryce — umysłowe maszyny, którym outsourcujesz określone zadania, na przykład motywację, która pojawia się automatycznie, gdy wstaniesz rano z łóżka. By stworzyć taką maszynę nawykową, potrzebujesz konsekwentnej i usystematyzowanej pracy, zawsze opartej o powtarzalne wzorce. Badania pokazują konieczność odbycia minimum dziesięcioletniej praktyki w określonym zakresie, by uzyskiwać wyniki na światowym poziomie, choć jeśli robisz coś z pasją, to ten czas w niektórych przypadkach można skrócić nawet trzykrotnie (inne czynniki także grają istotną rolę). Osiąganie doskonałości składa się z działania nakierowanego na określony cel. Celem geniusza jest lepszy wynik niż poprzednio, a nie taki sam. Uczeń porównuje rzeczywisty rezultat do oczekiwanego i dokonuje potrzebnych ulepszeń (*feedback*). Ważna jest też systematyczna praktyka (nie tylko od czasu do czasu, ale codzienna). Najlepsi pracują minimum 10 000 godzin na swoje sukcesy, poniżej jest grupa 7500 godzin, następnie 5000 godzin — badania dotyczyły sprzedawców ubezpieczeń, chirurgów, muzyków i zdecydowanej większości dyscyplin sportowych, a pisał o nich Malcolm Gladwell w swoich książkach.

Badanie „geniuszy" wykazało, że korzystają oni z określonych powtarzalnych wzorców, które mają kluczowe znaczenie w procesie uczenia się. Te strategie zostały opisane poniżej.

Jedną z nich jest zagłębianie się (myślenie dedukcyjne) w informacje — geniuszy charakteryzuje większa szczegółowość oraz dłuższe utrzymywanie danych w pamięci. Poszukują także większych ilości informacji w określonym kontekście. Myślą w kategoriach długoterminowych konsekwencji (kilkunastu, nawet kilkudziesięciu lat); dla porównania myślenie osób niezajmujących się świadomością może sięgać jedynie końca miesiąca w przypadku choćby planowania finansów, co samo z siebie uniemożliwia zarabianie więcej. Geniusze świadomie ulepszają praktykę nakierowaną na bycie lepszym, są skupieni na tym, co robią, i poświęcają temu czas. Celowo i aktywnie szukają *feedbacku* i są na niego otwarci. Dotyczy ich także myślenie synergiczne — łączenie mniejszych elementów w większe całości, a także umiejętność szybkiej zmiany w zależności od warunków (elastyczność i adaptacja). Geniusze zwykle pasjonowali się w przeszłości wieloma dziedzinami i interesowali wieloma rzeczami. Jednak zawsze wybierali obserwację zamiast oceny.

Przejdźmy do konkretnych przykładów: Mozart czuł, widział i smakował muzykę — łączył więc ze sobą różne zmysły, przez co bardziej aktywował swój mózg do pracy. Walt Disney odgrywał swoje postacie i patrzył na nie z punktu widzenia publiki, z naciskiem na drugą perspektywę, czyli widza. Używał wielu perspektyw, dzięki czemu był bardziej kreatywny. Wszyscy geniusze byli elastyczni na poziomach logicznych: wchodzili w szczegóły, szukali nowych możliwości i łączyli je w jedną całość. „Gapiący się na ściany" Leonardo da Vinci znał moc medytacji i angażował nieświadomość do przetwarzania informacji. Artur Schopenhauer mówił o tym, że każdy pomysł przechodzi przez trzy stadia: wyśmiewanie, atak i akceptację, co wskazuje na bardzo wysoki poziom wiary we własne pomysły. Einstein mówił o ślepym żuku i korzystał z wielu metafor oraz porównań, by uniknąć ograniczeń logiki. Arystoteles badał prawidła rządzące światem i, myśląc systemowo, poszukiwał „struktury głębokiej". Wielu miało misję wychodzącą ponad ego (Einstein: „Chcę poznać myśli Boga, cała reszta to szczegóły"; Leonardo: „Chcę czynić cuda"; Disney: „To nie jest film rysunkowy, my podbijamy świat"). Henry Ford odwiedzał setki banków w celu zdobycia kredytów i nie poddawał się. Kolejną cechą wśród geniuszy jest skonkretyzowanie i prawidłowe sformułowanie celu oraz determinacja wykazywana w działaniach mających prowadzić do jego osiągnięcia. Einstein mówił: „Wyobraźnia jest ważniejsza niż wiedza" i zachęcał do pracy wizualizacyjnej. Milton Erickson wtórował: „Dopóki się nie nauczysz, udawaj, że to potrafisz" (słynne: *fake it until you make it*), podkreślając rolę alternatywnej rzeczywistości i stosowania ramy „Co by było, gdyby" (np. co by było, gdybyś był kolejnym Einsteinem?).

Samo modelowanie to proces rozkładający złożoną czynność lub sekwencję działań na mniejsze kroki, które mogą być powtarzane i zarządzane. Podstawowym pytaniem w tej umiejętności jest: „Jaka jest różnica, która czyni różnicę?". Znalezienie odpowiedzi na nie prowadzi do możliwości winkorporowania tego, czego jeszcze Ci brakuje do odniesienia sukcesu. To może być mały czynnik mający duże znaczenie.

Cały ten proces modelowania polega na analizowaniu tego, co robi mózg, poprzez analizę języka werbalnego i niewerbalnego modela, która doprowadza do poznania i zbudowania strategii, jakie mogą być transferowane między ludźmi. Jego celem jest odnalezienie wyjątkowości i przekazanie jej dalej, a nawet ulepszenie jej. Od jej zauważenia i opisania przechodzi się do wprowadzania jej w praktykę w sposób produktywny i wzbogacający.

Celem modelowania nie jest zbudowanie „jedynej prawdziwej" mapy wzorców myślenia określonego modela, ale zauważenie różnic między modelem a modelującym (czyli Tobą), które pozwalają na zastosowanie strategii modela u siebie w efektywny sposób. Użyteczność zbudowanego modelu jest ważniejsza niż jego prawdziwość — być może nie przejmiesz motywacji modela, ale znajdziesz inną, równie funkcjonalną. A zastosowanie modelowania? Jest ich wiele: metapoznanie, czyli zrozumienie tego, jak coś działa, w celu aplikacji tego we własnym życiu (nie musisz grać w koszykówkę, by uczyć się od Michaela Jordana). Nauczanie innych, którym możesz przekazać swoje modele. Optymalizacja procesu poprzez jego powtarzanie i systematyczne ulepszanie (np. inżynieria procesów biznesowych). Tworzenie określonych, gotowych technik czemuś służących (np. model pracy z nałogiem). Wcześniej wspomniany transfer umiejętności między kontekstami, tak by na przykład świetna pani domu stała się świetną menedżerką.

6

Epilog — przyszłość

Rozwiązanie czyichś problemów staje się możliwe wówczas, kiedy masz zasoby, do których jesteś w stanie sięgnąć. Ta książka to właśnie część Twoich zasobów. To, czy będziesz do nich sięgał, determinuje Twoją przyszłość. A przyszłość właśnie się zaczyna. Pamiętasz slogan firmy Nike? Spróbuj stworzyć taki slogan dla siebie. O takiej mocy, takiej energii i rezonowaniu jak „Just do it!". Slogan, który stanie się materializacją Twojego głosu. Wówczas, za pomocą storytellingu, będziesz w stanie trafić do ogromnej rzeszy ludzi, z którymi rozmawiasz. Ja dla siebie stworzyłem slogan „Create yourself", bo zauważyłem globalny problem. W moim przekonaniu tym problemem jest to, że ludzie w ogromnej większości w ogóle siebie nie realizują. Że większość ludzi żyje życiem innych osób. I okazuje się, że ten slogan rezonuje z całym światem. Bo brak realizacji samego siebie nie jest problemem jednostkowym, jest problemem globalnym. W ramach tego problemu zacząłem się zastanawiać, co mogę zrobić, by dać ludziom narzędzia, które ten problem rozwiązują. Ta książka, będąca elementem szkolenia, jest właśnie zestawem takich narzędzi. To materializacja sposobu rozwiązania problemu, który zauważyłem. A sposobem tym, ogólnie rzecz ujmując, jest edukacja miękka. Istnieje bowiem niedostatecznie wyeksplorowany świat edukacji miękkiej, który jest przecież tak samo ważny jak świat edukacji twardej. Bo posiadając narzędzia edukacji miękkiej, których niestety nie da się zdobyć w żadnym szkolnym systemie edukacyjnym, można w łatwy i trwały sposób poprawić swoje życie. Niestety, oficjalny obieg edukacyjny ani nie jest przygotowany do takiego nauczania ludzi, ani też nie jest specjalnie tym zainteresowany, bo musiałoby to wywrócić dotychczasowy system do góry nogami. Wyobraź sobie, o ile łatwiej przyszłoby Ci osiągnięcie sukcesu w życiu, gdybyś w podstawówce zamiast uczyć się o stolicy Burkina Faso, zgłębiał tajniki inteligencji emocjonalnej. Gdybyś od dziecka był doskonale przygotowany do tego, że ludzi zdobywa się sercem, a nie głową.

Gdybyś do perfekcji opanował model Ego Management System i tworzył odpowiednie, precyzyjnie komunikujące się i działające osobowości, za pomocą których mógłbyś najefektywniej realizować wszelkie zamierzenia, cele i zdobywać szczyty! Niestety, nie otrzymałeś tego w oficjalnym obiegu edukacyjnym — za to otrzymałeś to ode mnie. Musisz jednak pamiętać o jednej ważnej rzeczy. Model, który odkryłem i który nazwałem EMS, służący samorozwojowi i zyskaniu samoświadomości w zmienianiu swojego życia, działa pod jednym warunkiem — musi być tworzony samodzielnie, bo to, co jest dobre dla mnie, nie musi być dobre dla Ciebie. Żeby zadziałał, musi się stać metamodelem, który samodzielnie wypełnisz. W przeciwnym razie będzie świetnie działającym modelem Mateusza Grzesiaka, który świetnie się sprawdza w przypadku… Mateusza Grzesiaka. Bo mój model ja muszę wypełnić treścią, podobnie jak Ty musisz uczynić ze swoim.

PODSUMOWANIE

Wierzę, że wiedza zawarta w tej książce i szkoleniu, które ona w sobie zawiera, pozwoliła Ci nauczyć się wielu rzeczy, które będą procentowały przez resztę Twojego życia. A za chwilę, kiedy zamkniesz tę książkę, staniesz przed o wiele trudniejszym zadaniem. Szkoleniem zwanym życiem. Trzymam za Ciebie kciuki i wierzę, że dasz sobie w nim rewelacyjnie radę. A jeśli zechcesz dowiedzieć się więcej, rozszerzyć umiejętności, które sam sobie zapowiedziałeś, rozwiązując powyższe ćwiczenia, to zapraszam na kolejne szkolenia i do lektury kolejnych książek.

sierpień 2014

Ćwiczenia

Praca nad sobą jest taką samą pracą jak ćwiczenie mięśni czy chudnięcie — jeśli to robisz, widzisz różnicę, a jeśli nie — nic się nie zmienia. Umysł jest mięśniem jak każdy inny i wymaga konsekwentnego i zdyscyplinowanego trenowania. Aby Ci w tym pomóc, przygotowałem zestaw najważniejszych ćwiczeń prowadzących do zdobycia fundamentalnych umiejętności służących do zarządzania sobą. Zachęcam do ich wielokrotnego wykonywania i systematycznego wykorzystywania w praktyce. Po wielokrotnym wykonaniu takiego ćwiczenia na różnych przykładach kolejnym etapem będzie trenowanie tego z innymi osobami, np. poprzez wykorzystanie ćwiczenia w czasie rozmów ze znajomymi czy w pracy.

KLASYCZNY FEEDBACK

Feedback to umiejętności efektywnego dawania i wyciągania przydatnych lekcji płynących z określonych doświadczeń życiowych. Dzięki temu porażki zamieniają się w istotne wnioski, które pomagają być mądrzejszym następnym razem, a błędy przestają być powtarzane i są wymieniane na lepsze zachowania. Korzystaj z niego codziennie przed pójściem spać i za każdym razem, gdy popełnisz błąd oraz gdy zechcesz ulepszyć to, co robisz. Także dając komuś wskazówki, korzystaj z tej właśnie formy komunikacji.

Proces jest prosty: najpierw powiedz, co ogólnie zostało zrobione dobrze, zauważając pozytywną stronę sytuacji. Jeśli ktoś przegrał w zawodach, pogratuluj, że w ogóle wystartował. Jeśli ktoś się przewrócił, zwróć uwagę, że dobrze, iż w ogóle zdecydował się biec. Ta uwaga powinna być ogólna i pozytywna. Drugim krokiem będzie danie konkretnej, mierzalnej wskazówki dotyczącej zachowania. Zacznij od: „Następnym razem X...", gdzie X to opis zachowania w nowej, lepszej wersji. Na przykład: „Następnym razem patrz lepiej pod nogi, gdy idziesz na spacer do lasu".

„Następnym razem dodaj do zupy więcej soli". „Następnym razem przed rozmową z szefem ubierz niebieską koszulę i zrób kilka głębokich oddechów". I tak dalej. Trzecim krokiem jest podsumowanie w sposób ogólny i pozytywny tego, co zostało zrobione, na przykład: „Świetnie, że ćwiczysz". Albo: „Gratuluję, że jesteś zmotywowany, by być lepszym". I tak dalej.

Zanim położysz się spać, zapytaj się o trzy rzeczy, których dziś się nauczyłeś, i o to, jak konkretnie wykorzystasz je w życiu. Na przykład: dziś nauczyłem się, żeby mówić do ludzi, których nie znam, w sposób lekki i być bardziej uśmiechniętym, wykorzystam to w czasie kolejnego spotkania towarzyskiego w piątek wieczorem.

TEST KAMERY

Chciałbyś nauczyć się racjonalnie i bez emocji obserwować przeżycia z przeszłości? Wyciągać z nich same fakty i uwolnić się od cierpienia, które kiedyś Ci towarzyszyło? Dopiero ci, którzy mają piękną przeszłość, mogą budować piękną przyszłość. Test kamery to świetne ćwiczenie rodem z Racjonalnej Terapii Zachowań — poznawczego systemu pomagającego w zarządzaniu własnymi przekonaniami. Ćwicząc w ten sposób, nauczysz swój mózg, w jaki sposób ma patrzeć na rzeczywistość — w większym stopniu w oparciu o fakty, a w mniejszym w oparciu o emocje.

Zacznij od tego, by wybrać jakąś życiową sytuację, którą uważasz za problematyczną. Zapisz ją na minimum połowie, maksimum całej kartce A4. Bądź szczery i nie oceniaj tego, co piszesz. Pisz czytelnie i wyraźnie, byś potem mógł to odczytać. W kolejnym kroku wyobraź sobie, że patrzysz na tę samą historię oczami kamery, która nie zna emocji, nie ma opinii, nie zna metafor, nie używa porównań, nie bazuje na pojęciach abstrakcyjnych, nie generalizuje, nie wyciąga wniosków, nie zna synonimów, nie usuwa informacji ani jej nie dodaje, nie przewiduje przyszłości ani nie wraca do przeszłości. Innymi słowy, bazuje tylko na najczystszych, najkonkretniejszych faktach. A teraz, gdy już skończysz opis, przeczytaj zdanie po zdaniu swoją historię, zatrzymując się co chwilę i zadając pytanie:

Czy kamera to zobaczy?

Jeśli zobaczy, kontynuujesz do następnego zdania. Jeśli nie, zadajesz pytanie:

A co zobaczy konkretnie?

Jeśli na przykład ktoś napisałby: „I wtedy moja matka wydarła się na mnie wniebogłosy i o mały włos by mnie nie zabiła", to kamera zobaczy matkę, która podnosi głos i macha rękoma, a w nich trzyma ścierkę i nią systematycznie porusza. To są fakty, a poprzednia wersja to zniekształcone metafory.

Zapisz wnioski płynące z testu kamery na kartce tuż pod wcześniejszą wersją, czyli zastąp starą wersję nową.

Po skończeniu testu kamery przeczytaj na głos nową wersję tej historii, po czym zadaj sobie pytania:

- *Jak się teraz czujesz?*
- *Co się zmieniło?*
- *Jak to wpływa na Twoje życie?*

RACJONALNA TERAPIA ZACHOWAŃ

RTZ, autorstwa amerykańskiego psychiatry M.C. Maultsby'ego, jest skutecznym narzędziem zarządzania przekonaniami i emocjami. Pozwala na relatywnie szybkie odnalezienie oraz zmianę negatywnych („niezdrowych", jak mówi RTZ) programów umysłowych i wprowadzenie w ich miejsce adekwatniejszych. Dla mnie spośród setek, jeśli nie tysięcy metod pracy z przekonaniami, jakie oferuje szeroko pojęta psychologia, RTZ jest jednym z ulubionych narzędzi. Oto proces:

Najpierw pomyśl o dowolnej prawdziwej i problematycznej sytuacji ze swojego życia. Zapisz ją na kartce w postaci jednego podsumowującego przekonania z podmiotem i orzeczeniem, na przykład „Mój szef nie powinien na mnie krzyczeć". Uważaj! Zdanie: „Mój szef na mnie krzyczy" nie jest przekonaniem, ale faktycznym opisem istniejącej sytuacji. Natomiast „nie powinien" jest już przekonaniem dotyczącym tego, jaka rzeczywistość rzekomo ma być.

Znalezione przekonanie przepuść przez filtr pięciu pytań RTZ. Jeśli na minimum trzy z nich odpowiesz przecząco, oznacza to, że przekonanie nie jest ani racjonalne, ani zdrowe.

Czy to przekonanie:

- *jest oparte na faktach?*
- *pozwala mi chronić życie lub zdrowie?*
- *ułatwia mi osiągać bliższe lub dalsze cele?*
- *pomaga mi rozwiązywać konflikty lub unikać ich powstawania?*
- *pozwala mi czuć się tak, jak chcę (bez używania narkotyków, telewizji, alkoholu itd.)?*

W powyższym przykładzie — „Mój szef nie powinien na mnie krzyczeć" — test pięciu pytań wykaże, że przekonanie nie jest oparte na faktach (bo faktem jest, że szef krzyczy), nie pozwala chronić zdrowia (bo mając je, człowiek się irytuje), nie pomaga osiągać celu, jakim jest zadowolenie z pracy, powoduje konflikt z szefem i uniemożliwia dobre samopoczucie. Jest więc niezdrowe. Wobec tego w kolejnym kroku znajdujesz nowe przekonanie, które będzie adekwatne do sytuacji. Przepuść je ponownie przez filtr pięciu pytań i jeśli minimum trzy razy odpowiesz twierdząco, to znaczy, że przekonanie jest zdrowe i warto z niego korzystać.

W przypadku podanego wyżej przekonania proces coachingo-wy przy użyciu RTZ (samemu ze sobą bądź z partnerem) mógłby przebiegać tak:

— *Jak brzmi Twoje przekonanie, z jakim chcesz pracować?*
— *Mój szef nie powinien na mnie krzyczeć.*
— *Czy to przekonanie jest oparte na faktach?*
— *Nie, bo w rzeczywistości na mnie krzyczy.*
— *Czy to przekonanie pozwala Ci chronić życie lub zdrowie?*
— *Nie, bo denerwuję się nim i przez to się stresuję.*
— *Czy to przekonanie pozwala Ci osiągać bliższe lub dalsze cele?*
— *Nie, bo chciałbym mieć z nim lepszą relację, a tak to sobie nim przeszkadzam.*
— *Czy to przekonanie pomaga Ci rozwiązywać konflikty lub unikać ich powstawania?*
— *Wręcz przeciwnie, bo kłócę się przez nie z szefem.*
— *Czy to przekonanie pozwala Ci czuć się tak, jak chcesz?*
— *Nie, denerwuję się, mając je.*
— *Odpowiedziałeś pięć razy przecząco, to znaczy, że przekona-nie nie jest ani racjonalne, ani zdrowie. Jakie chcesz mieć nowe przekonanie?*
— *Poczekaj, niech pomyślę i poczuję… Moje nowe przekonanie brzmi: „Powinienem lepiej rozumieć szefa i z nim porozmawiać”.*
— *OK, sprawdzamy. Czy to przekonanie jest oparte na faktach?*
— *Tak, bo faktem jest dla mnie to, co czuję. A czuję, że powi-nienem to zrobić.*
— *Czy to przekonanie pozwala Ci chronić Twoje życie lub zdrowie?*
— *Czuję się lepiej, mając je.*
— *Czy to przekonanie pozwala Ci osiągać bliższe lub dalsze cele?*
— *Tak, bo chcę mieć dobrą relację z szefem.*
— *Czy to przekonanie pomaga Ci rozwiązywać konflikty lub unikać ich powstawania?*

— *Zdecydowanie tak, gdyż będę mógł z nim porozmawiać i rozwiązać konflikt, jaki istnieje.*

— *Czy to przekonanie pozwala Ci czuć się tak, jak chcesz?*

— *Tak, bo czuję ulgę i spokój.*

— *Odpowiedziałeś pięć razy twierdząco, więc przekonanie jest racjonalne i zdrowe. Jak się teraz czujesz? Co się zmienia w Twoim życiu?*

— *Jest mi lżej, mam większy dystans do sytuacji, jestem pewniejszy i spokojniejszy. Mogę również wziąć odpowiedzialność za moje życie i zacząć partnersko rozmawiać z szefem, bo do tej pory chyba traktowałem go jak ojca zamiast jak takiego samego człowieka jak każdy inny. To, że jest moim szefem, nie oznacza, że jest ode mnie lepszym człowiekiem.*

ZNAJDYWANIE PRZEKONAŃ

Zarządzanie własnym umysłem nie istnieje bez wiedzy o przekonaniach, czyli myślach, w które stale wierzymy. Opisałem je dokładniej w części teoretycznej, na tym etapie skupimy się więc na ćwiczeniu, jak te przekonania znajdywać. Zasadą najważniejszą jest szukanie dwóch wzorców: A oznacza B albo A prowadzi do B. Przećwicz to na poniższym przykładzie.

Pomyśl o dowolnej autentycznej, problematycznej sytuacji ze swojego życia. Zapisz ją na kartce w postaci jednego podsumowującego zdania twierdzącego z podmiotem i orzeczeniem, na przykład „Mój szef na mnie krzyczy". To zdanie ma opisywać Twoją rzeczywistość i nie dotyczyć tego, co czujesz. Tekst: „Boli mnie ząb" nie jest przekonaniem, ale opisem odczucia. Podobnie: „Nie lubię, gdy boli mnie ząb" nie jest przekonaniem, ale upodobaniem. Dlatego upewnij się, że przekonanie ma właściwą formę i jest dla Ciebie niekorzystne, na przykład „Osiąganie sukcesu jest trudne" czy „Partner mnie nie kocha".

Kiedy będziesz już miał ten jednozdaniowy opis, zacznij zadawać sobie pytania, korzystając z dwóch wzorców:

- równoważności A = B, czyli: *I co to oznacza?*
- przyczynowości A   B, czyli: *Dlaczego? (tak myślisz?; skąd się to wzięło?) Do czego to prowadzi?*

W powyższym przykładzie rozmowa mogłaby przebiegać tak:

— *Mój szef na mnie krzyczy.*
— *I co to oznacza (że na ciebie krzyczy)?*
— *Że jestem głupi.*

Dochodząc do przekonania „Jestem głupi", odnajdujemy powód emocjonalnego cierpienia. Na tym etapie należy zastosować jedną z dowolnych technik (np. RTZ czy dualizm), by przekonanie przestało szkodzić.

RÓŻNE PERSPEKTYWY

Spojrzenie na daną sprawę z wielu perspektyw pozwala mądrzej sobie z nią poradzić. Elastyczność otwiera drzwi i jest miarą inteligencji. Gdy będziesz podejmował jakąś decyzję, przepuść ją przez poniższe filtry i zobacz, o ile skuteczniej zaczniesz operować.

Proces jest następujący:

Najpierw pomyśl o jakiejś sytuacji, w której chcesz mieć więcej zasobów. Na podłodze umieść w różnych miejscach cztery symbole — Marzyciela, Krytyka, Oportunisty i Realisty.

Wchodząc po kolei w każdą z tych postaci, przyjmuj adekwatną pozycję ciała. Za każdym razem powiedz sobie głośno, jak będąc w danej roli, postrzegasz sytuację, w której chcesz mieć więcej zasobów. Przejdź przez wszystkie postaci i pomyśl po raz kolejny o sytuacji. Co się zmieniło? Czego się dowiedziałeś?

ODZYSKIWANIE WYPARĆ

Cierpimy, bo nie widzimy prawdy, ale jej część. Nie zauważamy, że jeśli ktoś jest zarozumiały, to ma także przekonanie o własnej mocy. Że arogancja za brata ma pewność siebie. Lenistwo idzie w parze z relaksem. Agresja z siłą. Dominacja z proaktywnością. Każdy zasób ma więc także cień lub, inaczej mówiąc, każda moneta ma dwie strony i jedna zawsze jest pozytywna, a druga negatywna. Umiejętność zauważania obu stron umożliwia odpowiednie spojrzenie na sytuację i prowadzi do sprawiedliwszych, bo biorących pod uwagę obie strony, osądów.

Dualizmy występują w dwóch postaciach — pierwsza została opisana powyżej. To ta sama energia, ale pokazana z negatywnego i pozytywnego punktu widzenia. Na przykład ostry nóż, kiedy patrzymy na niego w negatywny sposób, kaleczy ręce. Pozytywem jest to, że kroi chleb. Nie można mieć tylko jednej strony medalu — gdy bierzesz jakąkolwiek energię, musisz zarządzać jej obiema stronami.

Drugą formą dualizmu jest przeciwieństwo zasobów, tak jak w przypadku ciemnego i jasnego czy zimnego i ciepłego. Przeciwieństwa razem tworzą pełnię i jedno bez drugiego ani nie może być zdefiniowane, ani nie istnieje. Ta druga forma różni się od pierwszej poziomem logicznym. W pierwszym przypadku mówimy o pozytywnej (potencjał) i negatywnej (cień) stronie tej samej rzeczy, na przykład cierpliwość z jednej strony jest cnotą, a z drugiej pasywnością. W drugim przypadku mówimy o dwóch przeciwnych cechach, na przykład pośpiech i cierpliwość, wyjątkowość i normalność, starość i młodość itd. Stań się biegły w obu formach, a będzie Ci znacznie łatwiej zarządzać światem własnych opinii i zasobów.

Skorzystaj z poniższej tabeli w następujący sposób: gdy pojawi się w Twoim życiu jakakolwiek opinia, która jest dla Ciebie ograniczająca, np. „Mój szef jest agresywny", to od razu wypełnij brakujące pola w tabeli. Szef będzie częścią pierwszą, a Ty częścią drugą. Cieniem szefa jest agresja, ale jej potencjałem jest siła. Twoim potencjałem jest wrażliwość, ale jej cieniem jest słabość emocjonalna. Kiedy dostrzeżesz pełen obraz, pomyśl o sytuacji raz jeszcze. W tym przypadku ćwiczenie nie kończy się nigdy — dualistyczny sposób myślenia to metoda na to, by mieć zrównoważone ego i czysty umysł.

Część pierwsza		Część druga	
– (cień)	+ (potencjał)	+ (potencjał)	– (cień)

TECHNIKA TRÓJKĄTA

Gdy pojawia się konflikt, możesz być pewny, że to dlatego, iż wybierasz między dwoma równoważnymi konceptami. Niezależnie od tego, czy konflikt dotyczy wyboru między młotem a kowadłem, emocjami a logiką, męskością a kobiecością, powinnością a chęcią, każdorazowo problem jest nie do rozwiązania na poziomie wyboru tylko między dwoma potrzebami, które chcesz zrealizować. Psychologia poznawcza daje rozwiązanie. Postępując zgodnie z poniższym procesem, wyjdziesz z istniejących konfliktów.

Najpierw znajdź dwa skonfliktowane przekonania, wartości, części osobowości czy też wyparcia i umieść je w tabeli. Jeśli konfliktem jest „rzucić pracę czy w niej zostać", to umieść w poniższej tabeli oba te koncepty: część pierwsza to „rzucić pracę", a druga to „w niej zostać".

Część pierwsza		Część druga		Synergia
– (cień)	+ (potencjał)	+ (potencjał)	– (cień)	

Znajdź pozytywne i negatywne strony każdego z konceptów, tak by po obu stronach tabeli była wyrównana ich ilość. Przykładowo dobrymi stronami rzucenia pracy są m.in. motywacja i ciekawość, zaś negatywnymi lęk przed zmianą i ryzyko finansowe związane z utratą dochodów. Dobrymi stronami zostania w pracy jest stała pensja, bezpieczeństwo w przyszłości i uniknięcie szukania nowego zatrudnienia. Negatywne jest postępowanie wbrew sobie i przekonanie o traceniu potencjału.

Teraz dodaj do siebie pozytywy z dwóch stron i sprawdź, jaki będzie końcowy wynik, pamiętając o tym, że wynik wymaga połączenia dwóch części i spowoduje stworzenie czegoś więcej niż dwie części oddzielnie. Przykładowo jeśli dodasz do siebie motywację i stałą pensję, mogą się zrodzić zupełnie nieprzewidywalne i niewidoczne wcześniej pomysły, na przykład chęć szukania stałej pracy z elastycznymi godzinami pracy. Dodanie do siebie ciekawości i bezpieczeństwa w przyszłości może prowokować do otworzenia własnej firmy itd. Postępując w ten sam sposób, na poziomie synergii pojawią się nowe rozwiązania, które będą drogą wyjścia z konfliktu.

ŚCIĄGANIE MASEK

Jednym z ćwiczeń korzystających z zasady dualizmu jest ściąganie masek — jest to proces służący radzeniu sobie z konceptem krytyki i pochwał. Osoba przejmująca się krytyką innych z jednej strony może dzięki niej rosnąć, a z drugiej może sabotować swoje działania. Ci, którzy przyjmują komplementy, mogą albo spocząć na laurach podziwu, albo rosnąć dzięki pozytywnej stymulacji. Potrzebujesz więc jednego i drugiego, ale podanego w strawny dla Ciebie sposób. Dlatego naucz się myśleć o powyższym spektrum w następujący sposób:

Pomyśl, jak chcesz być postrzegany przez innych (zapisz to w tabeli w kolumnie „Komplement") i jak nie chcesz być postrzegany przez innych (zapisz to w kolumnie „Obraza"). Następnie przeprowadź dwa procesy.

Komplement	Obraza
1. 2. 3.	1. 2. 3.
1. 2. 3.	1. 2. 3.
1. 2. 3.	1. 2. 3.

Po pierwsze, znajdź trzy autentyczne, ucieleśnione i konkretne przykłady ze swojego życia (lub więcej — efekt otrzymasz, gdy poczujesz się przekonany), które mówią o Tobie prawdę. To prawdziwy rachunek sumienia. Kluczem jest spersonifikowanie tego procesu — jeśli ktoś nazwie Cię głupkiem, nie bierz ich wersji

„Ciebie jako głupka" do siebie, ale znajdź trzy przykłady ze swojego życia, kiedy zachowałeś się jak głupek. Chodzi o konkretne zachowania, na przykład jak wpisałeś komentarz w internecie, który
kogoś krzywdził itp. Służy to temu, by przyjąć cechę, którą kryty-
kujący przedstawia, ale we własny, a co za tym idzie — bezpieczny
sposób. W innym przypadku żyłbyś czyjąś opinią na swój temat.

Po drugie, znajdź trzy autentyczne, ucieleśnione i konkretne
przykłady ze swojego życia (lub więcej — efekt otrzymasz, gdy poczujesz się przekonany), które nie mówią o Tobie prawdy. W powyższym przykładzie poszukaj trzech zachowań reprezentujących
Twoją inteligencję. Po raz kolejny je indywidualizujesz, widzisz
przez pryzmat własnych doświadczeń i stwierdzasz pewną prawdę
na swój temat. Kluczem w tym ćwiczeniu jest znalezienie takiej
samej ilości dowodów z dwóch stron spektrum, inaczej będziesz
miał jedną z cech wypartą i albo staniesz się łasy na komplementy, albo będziesz źle reagował na krytykę. Przeprowadź to
ćwiczenie z każdym komplementem i obrazą, dopóki proces nie
wejdzie Ci w krew.

EGO MANAGEMENT SYSTEM

Zarządzaj swoimi osobowościami, tak byś stworzył siebie, którym
chcesz być. To ćwiczenie po raz kolejny jest ćwiczeniem do stałego
wykonywania. W chwili gdy będziesz w życiu potrzebował jakiejkolwiek zmiany, wykonaj je, po raz kolejny odkrywając, kim jesteś.

W górnej części tabeli (wiersz „Osobowość") wypisz nazwy
osobowości odpowiadające rolom życiowym, które pełnisz w życiu. Wpisz tam więc siebie w roli partnera, siebie w roli czyjegoś
dziecka, rodzica, jeśli nim jesteś, w roli zawodowej (pracownik),
społecznej (np. przyjaciel). Każdej z tych osobowości daj cel do
zrealizowania — jeden i konkretny. Przykładowo celem pracownika może być ulepszanie procesów informatycznych w firmie

Osobowość					
Cel					
Środowisko					
Aktywności					
Wygląd					
Relacje					

albo leczenie ludzi z chorób. Celem męża może być budowanie długoterminowego związku z żoną. Gdy to dokładnie określisz, przejdź do następnego etapu, jakim jest określenie miejsc i czasu, w których dana osobowość będzie się aktywować. Pracownika nie chcesz w domu, ale w pracy i o określonych godzinach. Podobnie z ojcem, nie chcesz go używać w pracy. Ustal to i opisz w tabeli w wierszu „Środowisko". Następnie przejdź do „Aktywności" — wypisz czasowniki, za pomocą których będziesz realizował tę osobowość. Pracownik: delegować zadania, realizować zadania, pisać raporty, wysyłać maile itd. Mąż: przytulać, słuchać, mówić komplementy, wyrażać własną opinię itd. Upewnij się, że czasowniki są precyzyjnie określone i wykonalne (więcej o tym w teoretycznej części książki) oraz że nie pokrywają się z innymi osobowościami; w przeciwnym razie mózg w określonym momencie będzie włączał nie tę osobowość, którą należy. Przykładowo i ojciec, i mąż mogą kochać, ale przecież ta miłość jest zupełnie inna w przypadku osoby dorosłej (żony) i dziecka (syna). Zamiast nieprecyzyjnego wyrazu „kochać" napisz więc, co dokładnie chcesz zrobić: może masz na myśli w przypadku żony „uprawiać seks", a w przypadku dziecka „przytulać" i „motywować pozytywnymi słowami"?

W obu przypadkach mamy do czynienia z miłością, ale adekwatną do osoby i jej potrzeb. W wierszu „Wygląd" określ, jak ubierzesz siebie będącego w danej osobowości. To pomoże Ci jeszcze bardziej oddzielić osobowości od siebie. Przecież nie pójdziesz bawić się z dzieckiem w garniturze. W wierszu „Relacje" wpisz, z kim dana osobowość będzie się łączyć — ojciec z dzieckiem, mąż z żoną, pracownik z szefem i innymi pracownikami itd. W ostatnim wierszu tabeli („Stop") opisz, jakie zachowania przeszkadzają w przypadku danej osobowości i które z nich należy wyeliminować. Może matkujesz pracownikom? Albo ojcujesz żonie? Zaprzestań tych działań — są dysfunkcjonalne.

WIZJA, MISJA I CEL

Jeśli chcesz zdefiniować życie, musisz najpierw wiedzieć, czym jest śmierć. I choć każdy system przekonań definiuje ją inaczej, to ta kwestia nie ulega żadnej wątpliwości — Twoje życie jest Twoje i skoro już żyjesz, to warto, by to życie coś znaczyło. By nadać mu znaczenie, zadaj sobie pytanie, co chcesz, by zostało po Tobie po Twojej śmierci. Załóż, że wszystko jest możliwe i nie istnieją żadne ograniczenia — po prostu możesz sobie wyobrazić taki świat, w jakim chciałbyś żyć, z tą różnicą, że Ciebie już wtedy nie będzie. To będzie Twój dar dla innych — Twoje życie. Dzięki niemu inni będą mogli żyć w lepszym świecie.

Gdy już zdefiniujesz wizję, zastanów się nad misją — w jakim obszarze skoncentrujesz swoje działania? Czy będzie to medycyna, inżynieria, komputery, edukacja? Określenie misji jest Ci potrzebne do tego, byś wiedział, na czym się skupiać, i nie tracił czasu na inne kwestie.

Mając misję, przejdź do koncepcji tworzenia siebie — jakie ego jest Ci potrzebne, by w zakresie swojej misji zrealizować Twoją wizję? I wymyśl siebie, wykonując poniższe ćwiczenie.

STWÓRZ SIEBIE

Gdy wiesz już, co chcesz osiągnąć, przejdź na poziom tworzenia siebie. Czekają Cię dwa procesy — stawania się kimś i odstawania się tym, kim już nie jesteś. Fizycznie i namacalnie się wykreujesz, uwalniając się od modeli rodzinno-kulturowych, w których zostałeś wymyślony przez innych. Przykładowo jeśli nie stworzyłeś siebie jako dziecka swoich rodziców, to absolutnie żyjesz ich pomysłem na Ciebie jako dziecko — to oni Cię wychowali, wymyślili, stworzyli. Wcześniej czy później będziesz musiał się od tego uwolnić, a następuje to wtedy, gdy człowiek wchodzi na indywidualną ścieżkę rozwoju. Dlatego mając na uwadze swoją wizję — to, co ma pozostać po Tobie po Twojej śmierci — zadaj sobie pytanie, jaką osobowością to osiągniesz. W tym procesie pomogą Ci poniższe pytania. Spójrz na proces z perspektywy osiągniętego zamierzenia, tak jakby Twoja wizja już się zrealizowała.

- *Jakie ma ciało ta osoba (czyli Ty z przyszłości), która to osiągnęła?*
- *Jakimi trzema wartościami się kieruje? Co jest dla niej najważniejsze?*
- *Jakie ma trzy najważniejsze przekonania na swój temat? A na temat innych? Na temat życia?*
- *Jak się ubiera ta osoba? Jak chodzi, mówi, siada?*
- *Z jakimi osobami się zadaje? Opisz je.*
- *Jakich osób unika? Z kim nie przebywa?*
- *W jakich miejscach bywa najczęściej? Wymień trzy.*

Kolejnym krokiem będzie zauważenie różnic między Tobą z przyszłości a Tobą z teraz. Jakie widzisz różnice, biorąc pod uwagę wszystkie powyższe konteksty? Czy w przyszłości jesteś inaczej zbudowany? Inaczej się ubierasz, z innymi osobami przebywasz? Inaczej chodzisz? Dostrzeż wszystkie różnice. Pokażą Ci

one, z czego czas zrezygnować — czeka Cię wówczas proces odstawania się kimś, kim już nie chcesz być. Kolejnym krokiem jest
wykonanie planu — stań się osobą, którą chcesz być.

OKREŚLANIE CELÓW

Osiągnięcie czegokolwiek bez wyznaczania celów jest niemożliwe.
W części teoretycznej opisałem dokładnie ich poprawne definio-
wanie; tutaj będziesz miał okazję przećwiczyć proces. Sprawa jest
prosta — pomyśl o czymś, co chcesz osiągnąć, a następnie przepuść to przez poniższą matrycę, tak by odpowiednio to sformu-
łować i określić.

Co konkretnie chcesz osiągnąć? Kiedy i gdzie? Jaką osobowością (kto)? Kto Ci pomoże? Jaka jest Twoja motywacja (dlaczego)?
Jak dokładnie to zrobisz? Na jakie etapy podzielisz cel i po czym
poznasz, że je realizujesz (zarówno te indywidualne, jak i ten
ostateczny)?

Co?	Kiedy?	Gdzie?
Kto?	Z kim?	Dlaczego?
Jak?	Etapy	Trzy mierniki

MIERZENIE EFEKTYWNOŚCI

Po czym poznasz, że osiągnąłeś cel? Jak dokładnie go zmierzysz? By planować efektywniej, po poprawnym sformułowaniu celu przepuść go jeszcze przez poniższe pytania. Każde z nich pomoże Ci precyzyjniej go określić. Korzystaj z nich systematycznie w procesie osiągania celu.

- *Jak często będziesz sprawdzał, czy już osiągnąłeś cel? Na przykład co tydzień wchodzisz na wagę, jeśli celem jest schudnięcie.*

- *Co konkretnie sprawdzisz, mierząc cel? Wagę? Samopoczucie? Wynik finansowy?*

- *Jeśli nie ma tu wyniku, jakie działanie alternatywne podejmiesz? Bądź elastyczny w działaniu.*

- *Jak uaktualniasz cel? Co się w nim zmienia?*

- *Czy jesteś nadal szczęśliwy? Czy właśnie to chcesz robić? Czy to dobry kierunek?*

- *Czy trzeba przyspieszyć bądź zwolnić proces albo zmienić go w jakikolwiek sposób?*

- *Jakie możliwości otwierają się teraz dzięki przybliżeniu się do celu? W jakich kierunkach można pójść?*

- *Czego się nauczyłeś do tej pory?*

- *Czy potrzebujesz zmienić swoją motywację, czyli dlaczego i po co to robisz?*

PLANOWANIE W RETROSPEKTYWIE

Oto technika planowania wykorzystująca retrospektywę — planowanie od tyłu — stwarzająca dla mózgu punkt odniesienia pt. „jakby to już się wydarzyło". Pozwala ona na połączenie silnych emocji z konkretnym planem działania, co wpływa pozytywnie na motywację do jego osiągnięcia. Aby wykonać to ćwiczenie, będziesz potrzebował kilku metrów kwadratowych przestrzeni, kilka karteczek papieru i długopis.

Proces jest następujący: na prostej, wyobrażonej linii na podłodze połóż karteczki papieru, na których jest napisane: „za 20 lat", „za 10 lat", „za 5 lat", „za 2 lata", „za rok", „za pół roku", „za 3 miesiące", „za miesiąc", „za 2 tygodnie", „za tydzień", „po skończeniu ćwiczenia", „teraz".

Wejdź na kartkę „za 20 lat" i odwróć się twarzą w kierunku karteczki „teraz". Z tej perspektywy opowiedz głośno w czasie teraźniejszym w pierwszej osobie liczby pojedynczej o tym, jak już osiągnąłeś wymarzony sukces, odpowiadając na pytania:

- *Gdzie jesteś? Gdzie się budzisz? Jak wygląda to miejsce?*

- *Obok kogo się budzisz?*

- *Kogo widzisz, patrząc w lustro? Jak wyglądasz?*

- *Co jesz na śniadanie? Co robisz zaraz potem?*

- *Jak pracujesz? Czym się zajmujesz? Gdzie to robisz? Ile czasu pracujesz?*

- *Czy rozmawiasz z innymi? Kim oni są dla Ciebie? Jacy są ci ludzie?*

- *Jak się czujesz? Co się dzieje z Tobą w środku?*

- *Skąd bierzesz pieniądze? Jak je generujesz? Na co je wydajesz?*

- *Co robisz w wolnym czasie? Czym się zajmujesz, gdy nie pracujesz?*

- *Jak dbasz o siebie i o innych?*

Po opisie z tej perspektywy przejdź na karteczkę „za 10 lat". Powtórz proces z pytaniami i zadaj kluczowe oraz adekwatne pytania z listy powyżej plus dodatkowo to:

Jakie kroki podjąłeś w tym miejscu, że doprowadziło Cię to do osiągnięcia tamtego celu, jaki opisałeś wcześniej?

Procedura jest powtarzana w ten sam sposób, aż dojdziesz do karteczki „teraz". Tutaj po odpowiedzi na pytania odwróć się w kierunku przyszłości i odpowiedz na pytania:

Jak się czujesz? Co widzisz przed sobą? Co sądzisz o tym planie? Jak patrzysz teraz w przyszłość?

Następnie przejdź do przodu, wchodząc na kolejne karteczki. Na każdej z nich opisz, co czujesz, co widzisz, co robisz. Po dojściu do ostatniej kartki zejdź z linii czasu i wróć do karteczki „teraz". Stań na niej i powtórz pytanie:

Jak się czujesz? Co widzisz przed sobą? Co sądzisz o tym planie? Jak patrzysz teraz w przyszłość?

MOTYWACJA

Aby cokolwiek osiągnąć, potrzebujesz motywacji. Bez niej nie ruszysz z miejsca. By się zmotywować, korzystaj z poniższych pytań. Pomyśl o konkretnym celu, który sobie wyznaczyłeś w poprzednim ćwiczeniu. I teraz odpowiedz na poniższe pytania:

- *Jak masz go realizować, by sprawiał Ci przyjemność? Co będziesz czuł, gdy już go osiągniesz?*
- *Jak dzięki niemu zarobisz pieniądze w sposób bezpośredni i pośredni?*
- *Jakie trzy problemy rozwiążesz, osiągając ten cel?*
- *Jak jego osiągnięcie zmieni Twoje relacje i z kim?*
- *Kim się staniesz (jaką osobowością), osiągając to, i co materialnego będziesz miał?*

- *W jaki sposób, osiągając ten cel, będziesz kanalizował wyższe uczucia: spokój, miłość, spontaniczność, kreatywność, radość itd.?*
- *W jaki sposób, osiągając ten cel, bardziej stajesz się sobą?*
- *Jak osiągnięcie tego celu przybliża Cię do własnej wizji?*

BUDOWANIE NAWYKÓW

Nawyki to zautomatyzowane zachowania, które mózg aktywuje samoczynnie po wystąpieniu bodźca. Niektóre z nich mają charakter fizjologiczny (zamykamy oczy, gdy zbliża się do niego nagle mucha), ale większość jest wyuczona. Niektóre nawyki są negatywne (palenie papierosów), inne pozytywne (bycie wdzięcznym i uśmiechniętym przy poznawaniu nowej osoby).

Emocje	Finanse	Rozwiązywane problemy
Relacje	Ambicje	Uczucia wyższe
Samorealizacja	Służba	Wizja

W zależności od źródła mówi się, że wyćwiczenie nawyku zajmuje kilka tygodni systematycznych ćwiczeń. Niezależnie od tego, czy osiągniesz to szybciej, czy wolniej, pewne jest, że konsekwencja w działaniu jest tutaj kluczem. Dlatego gdy już dokładnie opiszesz, co chcesz osiągnąć, korzystając z poniższej tabeli, skupiaj się na tym działaniu co najmniej kilka razy w ciągu dnia. W pewnej chwili nie będziesz już musiał się skupiać, bo mózg zrobi to za Ciebie.

Bodziec	Kontekst	Reakcja
Zawsze, gdy: • słyszę X • widzę X/ dostrzegam/ postrzegam X • robię X • dzieje się X/ pojawia się X/ ma miejsce X • czuję X/ odczuwam X	w sytuacjach: • spotkań z osobami • określonych zachowań • emocji • usłyszanych lub powiedzianych słów • pobytów w miejscach • pewnej sytuacji/informacji	to wtedy: • czuję Y • robię Y • mówię sobie Y • mówię innym Y

Przykładowo: „Zawsze gdy widzę osobę, która jest według mnie ciekawa, to podchodzę do niej i rozpoczynam rozmowę". Albo: „Zawsze gdy budzę się rano w łóżku, to mówię do siebie: »Dzień jest piękny, dziś wiele się nauczę!«".

Tak samo możesz się pozbywać nawyków. Korzystając z tabeli, najpierw dokładnie określ, co chcesz przestać robić. Potem, w chwili gdy poczujesz chęć zrobienia tego co zwykle, zauważ to i poczekaj, licząc do 5. To sygnał dla Twego mózgu, że zaczynasz coś zmieniać. Potem, gdy już się przyzwyczaisz, policz do 20 itd. W pewnej chwili przerwa między emocją a zachowaniem będzie wystarczająco długa, by zrezygnować z negatywnego zachowania.

ELIMINACJA DYSTRAKTORÓW

Oto proste zastosowanie reguły Pareto w świecie motywacji. Pomyśl o tym, jakie aktywności zabierają Ci najwięcej energii. Czy jest to siedzenie w internecie? Oglądanie telewizji? Kłócenie się? Zrób listę. Może się okazać, że wyeliminowanie ich ze swojego życia będzie miało bardzo jakościowe znaczenie dla Twojego szczęścia. To samo zrób także z trzema irytującymi Cię osobami — takimi, przy których tracisz najwięcej energii, i wyeliminuj negatywnych ludzi ze swojego życia. Po wykonaniu tej części ćwiczenia powtórz proces, ale w drugą stronę — co pozytywnego robisz, co daje Ci energię? Czytanie? Taniec? Rozmowa z przyjaciółmi? Znajdź to i rób tego więcej, by być szczęśliwszym. Tak samo wskaż, z kim najchętniej spędzasz czas, kto daje Ci dobrą energię. I spędzaj z tą osobą więcej czasu.

PRZECIWDZIAŁANIE SABOTAŻOM

Sabotaże powstają w chwili, gdy jedna z osobowości ma inne od pozostałych cele. To powoduje konflikt — powstają dwie części Ciebie, z których jedna chce mieć cukierek, a druga go zjeść. By im przeciwdziałać, skorzystaj z następującego modelu. Wypełnij tabelę treścią, odpowiadając na zawarte w niej pytania. Przykładowo: „Sabotaż występuje, gdy chcę schudnąć. Objawia się tym, że zamiast iść rano biegać, szukam wymówek, by tego nie robić. Dzieje się tak dlatego, że z jednej strony chcę schudnąć, a z drugiej nie lubię samego biegania, gdy jest zimno. Moim rozwiązaniem satysfakcjonującym obie skonfliktowane części będzie kupienie stacjonarnego rowerka i jeżdżenie na nim w chwili, gdy oglądam filmy na komputerze, co lubię robić".

W jakiej sytuacji życiowej występuje sabotaż?	Jak ten sabotaż się objawia? Jak dokładnie działa?	Jakie dwie części Ciebie są skonfliktowane? Co chcesz, a czego nie chcesz osiągnąć jednocześnie?	Wynegocjuj ze sobą jedną wspólną wersję przyszłości, by móc w pełni osiągnąć postawiony cel.

ALTERNATYWNY PRZEBIEG ZDARZENIA

Mózg pamięta to, co w niego wprowadzisz. Pewne rzeczy wprowadza los — ktoś idzie po ulicy i spotyka na swojej drodze człowieka, który go szczególnie interesuje. Albo ma wypadek. Albo znajduje 100 złotych leżące na chodniku. To, co się dzieje, nie do końca zależy od nas, ale my mamy pełną kontrolę nad jakością wspomnienia z tym związanego, a więc to my decydujemy o interpretacji. Na niej mózg buduje przyszłość, powtarzając gotowca z przeszłości. Ktoś, kto szedł po ulicy i się wywrócił raz, drugi, trzeci, wywróci się pewnie po raz kolejny, bo jego mózg ma takie programy i na nich bazuje. Aby zmienić przyszłość, musisz zmienić przeszłość — i właśnie do tego służy to ćwiczenie.

Pomyśl o jakiejś sytuacji, w której dopada Cię jakaś negatywna forma emocji. Przypomnij ją sobie, widząc od początku do końca w postaci filmu. Gdy dotrzesz na sam koniec, wyobraź sobie, że masz możliwość zbudowania tego zdarzenia raz jeszcze, z dzisiejszego punktu widzenia. Stwórz drugi film mający alternatywne zakończenie, bardziej zasobne. Umieść ten film tuż pod „oryginalnym" filmem. Zamień je powoli miejscami, tak by miejsce starego zajął nowy, bardziej zasobny film. Teraz mózg ma nowy ślad pamięciowy, i to na nim będzie bazował, tworząc przyszłość. I będzie ona dużo lepsza.

ULEPSZANIE

Podobnie jak wyżej, to ćwiczenie służy do uczenia się z przeszłości i zamiany negatywnych interpretacji w pozytywne. Pomyśl o jakiejś sytuacji z przeszłości, w której — patrząc z dzisiejszego punktu widzenia — mogłeś coś zrobić lepiej. Wyobraź ją sobie jako rozciągnięty przed Tobą film i puść go od początku do końca. Oglądaj go powoli i za każdym razem, gdy zobaczysz fragment, jaki chcesz ulepszyć, zatrzymaj film. W tym miejscu zamiast tego fragmentu umieść inny, bardziej zasobny fragment — taki, jaki chciałbyś, by się tam wydarzył.

Obejrzyj nowy film od początku do końca. Sprawdź, co się zmieniło i jak się czujesz. Od tej pory ta nowsza wersja zdarzenia będzie Ci służyła do budowania wniosków na przyszłość.

ZMIANA EMOCJI WYOBRAŹNIĄ

Oto proste ćwiczenie na zmianę stanu emocjonalnego. Pomyśl o jakiejś sytuacji, w której czujesz się źle. Opisz dokładnie, gdzie to czujesz w ciele — gdybyś miał porównać to odczucie do czegoś, to jaki ma to kształt, rozmiar? Teraz zacznij fizycznie je zmieniać — na przykład wyjmij tę emocję z siebie, fizycznie ruszając rękoma, oblej w wyobraźni wodą, wyrzuć za siebie. Jeśli czułeś ją jako kamień, wyobraź sobie, że w nią strzelasz laserem itd. Pracuj z metaforą na metaforze. W miejsce danego odczucia możesz wstawić nową emocję w formie metafory, na przykład światła, ciepłej wody itd. Wykorzystaj kreatywnie swoją wyobraźnię. Pomyśl jeszcze raz o tej samej sytuacji. Co się zmieniło? Jak się teraz czujesz?

ZMIANA EMOCJI CIAŁEM

Podobnie jak w ćwiczeniu powyżej, pomyśl o jakiejś sytuacji, w której czujesz negatywny stan emocjonalny. Opisz ją jakimś symbolem na kartce papieru, umieść na podłodze i stań nad nią. Opisz dokładnie, co czujesz, wchodząc w tę emocję, i przyjmij pozycję ciała, która ją reprezentuje (np. głowa i ręce w dół). Zmień teraz stan emocjonalny (przejdź do miejsca obok, wykonaj kilka podskoków) i pomyśl o jakiejś sytuacji, w której czujesz korzystniejsze emocje. Może byłeś wtedy smutny i potrzebowałeś radości? Może zlękniony i potrzebna była Ci odwaga? Umieść jej symbol na kartce na podłodze w innym miejscu i wejdź w nią. Opisz dokładnie, co czujesz, i przyjmij pozycję ciała, która ją reprezentuje (np. uśmiech i otwarte ręce).

Następnie wejdź z powrotem do wcześniejszej sytuacji, ale z zasobną pozycją ciała, na przykład w smutną sytuację wchodzisz z otwartymi rękoma, uśmiechem i wyprostowaną sylwetką. Pozostań w tej pozycji, dopóki nie odczujesz różnicy emocjonalnej. Powtórz proces kilka razy, za każdym razem ulepszając go. Stojąc już poza sytuacjami, pomyśl jeszcze raz — już bez zmiany pozycji ciała — o tamtej sytuacji. Co się zmieniło?

AKCEPTACJA EMOCJI

To ćwiczenie służy do nauczenia się radzenia sobie z nieakceptowanymi emocjami. Wybierz określoną emocję, na przykład gniew, dumę, smutek. Nie ma znaczenia, czy jest pozytywna, czy negatywna — chodzi o taką, której z jakichś względów nie pozwalałeś sobie odczuwać.

Stwórz adekwatne, bezpieczne dla siebie i innych warunki, w jakich ten cień możesz ucieleśnić, czyli odegrać. W przypadku gniewu idź na przykład na spacer do lasu, gdzie nie ma ludzi. W przypadku dumy możesz robić to wśród innych ludzi. Po prostu stwórz warunki, w których będziesz ćwiczył przyzwyczajanie się do tej emocji.

Gdy je stworzysz, pozwól sobie w pełni ją przeżywać. Twoje oczy, Twoja mowa, Twoje emocje, Twoje ciało i zachowania są oddane wybranemu odczuciu. W pełni mu się oddajesz. Jeśli czujesz wściekłość, krzycz lub skacz. Jeśli chcesz zaakceptować dumę, chwal się, ile możesz, absolutnie bez ograniczeń. Jeśli smutek — pozwól sobie płakać, narzekać, ubolewać. Proces trwa tyle, ile potrzeba; nie przerywaj, dopóki nie poczujesz, że w pełni pozwalasz sobie na odczuwanie tej emocji. Być może powtórzysz to ćwiczenie kilka razy, ale pracuj na efekt. Wcześniej czy później przyzwyczaisz się i swoje ciało do określonego odczucia i nie będziesz już uciekał od tego przejawu człowieczeństwa.

ODZYSKIWANIE RÓWNOWAGI EMOCJONALNEJ

Jeśli masz problem, to dlatego, że Twoje przekonania nie wzięły odpowiedzialności za określoną część rzeczywistości. Może przesunąłeś na kogoś winę za sytuację, przez co straciłeś odpowiedzialność? Może nie widzisz wszystkich elementów sytuacji? Aby problemu nie było, musisz odzyskać balans — a ten jest możliwy tylko wtedy, gdy masz całość obrazu. To ćwiczenie Ci w tym pomoże.

Pomyśl o dowolnej rzeczywistej i problematycznej sytuacji ze swojego życia. Zapisz ją na kartce w postaci jednego podsumowującego zdania, na przykład „Mój partner mnie nie lubi".

To, że w to wierzysz, nie jest problemem — kłopotem jest dopiero to, że odrzuciłeś pozostałe przekonania, które także są prawdziwe, a oto one:

- „Mój partner mnie lubi" — jeśli wiesz, że Cię nie lubi, to lubienie też musi być prawdziwe, inaczej nie byłoby porównania.

- „Ja nie lubię partnera" — też jest prawdziwe, skoro wiesz, na czym polega lubienie.

- „Ja lubię partnera" — taka sama logika jak wcześniej, zdania twierdzące i przeczące nawzajem się uzupełniają.

- „Ja nie lubię siebie" — też prawda, musisz mieć jakieś cechy, których w sobie nie akceptujesz.

- „Ja lubię siebie" — jak wyżej.

- „Mój partner siebie nie lubi" — jak wyżej.

- „Mój partner siebie lubi" — jak wyżej.

Zapisz je wszystkie na osobnych kartkach. Połóż kartki papieru w różnych miejscach na podłodze. Wchodząc na każdą z kartek, wskaż przynajmniej trzy niezbite dowody, które są racjonalne oraz prawdziwe dla Ciebie, wskazujące, że to, co tam się znajduje, jest prawdą. Muszą być konkretne i dotyczyć zachowań (np. „Nie lubię partnera, gdy na mnie krzyczy"). Ucieleśnij tę myśl, fizycznie wchodząc w rolę. Zadaj sobie pytania:

Co odkrywasz, ucieleśniając tę myśl? Czego się dowiadujesz?

Postępuj tak do momentu, kiedy poczujesz, że ta kolejna myśl jest równie prawdziwa jak wcześniejsza. Dopiero teraz masz pełny ogląd sytuacji. Korzystaj z tego modelu myślenia zawsze w sytuacji problematycznej.

MODELOWANIE WŁASNEGO GENIUSZU

Na pewno jest coś, w czym jesteś naprawdę dobry. Bierz z tego przykład! Jesteśmy przyzwyczajeni do uczenia się od innych, ale od siebie też możemy, szczególnie w sytuacjach, w których prezentujemy prawdziwe przejawy wyjątkowości i inteligencji.

Wybierz jedną taką sytuację będącą przykładem osobistego geniuszu, na przykład w sporcie, pracy, relacjach. To może być moment, gdy poznałeś kogoś i prowadziłeś świetną rozmowę lub gdy osiągnąłeś w czymś dobry wynik. Nie ma znaczenia, kiedy to było i czy działo się to systematycznie, najważniejsze, byś wybrał konkretny moment. Wyobraź sobie tę sytuację jak najdokładniej i opisz ją, korzystając z następujących pytań:

- *Na co jest skierowana Twoja uwaga?*

- *Jak to robisz, że trzymasz się ustalonego celu?*

- *Dlaczego osiągasz tak dobry wynik?*

- *Jak ta chwila różni się od innych? Znajdź minimum trzy czynniki zależne od Ciebie, np. „Jestem bardziej skoncentrowany".*

- *W jakim miejscu i kiedy zachodzi to wydarzenie? Jakie różnice w nim zauważasz?*

- *Jakie konkretne myśli i przekonania występują w trakcie tego zdarzenia? Jak i co dokładnie myślisz, będąc w tej sytuacji?*

- *Co widzisz, słyszysz, czujesz i robisz w tej sytuacji?*

- *Z jakich umiejętności korzystasz w tej sytuacji?*

- *Z jakiej mentalności korzystasz w tej sytuacji? Jak opisałbyś takie podejście?*

- *Jak opisałbyś swoją rolę w tej sytuacji? Dla siebie samego, dla innych, dla świata?*

BUDOWANIE MODELU

Celem tego istotnego ćwiczenia jest nauczenie się, w jaki sposób budować modele geniuszu innych ludzi. W części teoretycznej dokładnie opisałem, jak znaleźć osobę (na żywo bądź z przekazów wideo czy audio), którą będziesz modelować. W chwili gdy znajdziesz taką osobę, zacznij proces modelowania. Najlepiej zrobić to bezpośrednio, zadając modelowi pytania „na żywo". Jeśli nie jest to możliwe (np. modelujesz zachowania, oglądając wideo), samodzielnie odpowiedz sobie na poniższe pytania.

- *Jakie przekonania ma model? W co wierzy?*
- *Co się dzieje z jego ciałem w kontekście powtarzających się wzorców? Jakie zauważasz powtarzalne ruchy?*
- *Gdzie i kiedy model korzysta z tej strategii?*
- *W stosunku do kogo model korzysta z tej strategii? Jest sam czy ktoś mu towarzyszy? Jaki ma wpływ ten ktoś na modela?*
- *Kim jest model, korzystając z tej strategii? Opisz przynajmniej pięć jego ról.*
- *Dlaczego model to robi? Po co to robi? Co go motywuje? Jakich skutków oczekuje?*
- *Co model widzi, słyszy, czuje, robi?*
- *Dlaczego ta strategia jest dla modela tak ważna? Jakimi wartościami się kieruje?*
- *Jak model zmienia otoczenie swoje, innych i świata? Jak widzi swoją rolę w pomaganiu innym?*

50 POZYTYWNYCH NAWYKÓW

Mózg automatyzuje to, co systematycznie powtarza. Oto zestaw nawykowych zachowań, które w ciągu ostatnich kilkunastu lat systematycznie ćwiczę i przynoszą mi doskonałe rezultaty.

1. Codziennie rano przed wstaniem z łóżka i wieczorem przed pójściem spać podziękuj za przynajmniej trzy rzeczy, które masz lub Cię spotkały, na przykład pracę, rodzinę, śmieszną chwilę na ulicy.

2. Codziennie wieczorem zadaj sobie pytanie o trzy rzeczy, których się nauczyłeś w ciągu dnia.

3. Codziennie wieczorem zadaj sobie pytanie o trzy rzeczy, które możesz zrobić lepiej następnym razem.

4. Gdy popełnisz błąd, natychmiast w miarę możliwości zrób jeszcze raz to samo w lepszej, już prawidłowej wersji. Jeśli nie możesz tego naprawić fizycznie, zrób tak, jakbyś mógł, i wyobraź to sobie. Celem jest zapamiętanie ulepszonej wersji jako ostatniej.

5. Gdy ktoś Cię zrani, znajdź trzy sytuacje, w których Ty byłbyś w stanie zrobić to samo — nawet jeśli tego nigdy nie zrobiłeś i nigdy nie zamierzasz, a to, co zostało zrobione, potępiasz jako złe i okrutne. Celem jest zrozumienie sprawcy i włączenie empatii, by wybaczyć. A wybaczamy dopiero wtedy, gdy rozumiemy motywy sprawcy, zaś rozumienie przychodzi, gdy stawiamy się w takiej samej sytuacji.

6. Przed zjedzeniem śniadania, jeśli zdrowie Ci pozwala, uprawiaj sport przez minimum 30 minut.

7. Wieczorem przed pójściem spać albo rano przed rozpoczęciem pracy przygotuj sobie listę zadań na cały dzień.

8. Rano po wstaniu i wieczorem przed pójściem spać medytuj co najmniej 10 minut, obserwując swoje myśli bez ich oceniania.

9. Dotykaj swoich bliskich, kiedy możesz.

10. Mów swoim bliskim, że są wyjątkowi, że ich kochasz, że są dla Ciebie ważni.

11. Patrz w lustro i się do siebie uśmiechaj, nawet na siłę.

12. Rozmawiaj z nieznajomymi ludźmi, zagadując ich w społecznie akceptowalny sposób.

13. Przestań się przypadkowo objadać, jedz o wyznaczonych porach przemyślane jedzenie.

14. Codziennie ćwicz jedną technikę z psychologii sukcesu, na przykład wzorce lingwistyczne, raport, dualizm. Zaplanuj rano jaką.

15. Otaczaj się mądrzejszymi od siebie ludźmi.

16. Gdy coś robisz, zadawaj sobie pytanie, jak to zmienia świat i pomaga innym ludziom.

17. Miej marzenie i codziennie przez kilka minut je wizualizuj, tak jakbyś już je osiągnął.

18. Wybierz jeden kontekst życiowy, w którym chcesz osiągnąć mistrzostwo, i to ćwicz.

19. Bądź życzliwy w stosunku do ludzi.

20. Jeśli popełniłeś błąd, który miał negatywne skutki dla innych, przeproś tę osobę i zadośćuczyń.

21. Zrób listę wszystkich krzywd, które wyrządziłeś innym, i zadaj sobie pytanie, jak możesz im zadośćuczynić. Jeśli nie masz z tymi osobami kontaktu lub z innego względu nie jest to możliwe, zapytaj sam siebie, w jaki inny sposób możesz to zrobić, by sobie wybaczyć.

22. Kilka razy po kilka minut w ciągu dnia opisuj rzeczywistość, mówiąc, co widzisz, słyszysz i czujesz, na przykład „Widzę czerwony samochód, słyszę jego silnik i czuję ciekawość".

23. Gdy poczujesz jakąkolwiek emocję, zauważ ją i skup się na swoim oddechu, nadal ją odczuwając. Nie wchodź w nią ani od niej nie uciekaj.

24. Gdy masz jakąś myśl i sprawia Ci ona kłopot, znajdź jej przeciwieństwo i trzy dowody na to, że ono również jest prawdziwe.

25. Przynajmniej raz w roku spędź tydzień czasu sam ze sobą.

26. Przynajmniej raz dziennie spędź kilkanaście minut sam ze sobą.

27. W ciągu dnia przez minimum kilkanaście minut rozmawiaj z partnerem, co u niego słychać, jak się ma i co dziś odkrył.

28. Jeśli złapiesz się na narzekaniu czy czarnowidztwie, natychmiast znajdź dowody na to, że będzie dobrze.

29. Gdy coś czujesz, pozwól sobie na to.

30. Zadawaj sobie pytanie, co naprawdę czujesz w tej sytuacji i co sądzisz na jej temat.

31. Przestań spędzać czas z toksycznymi osobami.

32. Naucz się raz w roku jakiejś nowej umiejętności, na przykład kitesurfingu czy języka chińskiego.

33. Oddaj wszystkie ciuchy, których nie używasz, ludziom w potrzebie.

34. Zadawaj sobie pytanie, gdy robisz biznes, jak możesz na tym zarobić większe pieniądze.

35. Gdy z kimś rozmawiasz, zadawaj sobie pytanie, jak możesz pomóc danej osobie rozwiązać jej problemy.

36. W ciągu dnia minimum jeden raz zadaj sobie pytanie: „Czy jestem szczęśliwy?". Jeśli odpowiedź będzie negatywna, zmień coś.

37. W ciągu dnia minimum raz zrób coś głupiego i spontanicznego, na przykład przejdź po chodniku zygzakiem.

38. Przynajmniej raz w roku wyjedź w nowe miejsce.

39. Gdy siadasz do pracy, pracuj w ramach możliwości minimum godzinę bez żadnej przerwy.

40. Pozbądź się dystraktorów, gdy pracujesz lub się uczysz.

41. Przynajmniej dwa razy w tygodniu przeczytaj jakiś rozwojowy artykuł z zakresu psychologii.

42. Umieść na Facebooku rozwojowe treści, na przykład z mądrych czasopism, byś widział je, gdy tam zaglądasz.

43. Przynajmniej raz w miesiącu wyjdź na spotkanie towarzyskie z przyjaciółmi.

44. Znajdź coś większego od Ciebie — Boga, Jedność, Pełnię (nazwa nie ma znaczenia, religia również — chodzi o nawyk), i proś o wsparcie oraz wskazówki.

45. Codziennie zrób coś dobrego dla kogoś, na przykład zostaw większy niż zwykle napiwek, życz komuś powodzenia itp.

46. Witaj się z ludźmi, gdy ich spotykasz, a żegnając się, życz miłego dnia.

47. Rozmawiając, patrz w oczy i nie przerywaj.

48. Chodź wyprostowany i patrz przed siebie. Nie garb się, nie powłócz nogami.

49. Znajdź coś, za co jesteś gotowy oddać swoje życie.

50. Tutaj wpisz wszystko to, co chcesz osiągnąć, i kontynuuj budowanie nawyków!